Die Kochbuchautorin Tessa Kiros verspürte schon von klein auf ständig Fernweh und sammelte in der ganzen Welt kulinarische Erfahrungen. Als Tochter eines griechisch-zypriotischen Vaters und einer finnischen Mutter in London geboren, ließ sie sich nach vielen Jahren des Reisens und Arbeitens mit ihrem Ehemann Giovanni, den Töchtern Yasmine und Cassia und vier Katzen in der Toskana nieder. Heute pendelt sie zwischen Italien und Griechenland. *Tessas Küche* ist ihr elftes Kochbuch.

Für Yasmine und Cassia

Und für meine Leserinnen und Leser,
die mich ermutigt haben,
noch mehr zu schreiben.

Tessas Küche

Die Rezepte einer kulinarischen Weltreisenden

Tessa Kiros

CHRISTIAN

Inhalt

	Rezepte für jede Gelegenheit	7
	In meiner Küche	11
01	Erinnerungen an früher	15
02	Was ich heute gerne koche	53
03	Was ich an Italien so liebe	111
04	Station in New Orleans	169
05	Die Blumen Mexikos	197
06	Was mir jeden Tag schmeckt	237
07	Begegnungen mit Thailand	269
08	Besondere Schätze	309
09	Wofür mein Herz schlägt …	331
10	Rosen	369
	Dank	392
	Register	394

Rezepte für jede Gelegenheit

Dies ist ein Buch aus meinem Leben. Mit einem Reigen an Erinnerungen sowie Rezepten, für jede Gelegenheit. Von heute. Und von früher.

Wer meine anderen Bücher kennt, wird sehen, dass ich mir treu bleibe. Ich liebe immer noch Zitronen und Rosen.

Vielleicht hat sich mein Geschmack durch den Einfluss neuer Entdeckungen weiterentwickelt. Was mich anzieht, bleibt im Grunde gleich: säuerlich, salzig, eimerweise Blattgemüse. Kleine Spritzer intensiver Aromen. Farbe und Saison – all das ist immer noch vorhanden, durchsetzt von Schnipseln meiner Reisen und unserer täglich wechselnden Bedürfnisse.

Als ich jung war, wusste ich bereits, dass ich reisen oder Trapezkünstlerin werden (oder als Modedesignerin in Paris leben) wollte. Beim Schokoladen- und Vanille-Eisbecher meiner Mutter träumte ich von Elefanten in fernen Dschungeln, vom Schwimmen bei Sonnenaufgang in klaren Seen und vom Brennholzsammeln mit meinem Großvater; von Kirschkuchen in Lavendelfeldern, den Farben Mexikos, Zucker-Zitronen-Kuchen, vom Geschichtensammeln im Regenwald, von Nudeln in einer warmen Nacht auf dem Flussboot.

Ich bin besessene Sammlerin. Die Küche – mein Lieblingsort im Haus – ist vollgestopft mit Dosen, Tellern und Tüchern, die ich von meinen Reisen mitgebracht habe. Auch Geschichten brachte ich mit. Dort steht mein geliebter Korb mit Gewürzen, den ich immer wieder auffülle – ich weiß genau, wo die Tamarinde liegt und woher jedes zerknautschte Päckchen und jeder verführerische Duft kommt (wohl im Gegensatz zu allen anderen zu Hause). In unserem Garten wachsen Rosenbüsche, von denen ich manchmal gerne Blütenblätter für ein Gericht pflücke, und jedes Jahr säe ich neue Chilisamen aus, die mir mein Freund aus Puducherry (früher Pondicherry) gegeben hat. Die Samen hebe ich fürs nächste Jahr auf.

Ich reise und sammele, was mir gefällt. Erinnerungen, Geschmäcker, Farben und Geschichten. Ich bringe sie mit und koche Mahlzeiten nach, damit wir sie noch einmal erleben können.

Rezepte aus meinem Leben. Manche stammen aus Erinnerungen, andere aus der Gegenwart. Von den süßen Tagen meiner Kindheit in Südafrika, an Reisen und wundervolle Aufenthalte, die meinen Weg gewürzt und Pflöcke in mein Leben eingeschlagen haben, bis hin zu meinem Lebensort heute: mit meiner Familie und vier Katzen auf dem Land in Italien, wo ich einen Ausgleich zum Alltag finde.

Hier ist meine Sammlung. Für mich und für Sie. Sie enthält, was ich bisher gemacht habe. Sie zeigt, wo ich heute stehe, und bietet Rückblicke.

Alles Liebe, Tessa

CREME DE PECHE
de Vigne
PRODUCE OF FRANCE
Chang
LEA
PERRINS
OUZO

PIMENTON
"LA DALIA"
ANTONELLA
POMODORI
PELATI
TABASCO
SARDINE
POLLASTRINI
DI ANZIO
OLIO D'OLIVA
SPECIALITÀ DELLA CASA
PEONY
Paeonia
FICHI SECCHI
VERI D'AGROPOLI
olio

In meiner Küche

Was ich gerne mag und immer vorrätig habe ...

Hier gibt es keine Methode, nur Vertrautheit. Folgende Zutaten sind meine Standards. Dazu kommt etwas Besonderes von einem Freund, der Nonna oder von einer der letzten Reisen.

In meinem **Gewürzkorb** habe ich immer Schwarz- und Kreuzkümmel, Koriander- und Senfsamen, kleine grüne Kardamomkapseln (sowie eine tolle Sorte gemahlenen Kardamom aus Finnland), Kurkuma, Asant (Asafoetida), Tamarinde, Fenchelsamen, Gewürznelken, Ceylon- und Cassia-Zimtstangen, Sumach und Za'atar – sowie verschiedene getrocknete Chilischoten, einschließlich mexikanischen Anchos, winziger portugiesischer Piri Piri und großer indischer roter Chilischoten, Chiliflocken und des koreanischen Gochugarus.

In einer bordeauxfarbenen Form bewahre ich größere Kardamomkapseln auf, Sternanis, chinesisches Fünf-Gewürze-Pulver, Sichuanpfeffer, gemahlenen und gerösteten Reis und getrocknete Pflaumen.

In meinem kleinen, hellgrauen Schränkchen bewahre ich Vanilleschoten und -extrakt, Mastix, Muskatnuss, Piment, Paprikapulver, zwei oder drei Sorten Zucker, Ahornsirup und Trockenhefe auf. Dazu englisches Senfpulver sowie einen kleinen Vorrat an Bitterschokolade.

In meinen **Küchenregalen** steht Fenchelpollen von meiner Freundin Jo aus den mazedonischen Bergen und Olivenöl, das Giovanni von seinem Freund aus Bolgheri bekommt – ein hochwertiges Öl, das ich zum Servieren über die Speisen träufele, und ein leichteres, das ich zum Kochen verwende. Manchmal mache ich daraus Chiliöl oder füge etwas Zitronen- oder Orangenschale, oder was auch immer sich anbietet, hinzu. Dort finden sich für Chutneys eingelegte Zitronen und ein paar selbst gemachte Marmeladen in Gläsern für Crostata. Als Salz verwende ich grobes und feines Sel de Guérande (graues Meersalz) und kristallines Maldon Sea Salt sowie ein Rauchsalz und anderes hochwertiges Fleur de Sel zum Bestreuen. Ich liebe den Geschmack von frischem salzigem Crunch im Essen. Einige Salze habe ich selbst aromatisiert – mit Rosen, Lavendel, Pfeffer – oder mit zerstoßenen getrockneten Kräutern und Knoblauch verfeinert. Auch ein guter **Honig** steht dort.

Ich habe immer ein **Sammelsurium von Zutaten** wie Sojasauce, Reisessig, Fischsauce, Sesamöl (geröstetes/nicht geröstetes), Worcestershiresauce, selbst gemachtes Chiliöl, Sriracha-Sauce, Tabasco und mexikanische Salsa Valentina sowie Chipotles und Jalapeños in Gläsern. Außerdem habe ich Rosenwasser, Granatapfelsirup und Kokosmilch in meinen Vorräten.

Auf dem Kühlschrank liegen zwei Holzkisten, in denen ich Pasta und andere trockene Köstlichkeiten aufbewahre. Immer im Vorrat: Mungbohnen, auch gespaltene, rote Linsen und Basmatireis, ebenso mittelkörniger Reis und Risottoreis.

In einem Korb bewahre ich im Vorratsschrank **getrockneten Oregano** aus Griechenland auf, zusammen mit Minze (ganze getrocknete Blätter, die über Gerichten zerbröselt werden) und griechischen Bergtee. Außerdem ein paar **Mehle**: eines aus einer alten Getreidesorte, Hafer-, Dinkel-, Roggen-, Weizenmehle unterschiedlicher Typen (Ausmahlgrade) sowie das italienische tipo 00.

Auch in unserem Kühlschrank stehen immer einige grundlegende sowie ein paar ungewöhnliche Zutaten. Ein Glas **gute Sardellenfilets**, Oliven, Parmesan, hochwertige Butter, der spezielle finnische Senf meiner Mutter, Tarhana (getrockneter griechisch/zypriotischer Weizen mit Sauermilchjoghurt), Halloumi und Achiote-Paste (aus Annattosamen), ein Glas Ghee und manchmal auch ein Glas Dattel-Aprikosen-Chutney. Zudem Giovannis Sauerteig-Starter sowie Joghurt und Kefir.

In meinem **Gefrierschrank** liegen oft **selbst gemachtes Eis**, ein aufgeschnittener Laib von Giovannis Sauerteigbrot, Sauerkirschen, thailändische Makrut-Limettenblätter, Curryblätter, Zitronengras (frisch eingefroren), Korianderstängel und **frische kleine grüne und rote Chilischoten**.

Draußen ziehe ich **frische Kräuter**: Lorbeer, Rosmarin und Salbei. Und im Sommer Basilikum, Minze, Petersilie, Schnittlauch, Frühlingszwiebeln und Blattsalat in Töpfen. Und Zitronenverbene zum Trocknen, für den Winter.

Im Winter kochen wir oft über offenem Feuer: Folienkartoffeln und gegrillte Würstchen, frischen Fisch, Artischocken, Paprikaschoten und Mais auf einem Rost über der Glut.

Wir kaufen oft **Wein** aus dem Fass aus Montalcino und den Weingütern der Umgebung.

Einmal die Woche bringt Giovanni ein paar Scheiben handgeschnittenen Prosciutto von einem Freund mit. Ein anderer Freund, Cristian aus Neapel, bringt uns Tomaten, die sein Großvater angebaut und selbst eingekocht hat, sowie frische Amalfi-Zitronen (Weihnachten bringt er meist Panettone, herrlich mit eingelegten Sauerkirschen). Unser Freund Marco kommt oft mit Vin Santo, einem wunderbaren Nusskuchen, saisonfrischen Trüffeln und Steinpilzen.

Ohne meine **Spatel** ginge nichts, mit ihnen kratze ich jeden Tropfen aus (ich habe einen für Salziges und einen für Süßes). **Mörser und Stößel** werden zum Zerstoßen von Knoblauch, Ingwer und Chilischoten verwendet, alternativ habe ich eine **kleine elektrische Kaffeemühle** zum Zerkleinern von frischen Gewürzen. Außerdem benutze ich einen Stabmixer, ein gutes Nudelholz und ein paar Holzlöffel – einer davon ist flach und einer klein, den ich nur für Karamell und Obst in Zuckersirup verwende. (Ich überlege, ob ich mir einen dieser großen Thai-Mörser zulegen soll.)

Ich habe eine Reihe von zuverlässigen **Messern**, die ich liebe – ein großes, flaches japanisches Hackmesser für fast alles und ein kleines Schälmesser, das für so vieles nützlich ist. Ich habe auch ein paar schöne Geräte, zum Beispiel eines, mit dem ich eine Papaya in lange dünne Streifen schälen kann. Eine **Eismaschine**. Und eine **Nudelmaschine**.

Töpfe/Pfannen: Ich habe einen großen Edelstahltopf, einen Wok, zwei oder drei treue große Töpfe (einen breiten) und ein paar kleinere. Dicke, schwere Böden sind von Vorteil, weil sie Hitze speichern. Die Deckel müssen nicht genau passen. Und zwei oder drei kleine Pfannen oder Metallformen zum Warmhalten (im Ofen und am Feuer). Zudem ein beschichtetes Crêpe-Eisen, auf dem ich oft Chapati und Tortilla backe. Und einen **Dampfkochtopf**, den ich häufig benutze. Damit am Boden nichts anbrennt, verwende ich auf dem Gasherd einen Hitzeverteiler (wirklich nützlich) und zum Frittieren, etwa von Tintenfischen, einen Spritzschutz. Außerdem einen **verlässlichen Timer** und ein paar Messbecher. Ich arbeite mit **Digitalwaage**. Außerdem brauche ich häufiger Holz- und Metallspieße.

Außer normalen Auflaufformen habe ich drei oder vier **flache runde Pizzableche** (etwa 32 cm Ø), die ich sehr nützlich finde. Und ein paar große Platten zum Ablegen und zum Trocknen etwa von frisch zubereiteter Pasta oder zum Trocknen von Minze- und Lorbeerblättern, die danach in Gläser kommen.

Ich habe **mehrere hübsche Blechdosen** zum Aufbewahren von Keksen und Kuchen, Nüssen und Tee sowie verschiedene Ess-/Servierteller und ein paar große Schalen für Pasta. Längliche nehme ich gerne zum Servieren. Und **schöne Küchentücher**, von denen manche noch von meinem zypriotischen Großvater stammen. Und ein paar gute **Einmachgläser** zum Aufbewahren von Konfitüre und Pickles, die man aber auch als Blumenvasen verwenden kann.

Selbstverständlich, aber essenziell

Es geht wirklich nichts darüber, mit den Händen zu arbeiten. Auch zum Mischen feuchter Zutaten (zum Beispiel um in braunem Zucker marinierte Äpfel auf dem Kuchenteig zu verteilen), sind die Hände am besten.

Ich liebe Zitronen und verwende sie reichlich.

Rote Zwiebeln und neuerdings auch weiße. Und Frühlingszwiebeln – meist schneide ich ihren Mittelteil nicht in Salate, sondern bewahre ihn für Suppen auf.

Ich verwende immer **ungesalzene Butter**.

Häufig nehme ich sowohl **Zitronensaft als auch Weinessig** für meine Salatsauce.

Für Salate nehme ich gerne **Umeboshi-Essig** (die Flüssigkeit von Salzpflaumen), Apfel- und guten Balsamessig.

Ich koche oft mit **Gemüsebrühwürfeln (Bioqualität)**, die Gerichten Tiefe und Aroma geben, vor allem wenn es schnell gehen muss.

Meine **Piri-Piri-Chilischoten** sind WINZIG. Manche gerade 5 mm lang. Sie sind wundervoll. Aber nehmen Sie gerne die Chilischoten, die Sie vor Ort bekommen, passen Sie die Mengen an. Chili kann ein Gericht richtig gut machen oder verderben – je nach Geschmack und natürlich der verwendeten Sorte. Beginnen Sie mit wenig und tasten Sie sich heran.

Alle paar Tage finde ich, dass es prima wäre, etwas Einfaches wie einen **Wildkräutersalat** zu machen, um Reste zu verwenden, oder eine Gemüsesuppe, die mit einem guten Schuss Olivenöl und reichlich Parmesan serviert wird. Übrigens ist für mich **Petersilie** das am meisten unterschätzte Küchenkraut.

TIPPS VON DER KÖCHIN:

1 TL = 5 ml
1 EL = 15 ml/3 TL (wenn Sie EL mit 20 ml Fassungsvermögen nutzen, geben Sie pro EL 1 TL der Zutat weniger dazu).
Saft von 1 Zitrone = 4 EL (60 ml)
Saft von 1 Limette = 2 EL (30 ml)

Ich koche auf einem **Gasherd**. Den Backofen stelle ich für Braten oder zum Rösten von Gemüse manchmal auf **Umluft** ein, weil alles schneller goldbraun wird. Passen Sie die Zeiten und Temperaturen je nach Ofen an und kontrollieren Sie den Garvorgang.

1

Vichy-Muster, Altrosa, Perlmutt, Violett, zartes Hellgrün, Taupe, altes Silber

Erinnerungen an früher

Sipis Ofen-Lammkoteletts mit Zitrone und Oregano 21

Vivians Dattel-Aprikosen-Chutney 23

Braai: Gegrillte Hähnchenbeine mit Chutneymarinade 24

Jos gegrillte Schweinerippchen 25

Steak-Sandwich mit Bratensauce 27

Boereboontjies – Bohnen-Kartoffel-Püree 29

Fenchel aus dem Ofen mit Brandy und Greyerzer 30

Gegrillte Chili-Garnelen mit Zitronen-Knoblauch-Butter 31

Vasilopita – Neujahrskuchen mit Glücksmünze 33

Immer wieder köstlich: Mandel-Vanille- und Schokoladeneis 37

Gefrorene Erdbeer-Baiser-Torte 39

Käsekuchen mit Kakaoboden 43

Warmer Puddingkuchen mit Whiskey-Tränke 45

Granadilla-Kuchen 46

Lisas quadratische Scones 47

Gewürzkuchen 50

Then And Now
y Robert O. Haviland
R. 8, Cynthiana, Ky
in Kentucky,
ough our smiling land
f the Bluegrass
g hand in hand.
County's rolling pla
's templed hill,
nd our Burley Pool
with good will.
now two years ago,
et out the crop
ould pay a
market took
Association
ndred thousa
tee that we'
uraging day
w the sun
e "Old K
promise
turn the
e know, as we watch it gro
Suid-Afrika
South Africa
HIRUNDO ATROCAERULEA
1993
BISCUITS
meine Li
SOUTH SOUTH SOUTH
Chakalaka
Trockenfleisch
Stürme
Braai
Melktert
Chappies Kaugum

Erinnerungen an früher

Als wir in Südafrika ankamen, war ich ungefähr vier Jahre alt und Ludi fünf. Nin wurde ein paar Jahre später geboren. Von London aus landeten wir mit unseren Koffern in einem kleinen südafrikanischen Hotel im Stadtzentrum. Wir kannten niemanden und bestellten jeden Morgen Tee auf unsere Zimmer. Ich sehe uns noch genau vor mir, wie wir diese großen Tassen auf die kleinen Beistelltische absetzten.

Mein Vater hatte mit seinem zypriotischen Freund eine Safari in Südafrika gemacht. Als er zu uns nach London zurückkehrte, befand er, dass es gut wäre, dort zu leben – so packten meine Eltern uns ein und verfrachteten uns in dieses kleine Hotel im Zentrum.

Bald darauf eröffnete mein Vater einen Sandwich-Laden. Wir gingen zur Schule. Samstagnachmittags picknickten wir mit unserer Hündin Sumpi am Flussufer unten an unserer Straße. Sonntags fuhren wir oft mit einem kleinen Grill in unserem Auto nach Little Falls und verbrachten den Tag dort. Das war, als wir noch keinen Garten hatten.

Meine Mutter gab uns immer interessantes Essen mit in die Schule; meist war es etwas, was sie gerade im Kühlschrank fand. Nicci D. sagt, dass sie sich immer an unser Frühstück erinnert (sie und Totty kamen auf dem Schulweg für gewöhnlich bei uns vorbei). Manchmal waren wir noch beim Frühstücken – Lammkoteletts, Garnelen und was es sonst am Vorabend gegeben hatte. Und manchmal bot meine Mutter (mit Lockenwicklern im Haar) uns allen für den Schulweg ein Eis aus dem Gefrierfach an. Das waren Zeiten.

In der Schule sangen wir alle zusammen aus diesen kleinen blauen zerfledderten Gesangbüchern *Morning has broken*. Ein paar Mal wurden Ludi und ich über den dröhnenden Lautsprecher herausgerufen, weil unsere Hündin uns bis zur Schule gefolgt war und wir sie zurück nach Hause bringen mussten.

Ich erinnere mich noch an das Mädchen von nebenan, Shelly B. Wenn sie von der Schule nach Hause kam, hatte ihre Großmutter ihr oft so etwas wie Hähnchenbeine mit einem großen Klecks Tomatensauce daneben gemacht, und ich schaute ihr beim Essen zu (wir hatten schon zu Hause gegessen). Aus irgendeinem Grund habe ich das nicht vergessen – und dass Karen M. das Shampoo *Gee Your Hair Smells Terrific* benutzte (manchmal suche ich heute noch danach).

Und den Kartoffelsalat, der bei Tracy S. an dem Abend, als sie ihren ersten Fernseher bekamen, abends in einer Holzschüssel auf der Treppe serviert wurde. Wir saßen mit dem großen Fernseher draußen, aßen den Kartoffelsalat und sahen – schwindelig vor Aufregung – so was wie *Bonanza* und *Lassie*. Danach bekamen wir zu Hause einen Salora, einen weißen Fernseher aus Finnland, den sich meine Mutter gewünscht hatte. Ein paar Abende saßen wir einfach nur da und betrachteten das Ende des Sendebildes.

Manchmal gingen wir mit Butterkeksen ins Schwimmbad und legten uns im Badeanzug auf die warmen Steine, um sie zu essen. Sonntagabends aßen wir oft salzige Cracker mit Konfitüre und Käse und tranken große Becher Tee mit Milch. Manchmal gingen wir in der Woche abends zum Essen in unser Lieblings-Steakhouse. Wir hatten da schon unsere Schlafanzüge an, damit wir auf dem Rückweg im Auto einschlafen und meine Eltern uns dann einfach ins Bett legen konnten. Wir liebten diese Rippchen, und zum Abschluss gab es oft einen Teller mit italienischen Baci, die wir uns teilten.

Für die Hausaufgabe zündelten wir die Ränder von Papier an, um damit alte Landkarten anzufertigen und darauf die Entdeckungen der Welt zu markieren. Wir weichten sie in Tee ein, damit sie alt aussahen – das habe ich am liebsten gemacht. Bei Didi zu Hause aßen wir nach der Schule einfach Chips aus der Tüte, über die wir noch Zitronensaft pressten und Salz streuten. An manchen Nachmittagen machte ich noch eine besondere Gewürzmischung – Nin und Ludi warteten mit ein paar Freunden oder Nachbarn, die vorbeigekommen waren, während ich eine Mischung von den Gewürzen aus dem Regal mit ein paar Zitronen in eine Schüssel rührte.

Wir liebten »labberige« Pommes frites, die wir direkt aus dem mit Essig getränkten Papier aßen, Biltong (Trockenfleisch), Karamellbonbons, prickelndes Brausepulver, das auf unserer Zunge knisterte und zischte, Milchtarte, Weingummis, Zitronenbaiserkuchen und Wundertüten. Wir aßen wellig geschnittene Pommes und Gemüse, und unsere Freunde hatten einen neuen großen Kühlschrank mit einem Eisspender an der Seite – wie gerne gingen wir dorthin.

Dies sind einige meiner Erinnerungen an Südafrika. Und plötzlich wurde ich fünfzehn. Da waren neue Gerüche, neue Dinge. Erdbeer-Lipgloss. Bluejeans und das Impulse-Deo. Mein erstes Parfüm. Ein Make-up-Set von Pupa. Der Eiskuchen Viennetta. Das Chicago-Eis aus unserem Urlaub in Griechenland, und Alexander-Cocktails. *Ein Engel für Charlie*.

Jetzt, da ich eine eigene Familie habe und auf meinen Reisen so viele neue Aromen und Geschmäcker kennengelernt habe, stelle ich fest, wie oft ich an die Aromen und Düfte dieser sehr zerbrechlichen und sorgenfreien Jahre zurückdenke – und wie dankbar ich dafür bin.

Sipis

OFEN-LAMMKOTELETTS MIT ZITRONE UND OREGANO

1 kg dünne Lammkoteletts, höchstens 1 cm dick (15–20 Koteletts), mit etwas Fett daran

Saft von 2 Zitronen (etwa 8 EL)

Salz

frisch gemahlener Pfeffer

2 EL Olivenöl

30 g Butter, in kleine Stücke geschnitten

3–4 TL getrockneter griechischer Oregano, plus etwas mehr zum Servieren

Für 4 Personen

Sipi
Mom
Ma

Diese Koteletts hat meine Mutter immer im Ofen gemacht – ein ganzes Blech voll. Ich liebte es, das Blech dann mit Pommes abzukratzen!

Ich lasse mir vom Metzger dünne Lammkoteletts zurechtschneiden, wobei noch etwas Fett dranbleiben soll, das dann köstlich schmilzt, wenn es mit der Zitrone geröstet wird. Sie müssen warm und, wenn es draußen kalt ist, auf vorgewärmten Tellern serviert werden. Dazu passen Boereboontjies (S. 29) oder Pommes.

Den Backofen auf 200 °C vorheizen. Die Lammkoteletts kurz abwaschen oder mit feuchtem Küchenpapier abwischen, um lose Knochenstücke zu entfernen. Trockentupfen. Nebeneinander in eine große Ofenform legen.

Mit Zitronensaft beträufeln, großzügig salzen und pfeffern. Das Olivenöl hinzufügen. Die Butter rund um das Fleisch verteilen, dieses mit Oregano bestreuen. Die Blätter dabei zwischen den Fingern zerkrümeln. Alles vermischen, sodass die Koteletts rundum von den Gewürzen bedeckt sind.

In die Form 125 ml Wasser gießen. Mit Alufolie abdecken und die Koteletts etwa 20 Minuten im Ofen backen, bis die Knochen noch hell sind, das Fleisch aber gar und reichlich Sauce vorhanden ist.

Die Folie abnehmen, die Ofentemperatur auf 180 °C reduzieren. Die Form weitere 20 Minuten in den Ofen schieben, bis die Koteletts schön goldbraun sind und die Sauce eindickt, blubbert und an manchen Stellen zähflüssig ist (die Koteletts müssen nicht gewendet werden, je nach Ofen kann man nach Belieben per Umluft backen, damit die Koteletts noch dunkler werden). Heiß mit etwas zusätzlichem Oregano bestreut servieren.

70 mm

Vivians
DATTEL-APRIKOSEN-CHUTNEY

700 g getrocknete Aprikosen, klein gehackt

80 g Rosinen

350 ml Weißweinessig

70 g Ingwer, geschält

250 g Datteln, entsteint und gehackt

125 g Vollrohrzucker

2½ TL Salz

1 ½ TL Senfsamen

½ TL Chilipulver, je nach Geschmack auch mehr oder weniger

Ergibt etwa 1,5 kg

Dieses Rezept stammt von Vivian – einer unglaublichen Köchin, mit der ich das Glück hatte, an einem tollen Wochenende in Südafrika auf einer Wildtierfarm arbeiten zu dürfen. Ich lernte an diesen längst vergangenen Tagen vieles, was ich heute noch beim Kochen anwende. Dieses Chutney wird aus getrockneten Aprikosen zubereitet, aber in der Saison besorge ich gern auch frische. (Diese dann nicht einweichen, sondern insgesamt 250 ml Wasser und etwas mehr Zucker verwenden.) Nach der Zubereitung muss das Ganze mindestens ein paar Tage im Kühlschrank durchziehen. Ich verwende das Chutney für die Hähnchenbeine auf der folgenden Seite, auch zu Lammkoteletts oder Hackfleischbällchen schmeckt es wundervoll.

Die getrockneten Aprikosen mit 250 ml heißem Wasser bedecken und 1 Stunde darin einweichen. Dann mit der Flüssigkeit in einen weiten Topf (wie man ihn auch zum Einkochen nimmt) füllen. Die Rosinen und den Essig hinzufügen, alles langsam zum Kochen bringen und zugedeckt 15 Minuten köcheln lassen.

Den Ingwer im Mörser zu einer Paste zerstoßen (ergibt etwa 3 EL). Mit Datteln, Zucker, Salz, Senfsamen, Chilipulver und 500 ml heißem Wasser in den Topf rühren. Alles nochmals aufkochen, dann die Temperatur reduzieren. Das Chutney etwa 45 Minuten bei leicht geöffnetem Deckel glatt einkochen lassen. Dabei häufig umrühren und noch etwas heißes Wasser dazugießen, wenn die Masse zu stark andickt.

Die Früchte mit einem Kartoffelstampfer zerkleinern und, falls vorhanden, beim Kochen auf dem Gasherd einen Hitzeverteiler verwenden. Das Chutney sollte dicklich, weich und marmeladenartig sein, aber nicht zu zäh oder fest.

Noch heiß auf drei sterilisierte Einmachgläser verteilen und fest verschließen. Im Kühlschrank aufbewahren (das Chutney hält sich dort ein paar Monate).

BRAAI: GEGRILLTE HÄHNCHENBEINE MIT CHUTNEYMARINADE

9–10 Hähnchenunterschenkel mit Haut

Salz

frisch gemahlener Pfeffer

3 Knoblauchzehen, im Mörser zerstoßen

1 TL getrockneter Oregano

1 TL edelsüßes Paprikapulver

1 TL gemahlener Koriander

frisch geriebene Muskatnuss

2 EL Oliven- oder Pflanzenöl

gut 300 ml Dattel-Aprikosen-Chutney (S. 23)

3 getrocknete Lorbeerblätter

Für 4–5 Personen

Sie können auch gekauftes Chutney verwenden, aus Aprikosen, Mango oder anderen Früchten. Zunächst röste ich die Hähnchenbeine im Backofen, damit sie sicher durch sind. Zum Schluss grille ich sie noch auf dem Holzkohlegrill, damit sie wunderbare Aromen erhalten. Sie können sie auch nur im Ofen zubereiten, stellen Sie dann abschließend kurz die Grillfunktion ein. Ich esse auch gerne Boerewors (afrikanische Bratwurst) oder andere Würste vom Grill, die zuvor mit Chutney bestrichen werden. Dazu Mielis (Mais) vom Grill und Ofenkartoffeln, etwas Butter und Schmand darauf. Sie können so viele Hähnchenschenkel zubereiten, wie in Ihre Form passen.

Mit einem Spieß die Hähnchenbeine mehrmals bis auf die Knochen einstechen, zum Durchgaren. Dann nebeneinander in eine für den Holzkohlegrill geeignete Form legen, großzügig von beiden Seiten mit Salz und Pfeffer bestreuen und 5–10 Minuten bei Zimmertemperatur ruhen lassen.

Den zerstoßenen Knoblauch in einer kleinen Schale mit Oregano, Paprikapulver und gemahlenem Koriander sowie etwas Muskat verrühren. Das Öl untermischen, dann die Hähnchenbeine gut damit einreiben. Abdecken und 15 Minuten ruhen lassen.

Den Backofen auf 180 °C vorheizen.

Die Hähnchenbeine rundum mit dem Chutney bestreichen. Die Lorbeerblätter rundherum verteilen, 60 ml Wasser in die Form gießen und diese schwenken, damit es sich verteilt. Die Form mit Alufolie abdecken und die Hähnchenbeine etwa 40 Minuten im Ofen backen. Dann die Folie abnehmen und noch etwa 30 Minuten weiterbacken, damit sie schön braun werden und die Sauce eindickt. Nach der Hälfte der Zeit das Fleisch wenden und mit Sauce begießen.

Inzwischen einen Holzkohlegrill anfeuern. Das Hähnchen auf einen Grillrost etwa 10 cm über die heißen Kohlen legen. Mit etwas Chutney aus der Form bestreichen und grillen, zwischendurch wenden. Wenn sie schön goldbraun und an manchen Stellen dunkel sind, in der Form mit der Chutney-Sauce wenden, dann wieder auf den Grill legen. Wenn sie eine dunkle Farbe haben, wieder zurück in die Form legen und diese auf den Grillrost über die Kohle stellen, bis die Sauce zähflüssig und am Boden eingekocht ist (das Besondere an dieser Zubereitung). Warm servieren.

Jos

GEGRILLTE SCHWEINERIPPCHEN

2 Schweinerippen, halbiert (insgesamt etwa 2 kg)

Salz und Fleur de Sel, zum Servieren (nach Belieben)

GLASUR

125 ml Tomatensauce (Ketchup)

3 EL Worcestershiresauce

3 EL Sriracha-Sauce (oder eine andere scharfe Sauce)

2 EL Melasse

55 g Vollrohrzucker

2 EL Apfelessig

1 EL Dijonsenf

1 EL edelsüßes Paprikapulver

1 TL gemahlener Kreuzkümmel

Für 4+ Personen

In Johannesburg ist die beste Zeit für Jakaranda-Blüten Ende Oktober.

Jo ist meine wunderbare Rezeptlektorin und mit den Jahren, in denen sie meine Rezepte getestet hat, eine liebe Freundin geworden. Diese Rippchen mit einer köstlichen, dickflüssigen süßen Sauce sind sehr lecker und leicht zu machen. Dazu passen Ofenkartoffeln.

Den Backofen auf 180 °C vorheizen. Eine große Ofenform (die Rippchen sollten nebeneinander hineinpassen) bereitstellen. Meine misst 27 × 36 cm.

Für die Glasur sämtliche Zutaten in einem Topf bei niedriger Temperatur erhitzen. Dann 5–6 Minuten köcheln lassen, bis die Mischung eindickt. Den Topf vom Herd nehmen.

Die Rippchen in die Ofenform legen, mit Salz bestreuen und dieses einreiben. In einer Schüssel 500 ml heißes Wasser mit 2 EL der Glasur verrühren und in die Form gießen. Mit Alufolie abdecken. Die Rippchen so 2 Stunden im Ofen backen, bis sie zart sind. Zwischendurch einmal wenden.

Einen Holzkohlegrill anfeuern. Die Rippchen aus der Form nehmen (dabei die Kochflüssigkeit entsorgen) und etwa 15 cm über der Glut einige Minuten von beiden Seiten grillen, bis das Fett zerlassen ist und sie goldbraun sind. Dann wieder in die Form legen, großzügig rundum mit der restlichen Glasur bestreichen und wieder auf den Grillrost legen. Die Rippchen noch einige Minuten grillen, bis sie karamellisieren und von beiden Seiten leicht dunkel werden, dabei zwischendurch erneut mit Glasur bestreichen. Achtung, sie sollten nicht zu schwarz werden.

Die Rippchen auf ein Brettchen oder einen Teller legen und warm servieren, dafür in einzelne Rippchen zerteilen. Nach Belieben mit Fleur de Sel bestreuen. Guten Appetit!

STEAK-SANDWICH MIT BRATENSAUCE

RINDERBRÜHE

1,2 kg Rinderknochen, abgewaschen

580 g Suppenfleisch vom Rind (am Stück)

2 große rote Zwiebeln (380 g), abgezogen und in grobe Stücke geschnitten

3 Karotten (240 g), geschält und in grobe Stücke geschnitten

80 g Staudensellerie, in grobe Stücke geschnitten

1 kleine Handvoll Petersilie (Blätter und Stängel)

7–8 schwarze Pfefferkörner

2 TL grobes Meersalz (etwa Sel de Guérande)

>>

Dies ist ein altmodisches Rezept für Steak-Sandwich, ich liebe es. Dazu ein kleines Schälchen mit Sauce zum Tunken – welch ein Luxus. Ich kann mich nicht erinnern, wo genau wir das in Südafrika gegessen haben. Ob im Café de Paris oder in einem Restaurant in der Stadt in der Commissioner oder Rissik Street. Aber ich habe es nicht vergessen. Dies hier ist meine Version davon.

Bereiten Sie die Sauce am Vortag zu, damit sie abkühlt und Sie das Fett, das sich darauf absetzt, abschöpfen können. Wenn Sie die Sauce nicht selber machen möchten, verwenden Sie 500 ml gute Rinderbrühe aus dem Glas. Ich grille die Steaks mit ihrem Fett gerne auf Holzkohle, aber Sie können sie auch in einer Grillpfanne zubereiten. Diese Sandwiches serviere ich mit ein paar säuerlich eingelegten Gurken und grünem Salat mit Brunnenkresse sowie einer Senf-Rotwein-Vinaigrette. Bei Bedarf können Sie ganz einfach noch ein Steak und Baguette mehr zubereiten, verwenden Sie dann etwas mehr Brühe für die Sauce.

Den Backofen auf 220 °C vorheizen.

Die Rinderknochen und das Suppenfleisch in eine große Auflaufform legen. Zwiebeln, Karotten und Sellerie hinzufügen. Im Ofen etwa 1 Stunde rösten, zwischendurch die Knochen wenden, damit sie rundum schön braun werden. Das Gemüse entfernen, wenn es zu dunkel wird, und direkt in den großen Topf füllen, in dem die Brühe gekocht wird.

Das Fleisch und die Knochen zum Gemüse im Topf füllen, das Öl in der Ofenform lassen, aber den Bratensatz abkratzen. Alles im Topf mit 2,5 l Wasser bedecken und Petersilie hinzufügen. (Wenn zu diesem Zeitpunkt nicht das gesamte Wasser in den Topf passt, können Sie einen Teil auch später dazugießen, nachdem etwas davon eingekocht ist.) Alles zum Kochen bringen, dann die Temperatur reduzieren. Das Ganze 1 ½ Stunden offen köcheln lassen. Den Schaum von der Oberfläche abschöpfen und dann Pfefferkörner sowie Salz hinzufügen. Den Topf vom Herd nehmen, die Knochen und das Gemüse mit einem Schaumlöffel herausnehmen und entsorgen. Das Fleisch bei anderer Gelegenheit mit Senf servieren. Die Brühe in einen frischen Topf abseihen, dann ein paar Stunden oder über Nacht vollständig abkühlen lassen.

Fortsetzung folgende Seite >>

BRATENSAUCE

2 EL Olivenöl

1 große Knoblauchzehe, halbiert

4 Salbeiblätter

1 Zweig Rosmarin (7 cm)

2 EL Mehl

125 ml guter Rotwein

500 ml heiße Rinderbrühe (siehe oben)

STEAK-SANDWICH

1 langes Baguette, gedrittelt (à 18 cm Länge)

3 Steaks (etwa 1 cm dick), etwa Entrecote, Filet oder ein anderes beliebiges Stück (jeweils 240 g)

grobes Meersalz (etwa Sel de Guérande oder Maldon Sea Salt)

frisch gemahlener Pfeffer

etwas Olivenöl

etwas Dijonsenf

Für 3 Personen

Nach dem Abkühlen die Fettschicht auf der Oberfläche abnehmen und entsorgen. Die Brühe zum Kochen bringen, dann ganz sanft offen 30 Minuten köcheln lassen, bis sie auf etwa 1 l reduziert ist. Zwischendurch bei Bedarf immer wieder mit einem Schaumlöffel den Schaum von der Oberfläche abschöpfen. (Hier wird nur die Hälfte der Brühe benötigt; der Rest hält sich in einem sauberen Glas im Kühlschrank und kann anderweitig verwendet werden; oder für das nächste Sandwich-Steak einfrieren.) Den Topf vom Herd nehmen.

Für die Bratensauce das Olivenöl in einem Topf erhitzen und Knoblauch, Salbei sowie Rosmarin hinzufügen. Die Aromen einziehen lassen. Wenn das Öl goldgelb ist, das Mehl darüberstreuen. Unter Rühren mit einem Schneebesen weiterkochen, bis das Mehl goldgelb wird, es sollte nicht anbrennen. Nach und nach den Wein dazugießen, dabei ständig weiterrühren. Die Sauce dicklich einkochen. Nach und nach 500 ml von der heißen Rinderbrühe dazugießen und dabei weiterhin ständig rühren. Wenn die Sauce wieder kocht, Knoblauch, Salbei und Rosmarin herausnehmen. Die Sauce 10–15 Minuten sanft zähflüssig einkochen, dabei ab und zu umrühren. Abschmecken. Die Sauce warm halten.

Für das Steak-Sandwich einen Holzkohlegrill anfeuern. Die Baguette-Stücke quer durchschneiden. Die Steaks auf beiden Seiten reichlich mit grobem Salz und etwas frisch gemahlenem Pfeffer bestreuen, mit Olivenöl beträufeln.

Die Steaks auf einem Grillrost etwa 10 cm über der Kohle kurz grillen, bis sie schön dunkel, aber innen noch weich sind. Dann die Baguette-Stücke mit den Schnittflächen nach unten kurz mitrösten, bis sie goldgelb sind. Wenn die Steaks fertig sind, diese jeweils auf eine Baguette-Hälfte legen (oder zuerst auf einen Teller, wenn sie noch klein geschnitten werden müssen) und die andere Hälfte nach Belieben mit ganz wenig Dijonsenf bestreichen. Etwas heiße Bratensauce auf dem Fleisch verteilen, frisch gemahlenen Pfeffer daraufstreuen und die andere Baguette-Hälfte auflegen. Alles fest zusammendrücken. Pro Person ein kleines Schälchen mit Sauce zum Tunken servieren.

BOEREBOONTJIES – BOHNEN-KARTOFFEL-PÜREE

750 g mehligkochende Kartoffeln, geschält und in große Stücke geschnitten

Salz

300 g grüne Bohnen, geputzt und in 3 cm lange Stücke geschnitten

30 g Butter

1–2 dicke Frühlingszwiebeln, die weißen und grünen Teile gehackt (insgesamt 90 g)

100 ml Buttermilch, Zimmertemperatur

frisch geriebene Muskatnuss

frisch gemahlener Pfeffer

Für 5–6 Personen

Der Wiedehopf hat schwarz-weiß-gestreifte Flügel, sein Ruf klingt wie ein sanftes »Uup-uup-uup«.

Ein herrliches Rezept. Ich kenne es aus meinen Kindheitstagen in Südafrika. Ein behaglicher Stampf aus Kartoffeln, grünen Bohnen und Zwiebeln, mit etwas Milch und Butter. Ich bereite dieses Püree gerne mit Buttermilch zu. Nehmen Sie dafür einen Kartoffelstampfer oder eine Gabel – keine Kartoffelpresse oder Flotte Lotte –, denn hier ist etwas Textur erwünscht.

Die Kartoffeln in kochendem Salzwasser garen. Nach 5–6 Minuten die Bohnen hinzufügen und 10–15 Minuten mitkochen, bis beides weich, aber nicht zu matschig ist.

Inzwischen in einem Topf die Hälfte der Butter zerlassen und die Frühlingszwiebeln darin sanft weich dünsten, ohne dass sie kross oder dunkel werden.

Die fertig gekochten Kartoffeln und Bohnen mit einem Schaumlöffel in eine große Servierschüssel heben. Die Zwiebeln mit der restlichen Butter hinzufügen und alles mit einem Kartoffelstampfer grob zerstampfen. (Es sollte ein weicher Brei werden, aber stückig; am besten bleiben auch ein paar Bohnenstücke darin.) Die Buttermilch, etwas geriebene Muskatnuss sowie Salz und Pfeffer hinzufügen und unterrühren. Heiß servieren.

FENCHEL AUS DEM OFEN MIT BRANDY UND GREYERZER

2 große Fenchelknollen, Stängel und Grün entfernt (950 g geputzt)

3 EL Olivenöl

Salz, Pfeffer

20 g Butter

3 EL Brandy

3 EL Sahne

70 g Greyerzer, grob gerieben

etwa ½ TL Fenchelpollen, falls vorrätig

Fleur de Sel, nach Belieben

Für 6 Personen

Manchmal gibt es nur das zum Abendessen. Köstlich süß. Mit goldenem Schimmer. Ein Luxus. Schmeckt auch wundervoll zu gebratenem oder gegrilltem Fisch oder Schweinefleisch. Wenn Sie Fenchelpollen (oder zerkleinerte getrocknete wilde Fenchelblüten) haben, streuen Sie ein wenig über das fertige Gericht, das schmeckt auch wunderbar.

Den Backofen auf 200 °C (Umluft) vorheizen.

Die Fenchelknollen halbieren. Die Hälften in etwa 6 Stücke schneiden, aber am Strunk nicht trennen.

Auf dem Boden einer Ofenform 2 EL Olivenöl verteilen (die Größe meiner Form: 22 × 30 cm). Den Fenchel hineinlegen, mit dem restlichen Öl (1 EL) beträufeln, salzen und pfeffern. Vorsichtig wenden, dann die Fenchelstücke nebeneinander dicht an dicht, auch überlappend, anordnen und die Butter in Stücken hinzufügen.

Den Fenchel so 20 Minuten im Ofen backen, bis er an einigen Stellen goldgelb wird. Dann 125 ml Wasser auf den Formboden gießen, die Temperatur auf 190 °C reduzieren und den Fenchel noch etwa 15 Minuten weiterbacken, bis er rundum goldgelb ist. Anschließend den Brandy und die Sahne darüberträufeln. Die Form schwenken, damit sich alles verteilt. Nochmals 10 Minuten backen, bis alles schön blubbert. Mit dem Greyerzer bestreuen und noch ein paar weitere Minuten backen, bis er goldgelb und knusprig ist, vor allem an den Rändern.

Die Form aus dem Ofen nehmen, den Fenchel mit den Pollen bestreuen und einige Minuten ruhen lassen. Warm servieren, nach Belieben mit Fleur de Sel bestreuen.

GEGRILLTE CHILI-GARNELEN MIT ZITRONEN-KNOBLAUCH-BUTTER

etwa 20 rohe, mittelgroße Garnelen, mit Köpfen und Schalen (etwa 1 kg)

3 Knoblauchzehen, im Mörser zerstoßen

1 ½ EL Zitronensaft

3 EL Olivenöl

¼ TL gemahlene Piri Piri (oder anderes Chilipulver)

½ TL Tomatenmark

½ TL Salz

frisch gemahlener schwarzer Pfeffer

½ TL grobes Meersalz (etwa Sel de Guérande oder Maldon Sea Salt)

1 EL gehackte Petersilie

unbehandelte Zitronenviertel, zum Servieren

SAUCE

2 Knoblauchzehen

½ TL grobes Meersalz (etwa Sel de Guérande oder Maldon Sea Salt)

4–5 kleine getrocknete Piri Piri (oder andere getrocknete Chilischoten), fein gehackt

100 g Butter

1 getrocknetes Lorbeerblatt

1 ½ EL Whiskey oder Brandy

3 EL Zitronensaft

Für 4 Personen

Gegrillte Meeresfrüchte sind mein Lieblingsessen, am besten mit einer warmen Zitronen-Knoblauch-Chili-Butter darüber. Getrocknete Piri Piri sind winzige, feurige Chilischoten. Nehmen Sie davon so viel, wie Sie möchten (oder eine andere Chilisorte; dann aber weniger). Hierzu schmecken Rahmspinat und Röstbrot sehr gut.

Mit einer Küchenschere die Schale der Garnelen von der Unterseite des Kopfes bis zum Anfang des Schwanzes einschneiden, dann das Fleisch fast ganz bis auf die Schale durchschneiden, sodass sich die Garnelen flach aufklappen lassen, wenn man daraufdrückt (ich schneide nicht durch den Kopf, aber das geht auch, wenn das für Sie einfacher ist). Den schwarzen Darm herausziehen und entsorgen. Die Garnelen unter fließendem Wasser abspülen, in einem Sieb abtropfen lassen und mit einem Papiertuch trockentupfen.

Den zerstoßenen Knoblauch in einer Schale mit Zitronensaft, Olivenöl, Piri-Piri-Pulver, Tomatenmark, Salz und etwas frisch gemahlenen schwarzen Pfeffer zu einer Marinade vermischen.

Die Garnelen mit der Fleischseite nach oben auf einen tiefen Teller legen. Jeweils 1 Klecks Marinade auf das Fleisch setzen, mit etwas grobem Salz bestreuen. Die Garnelen wenden und vermischen, damit auch die Schalen etwas Marinade abbekommen. Etwa 1 Stunde ruhen lassen (bei warmem Wetter: im Kühlschrank).

Für die Sauce den Knoblauch im Mörser mit dem groben Salz zu einer Paste zerstoßen. Die gehackten Piri Piri hinzufügen und alles nochmals mit dem Stößel verarbeiten, dann in einen kleinen Topf füllen. Die Butter und das Lorbeerblatt hinzufügen und bei sehr niedriger Temperatur erwärmen, bis die Butter schmilzt und die Masse karamellartig einkocht. Den Whiskey hinzufügen und alles weiterhin einkochen lassen. Dann den Zitronensaft hinzugießen und durchrühren. Noch einige Minuten köcheln lassen, anschließend mit Salz und Gewürzen abschmecken. Die Sauce im Topf bis zum Servieren auf dem Grillrost oder Herd warm halten.

Fortsetzung folgende Seite >>

Einen Grill anfeuern. Die Garnelen zunächst mit der Fleischseite nach unten auf dem Rost etwa 10 cm über der Kohle oder Flamme grillen, dabei flach drücken. Wenn sie an einigen Stellen dunkel werden, umdrehen. Mit der Marinade bestreichen und von beiden Seiten grillen, bis sie hell und weißlich-rosa sowie stellenweise geröstet sind. Nicht zu lange grillen, damit sie nicht austrocknen.

Wenn die Garnelen fertig sind, sofort auf Servierteller legen, mit Petersilie bestreuen und mit der heißen Buttersauce übergießen. Zitronenstücke dazulegen. Nach Belieben kleine Schälchen mit warmem Zitronenwasser zum Reinigen der Hände dazu reichen.

Piri Piri sind winzigkleine Chilischoten, aber mit mächtigem Schärfekick.

VASILOPITA – NEUJAHRSKUCHEN MIT GLÜCKSMÜNZE

je 50 g getrocknete Cranberrys und Sauerkirschen

je 1 EL Brandy oder Whiskey sowie Portwein

60 g Walnusskerne, halbiert

180 g Butter, Zimmertemperatur, plus mehr für die Form

300 g Mehl, Type 405, plus mehr für die Form

240 g Vollrohrzucker

1 TL Vanilleextrakt

3 Eier (Größe M)

1 EL Backpulver

1 TL gemahlener Zimt

½ TL Salz

120 g griechischer Joghurt (10 % Fettgehalt)

1 Münze, gewaschen und fest in Alufolie gewickelt

GLASUR

etwa 30 g Vollrohrzucker

jeweils 1 EL Brandy (oder Whiskey) und Portwein

Ergibt 1 Kuchen (24 cm Ø)

* Sie können die Münze auch erst nach dem Backen hineinstecken. Nach dem Abkühlen den Kuchen aus der Form lösen, unten an der Außenseite leicht einschneiden und die Münze hochkant, nicht flach liegend hineinstecken.

So habe ich Vasilopita in letzter Zeit gemacht. Das ist unser griechischer Neujahrskuchen mit einer Glücksmünze im Inneren, alle lieben ihn. Wer die Münze in seinem Stück hat, wird das ganze Jahr über vom Glück gesegnet sein. Wir backen ihn an Silvester und essen ihn gleich als Erstes am Neujahrstag. Er schmeckt köstlich; man kann ihn auch zu jeder anderen Zeit im Jahr ohne Münze backen.

Die Cranberrys und Kirschen mit Brandy und Portwein in einer kleinen Schale etwa 15 Minuten einweichen. Die Walnusskerne in einer Pfanne ohne Fett goldbraun anrösten. Vom Herd nehmen und abkühlen lassen.

Den Backofen auf 180 °C vorheizen. Eine Springform (24 cm Ø) ausbuttern und mit Mehl bestäuben.

Die Butter und den Zucker in einer Schüssel mit dem elektrischen Rührgerät schaumig schlagen. Das Vanilleextrakt und nacheinander die Eier hinzufügen, jeweils gut unterrühren (der Teig sieht noch klumpig aus, aber keine Sorge). Mehl, Backpulver, gemahlenen Zimt und ½ TL Salz hineinsieben, alles gut vermischen. Die eingeweichten Cranberrys und Kirschen samt Einweichwasser sowie Joghurt hinzufügen. Alles zu einem zähen Teig verrühren. Die Walnusskerne unterheben.

Den Teig in die vorbereitete Form füllen, die Münze am Rand hineindrücken, jedoch nicht zu dicht. Sie sollte aufrecht im Teig stecken (flach würde man sie erkennen).* Den Kuchen 50–55 Minuten im Ofen goldbraun backen. Garprobe: Ein mittig eingesteckter Holzspieß sollte sauber herauskommen. Wenn der Kuchen oben zu schnell dunkel wird, mit Alufolie abdecken. Den fertigen Kuchen aus dem Ofen nehmen und vollständig abkühlen lassen.

Dann, oder am nächsten Tag, den Ring der Springform abnehmen und die Glasur zubereiten. Dafür in einem kleinen Topf den Zucker mit Brandy, Portwein und 1 EL Wasser schmelzen. Einige Minuten sprudelnd kochen, bis sich der Zucker auflöst und etwas eindickt, dann vom Herd nehmen. Den Kuchen oben und an den Seiten mit der noch warmen Glasur bestreichen, diese fest werden lassen. Zum Servieren den Kuchen in Stücke schneiden (traditionell nennt man beim Anschneiden den Namen der Person, die das nächste Stück bekommt). Feiern Sie den Münz-Glückspilz, lassen Sie es sich schmecken!

Schiff ahoi

Softeis

Rezept fürs Glück

IMMER WIEDER KÖSTLICH

Eine herrliche Kombination – eine meiner absoluten Favoriten. Geröstete Mandeln habe ich aus meiner Kindheit in bester Erinnerung. Mit einer Kugel Schokoladeneis dazu konnte ich nie genug davon bekommen. Mit etwas ungesüßter Schlagsahne und einer Kirsche entsteht rasch ein Eisbecher. Dazu Schokoladen- oder Karamellsauce darüberträufeln.

MANDEL-VANILLE-EIS

1 Ei (Größe L)

120 g Zucker

¼ TL Salz, plus mehr für die Mandeln

375 g Sahne

250 ml Milch

1 ½ TL Vanilleextrakt

1 EL Brandy (oder Whiskey/Bourbon)

90 g ganze Mandelkerne mit Haut

Ergibt 1 l

Die Mandeln werden halbiert und mit Zucker im Ofen geröstet, wobei etwas Karamell und weißer, gehärteter Zucker an ihnen kleben bleibt. Dann werden sie unter das Eis gehoben, wenn dieses fast fest ist.

Das Ei mit 90 g Zucker in einer Schüssel zu einer dicklichen Creme aufschlagen, dann ¼ TL Salz unterrühren.

Sahne, Milch, Vanilleextrakt und Brandy in einem mittelgroßen Topf verrühren, zum Kochen bringen und dann vom Herd nehmen. Eine kleine Kelle davon unter die Eimasse rühren, um sie auf dieselbe Temperatur zu bringen, dann nach und nach unter ständigem Rühren die restliche Flüssigkeit hinzufügen. Alles zurück in den Topf gießen und auf niedrigster Stufe erwärmen. Unter ständigem Rühren kochen, bis die Masse fester wird – aber aufpassen, dass das Ei nicht gerinnt. Den Topf vom Herd nehmen und die Masse abkühlen lassen, dabei immer wieder umrühren.

Den Backofen auf 180 °C vorheizen und ein Backblech mit Backpapier auslegen. Mit einem kleinen Schälmesser den Großteil der Mandeln längs halbieren – wenn man die natürliche Kerbe trifft, fallen sie von allein in zwei Blättchen. Die restlichen Mandeln vierteln oder in große Stücke teilen, einige ganz lassen. Kurz abwaschen und dann auf das Blech legen, dabei das überschüssige Wasser nicht abtropfen lassen. Die restlichen 30 g Zucker und ein paar Prisen Salz hinzufügen, mit einem Löffel oder von Hand vermischen und die Mandeln auf dem Blech verteilen, sodass sie nebeneinander liegen.

Fortsetzung folgende Seite >>

Dann etwa 10 Minuten im Ofen rösten, zwischendurch mit einem Löffel wenden und verteilen. (Vorsicht, den heißen Zucker nicht mit den Händen anfassen.) Die Mandeln herausnehmen, wenn sie goldbraun und geröstet sind und der Zucker zu karamellisieren beginnt – er wird Klümpchen bilden, genau das ist erwünscht. Falls nötig, die Mandeln einige Minuten länger backen, aber darauf achten, dass sie nicht zu dunkel werden (das hängt vom Ofen ab). Wenn die Mandeln fertig sind, mit dem Löffel umrühren, damit sie während des Abkühlens nicht am Backpapier kleben.

Das Eis in einer Eismaschine nach Gebrauchsanweisung zubereiten. Wenn es gerade fest wird, aber noch gelöffelt werden kann, die Mandeln stückweise unterrühren. Das Eis in eine Gefrierbox füllen.

Ohne Eismaschine die Masse in eine flache Form füllen und diese in das Gefrierfach stellen. Wenn das Eis nach etwa 1 Stunde gerade gefroren ist, kräftig mit der Gabel aufschlagen, um die Eiskristalle aufzubrechen. Dann wieder zurück in das Gefrierfach stellen und den Vorgang noch zweimal wiederholen, erst dann die Mandeln untermischen. Das Eis abdecken und vollständig gefrieren lassen.

SCHOKOLADENEIS

375 ml Milch

250 g Sahne

100 g Zartbitterschokolade (70 % Kakaoanteil), in Stücke gebrochen

1 Ei

Salz

120 g Zucker

70 g ungesüßtes Kakaopulver

ZUM SERVIEREN (NACH BELIEBEN)

Schlagsahne

Belegkirschen

Ergibt 1 l

Die Milch und die Sahne in einem Topf erhitzen, bis sie gerade aufkochen. Dann die Schokolade hinzufügen, den Topf vom Herd nehmen und die Masse so lange rühren, bis die Schokolade vollständig geschmolzen ist.

Das Ei mit dem Zucker und 2 Prisen Salz in einer Schüssel schaumig schlagen. Das Kakaopulver unterrühren. Eine kleine Kelle der heißen Schokoladenmilch unterrühren, um sie auf dieselbe Temperatur zu bringen, dann nach und nach unter ständigem Rühren den Rest hinzufügen. Wenn alles vermischt ist, den Topf wieder auf den Herd stellen und die Masse sanft erwärmen. Noch 60 ml heißes Wasser einrühren und 1–2 Minuten unter ständigem Rühren kochen, bis die Masse fester wird. Dabei aufpassen, dass das Ei nicht gerinnt. Dann vom Herd nehmen und abkühlen lassen, dabei immer wieder umrühren.

Das Eis in einer Eismaschine nach Gebrauchsanweisung zubereiten. Oder wie oben beschrieben ohne Eismaschine einfrieren.

Zum Servieren je 1 Kugel Schokoladen- und Mandel-Vanille-Eis pur anrichten – oder nach Belieben mit Schlagsahne und je 1 Belegkirsche.

GEFRORENE ERDBEER-BAISER-TORTE

4 Eiweiß (Größe L)

200 g Zucker, plus 2 TL für die Sahne

ein paar Tropfen Vanilleextrakt, plus ¼ TL für die Sahne

1 TL Weißweinessig

>>

Diese Torte bereiten wir für Feste zu. Ich mag sie mit Erdbeeren, Himbeeren und einer Handvoll Walderdbeeren, wenn ich sie bekomme. Das Schöne daran ist hier, dass man alles gut vorbereiten kann und die Torte nur noch ungefähr 20 Minuten vor dem Anschneiden und Servieren aus dem Gefrierfach nehmen und die frischen Beeren und Schokolade darauf verteilen muss. Es ist auch schön, wenn alles gefroren ist. Daher können Tortenreste auch mit Beeren und Schokolade darauf wieder eingefroren werden.

Restliche Eigelbe bei der Crème brûlée mit Himbeeren (S. 323) oder der Schokoladencreme vom Mississippi Mud Pie (S. 192) verwenden.

Den Backofen auf 130 °C vorheizen. Zwei Backbleche mit Backpapier auslegen und mit einem Bleistift auf jedes Papier einen Kreis (24 cm Ø) aufzeichnen. Das Papier wenden, die Bleistiftmarkierung sollte durchscheinen, aber nicht mit der Baisermasse in Kontakt kommen.

Das Eiweiß in einer großen Schüssel aufschlagen, bis es dicklich, weiß und glänzend ist. Dann 200 g Zucker in kleinen Portionen hinzufügen, dabei so lange weiterschlagen, bis man meint, es zu übertreiben. Zum Schluss ein paar Tropfen Vanilleextrakt und Essig einrühren, bis die Masse sehr steif ist und Spitzen bildet.

Dann mit einem Silikonspatel in zwei Portionen aufteilen und diese jeweils auf einem Kreis verteilen. Nun mit einem dünnen Metallspatel in den aufgezeichneten Kreisen verteilen und glatt streichen. Beide Baisers 45 Minuten im Ofen backen. Dann die Bleche drehen und weitere 45 Minuten backen, bis die Baisers hellbraun und fest sind. Den Ofen ausschalten und die Baisers bei geschlossener Tür noch 30 Minuten darin ruhen lassen. Erst dann herausnehmen und vollständig abkühlen lassen.

Fortsetzung folgende Seite >>

500 g Sahne

30 g Zartbitterschokolade (70 % Kakaogehalt), nicht zu fein gehackt

250 g kleine süße Erdbeeren, gewaschen und sorgfältig trockengetupft

125 g Himbeeren

50 g Walderdbeeren

Für eine gesellige Runde, ergibt 1 Torte (24 cm Ø)

Anschließend die Sahne steif schlagen. Dann 2 TL Zucker und ¼ TL Vanilleextrakt einrühren, bis sich Spitzen bilden. Die Hälfte der Schokoladenstückchen unterziehen, den Rest zum Garnieren beiseitestellen.

Eine Baiserscheibe auf eine für den Gefrierschrank geeignete Platte legen. Die Hälfte der Sahne bis zu den Rändern darauf verteilen. Die zweite Baiserscheibe darauflegen und die restliche Sahne mit einem dünnen Spatel darauf verstreichen. Die Torte einfrieren, bis sie fest ist. Wenn möglich abdecken, ohne dass die Sahne mit der Abdeckung in Berührung kommt.

Je nach Außentemperaturen die Torte 20–30 Minuten vor dem Servieren aus dem Gefrierfach nehmen. Die Beeren vorbereiten und die Blätter von den größeren Erdbeeren abzupfen, diese halbieren. Kleinere Erdbeeren ganz lassen, das Grün nicht abzupfen. Die Him- und Walderdbeeren ebenfalls nicht zerteilen. Sämtliche Beeren oben auf die Torte häufen und mit der restlichen Schokolade bestreuen. Die Torte vorsichtig in große Stücke schneiden, dabei das Messer fest nach unten drücken (nicht sägen). Guten Appetit!

Ouma Magdalenas Keksdose war immer ein willkommener Anblick. Jetzt wird sie als Dose für Nähutensilien und Schwimmabzeichen verwendet.

2

KÄSEKUCHEN MIT KAKAOBODEN

BODEN

100 g Butter

80 g Zucker

175 g Mehl, Type 405, plus mehr zum Arbeiten

2 Prisen Salz

30 g ungesüßtes Kakaopulver

½ Ei (Größe M), verquirlt (Rest für eine Tarte verwenden)

2 EL Milch

>>

Ich liebe diesen intensiven milchigen Geschmack der Füllung, die hier auf einem Kakaoboden gebacken wird. Der Kuchen muss einige Zeit kühl gestellt werden, am besten verzehrt man ihn erst am Tag nach dem Backen. Für diese Version wird ein selbst gemachter Kakaoboden verwendet. Wenn ich den Aufwand nicht betreiben will, mache ich dafür auch die schnelle Version auf der folgenden Seite.

Für den Boden die Butter in einer Schüssel mit Zucker, Mehl und 2 Prisen Salz zwischen den Fingern zerreiben. Dann das Kakaopulver hinzufügen und alles zu einem feuchten, krümeligen Mix verarbeiten. Das Ei und die Milch hinzufügen. Alles vorsichtig von Hand zu einem feuchten Teig vermengen. Diesen flach drücken, abdecken und etwa 1 Stunde in den Kühlschrank stellen.

Den Backofen auf 180 °C vorheizen.

Die Arbeitsfläche bemehlen. Den Teig darauf rund ausrollen, sodass damit der Boden und drei Viertel des Rands der Springform (24 cm Ø), oder einer tiefen Tarte-Form, bedeckt werden. Die Teigplatte sollte also etwa 28 cm Ø haben. Den Teig nur ganz leicht andrücken, damit er nicht auf der Arbeitsfläche klebt, bei Bedarf mit etwas Mehl bestäuben.

Dann den Teig vorsichtig locker um das Nudelholz legen und in die Form gleiten lassen. Die Seiten andrücken und überstehende Ränder abschneiden. (Aus den Resten können Sie einen Keks für das Backteam machen.)

Den Teig mit Backpapier abdecken und zum Blindbacken Hülsenfrüchte darauf verteilen. Den Boden etwa 20 Minuten im Ofen backen, bis die Ränder fest sind. Die Hülsenfrüchte und das Backpapier entfernen, den Boden mehrmals mit einer Gabel einstechen und weitere 5 Minuten backen, damit er etwas trockener wird.

Fortsetzung folgende Seite >>

FÜLLUNG

3 Eier (Größe M)

140 g Zucker

½ TL Vanilleextrakt

1 ½ EL Mehl, Type 405

2 Prisen Salz

250 g Ricotta, abgetropft

250 g Doppelrahm-frischkäse

250 g Mascarpone

¼ TL frisch geriebene Muskatnuss

Ergibt 1 Kuchen (24 cm Ø)

Inzwischen für die Füllung die Eier, den Zucker und das Vanilleextrakt in einer Schüssel hell aufschlagen. Das Mehl und 2 kleine Prisen Salz unterrühren. Den Ricotta, Frischkäse und Mascarpone abtropfen lassen und zur Eiermischung geben. Alles zu einer glatten, zäh-cremigen Masse verrühren. Den Muskat unterrühren.

Dann die Masse auf den Kakaoboden geben und den Kuchen etwa 45 Minuten backen, bis er goldbraun und fest ist – ganz in der Mitte kann er dann noch etwas wabbelig aussehen. Den Backofen ausschalten und den Kuchen 10 Minuten bei geschlossener Ofentür darin ruhen lassen, anschließend herausnehmen und vollständig abkühlen lassen. Vor dem Verzehr ein paar Stunden (besser noch über Nacht) in den Kühlschrank stellen, dann schmeckt er noch besser.

SCHNELLER KUCHENBODEN

250 g Kakao-Butterkekse

100 g Butter, zerlassen

Die Kekse in einer Küchenmaschine zerkrümeln. Die Krümel mit der Butter in eine Schüssel geben und mit einem Holzlöffel sorgfältig vermischen. Die Masse von Hand fest auf den Boden der Kuchenform drücken und an den Rändern etwa 2–3 cm hochziehen. Die Form zum Abkühlen in den Kühlschrank stellen (vorbacken ist nicht erforderlich) und währenddessen die Füllung zubereiten. Dann die Füllung hineingeben und den Kuchen wie beschrieben backen.

Kuchen satt!

WARMER PUDDINGKUCHEN MIT WHISKEY-TRÄNKE

100 g dunkler Vollrohrzucker

40 g weiche Butter, plus mehr für die Form

1 ½ TL Vanilleextrakt

2–3 EL (40 g) glatte Aprikosenkonfitüre (oder eine andere Konfitüresorte)

1 Ei (Größe L)

160 g Mehl, Type 405, plus mehr für die Form

1 TL Backnatron

2–3 kräftige Prisen Salz

250 ml Milch

2 TL Weißweinessig

TRÄNKE

60 g Butter

100 g Vollrohrzucker

2 Prisen Salz

2 EL Whiskey (oder Brandy)

250 g Sahne, nicht zu kalt

Für mind. 8 Personen

Dieses Rezept stammt aus meiner Zeit in Südafrika, der Kuchen ist schnell zu machen und schmeckt herrlich intensiv. Das ist genau das, was man erwartet, wenn man seine Großtante besucht. Ein weicher, feuchter, cremig-getränkter Puddingkuchen, der mit einer warmen Sauce begossen wird. Er sollte warm serviert werden, pur oder mit Vanillesauce oder etwas ungesüßter Crème double oder mit Vanilleeis. Am besten schmeckt er unter dem afrikanischen Himmel, an einem kühlen Abend, wenn ein Feuer brennt. In Italien bereite ich ihn oft für Weihnachten zu.

Den Backofen auf 180 °C vorheizen. Eine Ofenform (max. 18 × 24 × 5 cm) mit Butter einfetten und mit Mehl bestäuben.

Zucker, Butter und Vanilleextrakt mit dem elektrischen Rührgerät schaumig schlagen, dann die Konfitüre unterrühren. Das Ei sorgfältig untermengen. Mehl, Backnatron und Salz dazusieben, alles gut verrühren. Nach und nach die Milch untermischen, anschließend den Essig. Die Masse in die gefettete Form füllen und etwa 40 Minuten im Ofen backen, bis sie goldbraun und fest ist.

Inzwischen für die Tränke die Butter mit Zucker und Salz in einem mittelgroßen Topf zerlassen. Die Temperatur reduzieren, wenn die Butter zu schnell dunkel wird. Wenn sie zu blubbern anfängt und karamellisiert, 3 EL heißes Wasser unterrühren. Den Whiskey angießen und sprudelnd aufkochen – nun sollte die Masse dunkel werden, daher aufpassen, dass man sich nicht verbrennt. Dann langsam die Sahne unterrühren. Noch einmal aufkochen und einige Minuten sprudelnd dick einkochen, dabei darauf achten, dass nichts überkocht. Den Topf vom Herd nehmen.

Den fertigen Kuchen aus dem Ofen nehmen und mehrmals mit einem Spieß einstechen. Die Hälfte der warmen Tränke darübergießen und die Form schwenken, damit sich alles gut verteilt. Dann mit der restlichen Flüssigkeit tränken (der Kuchen nimmt sie vollständig auf). Den Kuchen etwa 15 Minuten ruhen lassen. Anschließend in Quadrate oder Rauten schneiden. Warm servieren (schmeckt aber auch abgekühlt gut).

GRANADILLA-KUCHEN

175 g Butter, plus mehr für die Form

225 g Mehl, Type 405, plus mehr für die Form

150 g Zucker

1 TL Vanilleextrakt

3 Eier (Größe M)

1 ½ TL Backpulver

125 ml Buttermilch

½ TL Salz

2–3 TL unbehandelte fein abgeriebene Zitronenschale

GUSS

80 g Butter, Zimmertemperatur

250 g Puderzucker

2 EL Zitronensaft

2–3 EL Granadilla-Mark (von 2 nicht zu großen Granadillas oder Passionsfrüchten)

Ergibt 1 Kastenkuchen (26 cm Länge)

Diese Kuchen wollte ich schon immer machen; ich erinnere mich, wie ich sie auf Bauernhöfen in Südafrika gesehen habe, in aufgeblasenen durchsichtigen Plastiktüten, die oben verknotet waren, damit der Kuchen frisch blieb. Ich mag es, wenn der Guss möglichst weiß ist, mit ein paar kleinen Granadilla-Perlen darin. Dafür muss man ihn vorsichtig und schnell rühren. Die Größe der Kastenform ist hier wichtig – nehmen Sie für diese Mengen keine größere Form. Granadilla (eine Passionsfruchtsorte) gibt es in Südafrika im Überfluss.

Den Backofen auf 170 °C vorheizen. Eine Kastenform (11 × 26 × 6 cm) ausbuttern und mit Mehl bestäuben.

Butter, Zucker und Vanilleextrakt in einer Rührschüssel mit dem elektrischen Rührgerät hell und schaumig schlagen. Nach und nach die Eier hinzufügen, jedes Mal gründlich unterrühren.

Mehl, Backpulver und Salz unter weiterem Rühren hineinsieben. Die Buttermilch und die Zitronenschale hinzufügen. Dann den Teig in die Form füllen und etwa 50 Minuten im Ofen backen, 10–15 Minuten vor Ende der Backzeit die Form drehen. Garprobe: Ein mittig eingesteckter Holzspieß sollte sauber herauskommen. Dann den Kuchen aus dem Ofen nehmen. Nach etwa 10 Minuten mit einem scharfen Messer den Kuchen vom Rand lösen, aber vor dem Stürzen vollständig abkühlen lassen.

Für den Guss die Butter in einer großen Schüssel mit dem elektrischen Rührgerät hell und schaumig schlagen. Den Zucker unterrühren, dann den Zitronensaft und das Granadilla-Mark hinzufügen und zügig sowie vorsichtig untermengen. Dabei darauf achten, dass der Guss möglichst weiß bleibt (und nur mit ein paar gelben Streifen durchzogen wird).

Die Oberfläche und die Seiten des Kuchens mit einem Metallspatel dick mit Guss bestreichen. Vor dem Anschneiden ruhen und fest werden lassen. Bedeckt hält sich der Kuchen ein paar Tage. (Im Winter esse ich ihn gerne am Folgetag, wenn der Guss noch etwas fester ist.) Im Sommer in den Kühlschrank stellen, damit der Guss fest bleibt.

Lisas

QUADRATISCHE SCONES

Das sind die fantastischen Scones von meiner Freundin Lisa McG., die für Freunde alles stehen und liegen lassen würde. Diese Scones sind köstlich und schnell gemacht, mir gefällt ihre quadratische Form. Lisa lässt die gehackte Butter im Kühlschrank, bis sie verwendet wird. Diese Scones schmecken hervorragend mit Quitten- oder Beerenkonfitüre und ungesüßter Schlagsahne, aber auch pur – die feine Zuckerschicht ist köstlich. Am besten schmecken sie frisch aus dem Ofen, mit einer Tasse Tee dazu.

280 g Mehl, Type 405

2 TL Backpulver

1 EL Zucker

2 Prisen Salz

75 g sehr kalte Butter, in kleine Stücke gehackt

ein paar Tropfen Vanilleextrakt

200 g Sahne

1 EL Zucker, zum Bestreuen

ZUM SERVIEREN

etwa 250 g Sahne, Crème double oder Clotted Cream (falls erhältlich)

Konfitüre (aus Quitten, Erdbeeren oder Zwetschgen)

Ergibt 9 Stück

Den Backofen auf 200 °C vorheizen und ein Backblech mit Backpapier auslegen.

Mehl, Backpulver, Zucker und Salz in einer großen Schüssel vermischen. Die Butter mit den Fingern krümelig hineinreiben, dann grob zusammenführen. Das Vanilleextrakt in die Sahne rühren und anschließend in die Schüssel gießen. Alles vorsichtig zu einem Teig verkneten und diesen in der Schüssel hin und her rollen, um das Mehl aufzunehmen. Zunächst wirkt der Teig etwas trocken, er wird aber nach und nach weicher.

Den Teig auf dem vorbereiteten Blech zu einem Quadrat (18 cm Kantenlänge) drücken, die Ränder mit einem Messer möglichst gerade formen. Den Zucker gleichmäßig daraufstreuen. Den Teig in 9 kleinere Quadrate schneiden und diese leicht auseinanderziehen, sodass sie sich nicht berühren. So 12–14 Minuten im Ofen backen, bis die Scones an einigen Stellen schön goldgelb sind, dann gegen Ende der Backzeit das Blech drehen. Anschließend die Scones aus dem Ofen nehmen und leicht abkühlen lassen.

Die Schlagsahne steif schlagen. Die handwarmen Scones halbieren und je 1 Klecks Konfitüre daraufgeben. Darauf je 1 großen Löffel Schlagsahne setzen. Die Scones in Hälften oder wie ein Sandwich zusammengesetzt verzehren. Restliche Scones in einer Blechdose aufbewahren (man kann sie auch gut einfrieren). Zum späteren Servieren toasten oder im Ofen aufbacken.

Lisa würde sich vor einer ganzen Busladung voller Menschen samt Fahrer für eine Freundin blamieren.

GEWÜRZKUCHEN

140 g weiche Butter

160 g Vollrohrzucker

220 g Melasse

2 Eier (Größe M)

1 TL Vanilleextrakt

1 Stück Ingwer (5 g), geschält und im Mörser zerstoßen

280 g Mehl, Type 405

1 ½ TL gemahlener Ingwer

1 TL gemahlener Zimt

2 Prisen gemahlene Gewürznelken

¼ TL frisch geriebene Muskatnuss

½ TL Salz

2 TL Backnatron

110 g Schmand

Ergibt 1 Kuchen (26 cm Ø)

Ich liebe diesen nicht zu süßen Gewürzkuchen mit Melasse. Er hält sich in der Form, und es ist wunderbar, ihn immer im Haus zu haben – nicht nur zur Weihnachtszeit! Man kann auch ein paar Krümel davon oder die Reststücke in Rohrzucker und Butter anbraten, dazu Eis servieren.

Den Backofen auf 175 °C vorheizen. Eine Springform (26 cm Ø) mit Backpapier auslegen, dieses an den Seiten flach umklappen.

Die Butter mit dem Zucker in einer großen Form mit einem elektrischen Rührgerät hell schlagen. Melasse dazugeben, dann Eier, Vanilleextrakt und Ingwer (etwa 1 ½ TL) unterrühren.

In einer separaten Schüssel das Mehl mit gemahlenen Gewürzen und Salz vermischen. Das Backnatron in einer hitzebeständigen Schüssel mit 125 ml frisch aufgekochtem Wasser übergießen.

Die trockenen Zutaten nach und nach auf niedriger Stufe mit der Melassemischung verrühren, dann das Natronwasser hinzufügen. Alles sorgfältig verrühren, dann mit Schmand glatt zu einem Teig rühren.

Diesen in die vorbereitete Form füllen und 35–40 Minuten im Ofen backen, bis der Gewürzkuchen schön duftet und die Oberfläche fest und gut gebräunt ist. Dabei etwa 15 Minuten vor Ende der Backzeit die Form drehen. Den fertigen Kuchen aus dem Ofen nehmen und vor dem Lösen der Springform vollständig abkühlen lassen.

MARIE

COFFEE
THAI SWEET CHILLI SAUCE
biona

2

Goldregen, Jasmin, Rose, Windröschen, Ranunkel, Hortensie, Gänseblümchen, Ringelblume, Kirschblüte, Klee, Hyazinthe, Iris, Kamelie, Flieder, Magnolie

Was ich heute gerne koche

Frühstücksporrdige mit Ghee und Ahornsirup	58
Walnuss-Pekannuss-Brot	59
Claras Knäckebröd	60
Vegetarische Yemista	61
Von Artemis: Vegetarische Moussaka	65
Blattgemüse-Pie – Hortopita	67
Hortokeftedes	69
Blumenkohlsalat mit Basilikum und Parmesan	70
Wintersalat	71
Sommersalat	72
Gurken-Granatapfel-Salat	75
Grüner Gemüseteller mit Avocado und Tahini	76
Salat mit Birnen, Nusskernen und Blauschimmelkäse	79
Grill-Spargel und Artischocken mit Ziegenkäse und Zitronenöl	81
Bulgur-Mango-Salat	82
Couscous mit geschmortem Gemüse	85

Piri-Piri-Öl	86
Ritas Kitchari	87
Mungbohnen-Bowls, Mung Dal	91
Kardamomreis	92
Von Ananditas Mutter: Spinat mit Tamarinde	93
Kartoffeln, Süßkartoffeln und Karotten aus dem Ofen	94
Sumathis Mango-Pickle	95
Korianderchutney	96
Würzige Okraschoten für jeden Tag	97
Ananditas Chana Masala	99
Chapati	101
Kichererbsen-Linsen-Harira mit Blattgemüse	102
Wöchentlicher Spanakorizo	104
Artischocken mit Kartoffeln, Dill und Zitrone	105
Rotweinkekse – Biscotti della salute	106
Von Anais: Grapefruit-Fizz	108
Moons Mango-Dessert	108

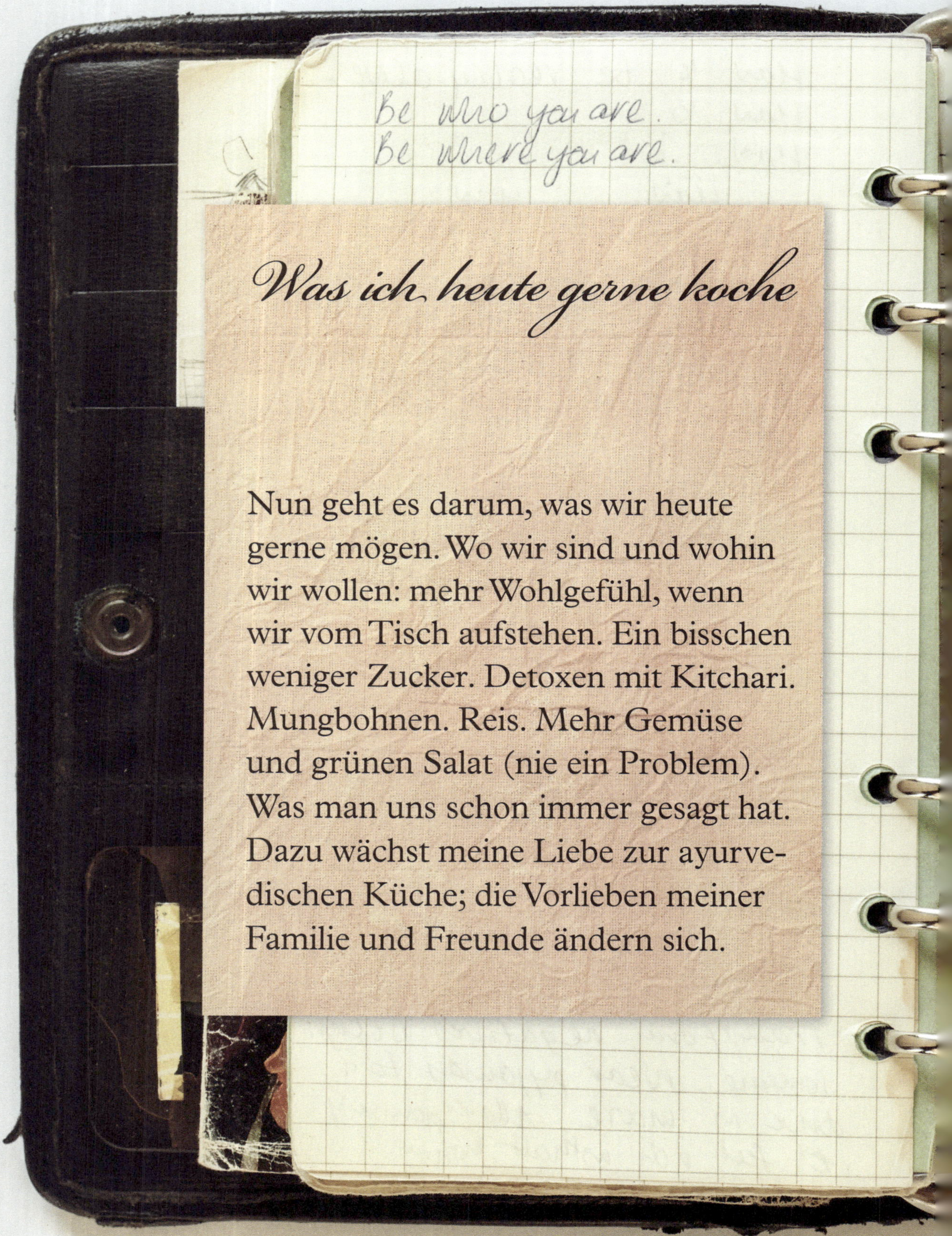

Was ich heute gerne koche

Nun geht es darum, was wir heute gerne mögen. Wo wir sind und wohin wir wollen: mehr Wohlgefühl, wenn wir vom Tisch aufstehen. Ein bisschen weniger Zucker. Detoxen mit Kitchari. Mungbohnen. Reis. Mehr Gemüse und grünen Salat (nie ein Problem). Was man uns schon immer gesagt hat. Dazu wächst meine Liebe zur ayurvedischen Küche; die Vorlieben meiner Familie und Freunde ändern sich.

piccoli CASA
Serie "DAL VERO" N. 5

FRÜHSTÜCKSPORRDIGE MIT GHEE UND AHORNSIRUP

100 g feine Haferflocken

3 Prisen gemahlener Kardamom, plus 2 kräftige Prisen mehr

¼ TL Salz

etwa 125 ml Milch (oder ungesüßter Pflanzendrink)

2 kräftige Prisen gemahlener Zimt

1 TL Ghee pro Person, zum Servieren

knapp 1 EL reiner Ahornsirup pro Person, zum Servieren

1 Handvoll Kirschen, entsteint und halbiert, oder Himbeeren, zum Servieren (nach Belieben)

Für 2–3 Personen

Dies ist eines meiner Lieblings-Frühstücksrezepte. Wenn ich manchmal nicht weiß, worauf ich zum Abendessen Lust habe, bereite ich es mir auch abends zu. Das Ghee ist ein Muss, ebenfalls ein wundervoller reiner Ahornsirup. Eine schöne Ergänzung sind auch noch ein paar zerdrückte Himbeeren oder halbierte Kirschen.

Haferflocken, Kardamom, Salz und 500 ml Wasser in einem Topf verrühren. Zum Kochen bringen und unter Rühren einige Minuten köcheln lassen, je nach Art der Haferflocken etwas länger oder kürzer. Wenn sie länger brauchen, noch etwas Wasser dazugeben und weiterrühren, bis sie dicklich eingekocht sind.

Die Milch mit Zimt und 2 weiteren Prisen Kardamom in einem separaten Topf erwärmen, sanft kochen lassen und dann vom Herd nehmen.

Das Porridge auf Müslischalen verteilen. Jeweils mit etwa 1 TL Ghee und etwas Ahornsirup versehen. Die warme Milch in Espressotassen dazu servieren. Einige Kirschen – oder mit einer Gabel zerdrückte Himbeeren, falls verwendet – darauf anrichten, ebenfalls mit Ahornsirup beträufeln.

GHEE

Ghee ist Butterreinfett, dem die festen Milchbestandteile entzogen wurden. Es lässt sich höher erhitzen, ohne dass es anbrennt. Es schmeckt einfach köstlich. Man kann es in beliebigen Mengen selbst herstellen.

250 g Butter

Die Butter in einem Topf sanft zerlassen. Wenn sie zu kochen beginnt, die Temperatur reduzieren und die Butter 10–15 Minuten offen sanft köcheln lassen. Auf das sich am Boden ansammelnde Fett achten, damit es nicht bei zu hoher Temperatur anbrennt (das Ghee sollte jedoch Farbe nehmen). Das Ghee ist fertig, wenn es leicht sprudelnd kocht, sich dann beruhigt und sich an der Oberfläche Schaum bildet. Dann den Topf vom Herd nehmen, das Ghee mit einem Schaumlöffel abschöpfen. Die klare Flüssigkeit durch ein feines Sieb in ein Metallgefäß oder hitzebeständiges Glas gießen. Abkühlen lassen, das Gefäß mit einem Deckel verschließen und das Ghee gekühlt aufbewahren. So hält es sich mehrere Jahre.

WALNUSS-PEKANNUSS-BROT

12 g frische Hefe oder
1 ¼ TL Trockenhefe

2 TL Honig

250 g Vollkornmehl

250 g Mehlmischung aus alten Getreidesorten

etwa 2 TL Salz

75 g Walnusskerne, halbiert und ein paar geviertelt

75 g Pekannusskerne, halbiert und ein paar geviertelt

2 EL Olivenöl

35 g dicke Rosinen

frisch gemahlener Pfeffer

Ergibt 1 Laib

In Italien kaufe ich Mehlmischungen aus alten Getreidesorten, für Brot. Suchen Sie in Ihrer Gegend nach regionalen alten Getreidesorten, alternativ können Sie auch Mehl Type 550 mit Vollkornmehl mischen. Dies ist mein Lieblingsbrot, es schmeckt wunderbar zu allem. Wenn wir davon essen, bewahren wir Reste eine 1 Woche lang in einer Papiertüte auf. Aber man kann es auch in Scheiben geschnitten einfrieren. Ich mag es sehr gerne einfach nur getoastet und mit Butter bestrichen.

In einer großen Schüssel 250 ml warmes Wasser mit Hefe, Honig und 1 Handvoll Mehl verrühren. Diesen Vorteig 15 Minuten bei Zimmertemperatur ruhen lassen, bis sich an der Oberfläche Bläschen bilden. Erst das restliche Mehl und dann 1 ½ TL Salz untermengen. Mit 3 EL Wasser vermischen (bei Bedarf mehr Wasser/Mehl hinzufügen). Den Teig auf einer leicht mit Mehl bestäubten Arbeitsfläche kneten, bis er glatt und kompakt, aber nicht zu trocken ist. Wieder zurück in die Schüssel legen, mit einem Küchentuch abdecken und an einem warmen Ort 1 ½–2 Stunden gehen lassen.

Inzwischen die Nusskerne in einer beschichteten Pfanne im Olivenöl sanft etwa 1 Minute rösten. Die Rosinen danach einrühren, damit sie nicht zu dunkel werden. Wenn die Nusskerne goldgelb sind (nicht zu lange rösten, sonst werden sie bitter), 1 gute Prise Salz und frisch gemahlenen Pfeffer (3–4 Umdrehungen) unterrühren. Den Mix abkühlen lassen.

Auf der Arbeitsfläche den Nuss-Rosinen-Mix portionsweise in den Teig kneten, sodass alles gleichmäßig verteilt ist. Mit etwas Teig die Pfanne auswischen und Reste vom Salz und Öl entfernen. Diesen Teil wieder unterkneten. Alles rund formen (18 cm Ø, etwa 7 cm hoch). Wenn vorhanden, in ein Gärkörbchen legen. Oder auf einem mit Backpapier ausgelegten Backblech abdecken. An einem warmen Ort 1 Stunde gehen lassen.

Den Backofen auf 200 °C vorheizen und eine kleine Schale Wasser bereitstellen (für die Kruste, sie kommt nach 30 Minuten Vorheizen in den Ofen). Den Teigling aus dem Körbchen vorsichtig auf das Blech stürzen. Die Oberfläche zügig mehrmals mit einem sehr scharfen Messer rautenförmig einschneiden. Das Brot etwa 40 Minuten im Ofen goldbraun backen, nach 10 Minuten die Temperatur auf 190 °C reduzieren. Garprobe: auf die Unterseite des Brots klopfen – es sollte hohl klingen (sonst einige Minuten weiterbacken). Das Brot auf einem Kuchengitter abkühlen lassen.

Claras
KNÄCKEBRÖD

160 g grober Maisgrieß

60 g Sonnenblumenkerne

35 g Leinsamen

35 g Sesamsamen

40 g Kürbiskerne

4 EL Olivenöl

1 TL Maldon Sea Salt oder andere Meersalzflocken (wenn feines Salz verwendet wird, etwas weniger)

Ergibt etwa 30 Scheiben

Dieses Maismehl-Knäckebrot stammt von Clara, der Freundin meiner Tochter, die das Rezept von ihrer schwedischen Freundin Stina bekommen hat. Ich mag es sehr gern. Alle bei uns mögen es gern. Es macht süchtig, und ich könnte es täglich essen. Den Maisgrieß, den ich dafür nehme, kaufe ich in Italien in einem Bio-Laden. Er ist grob und dicklich, wie für Polenta, allerdings nehme ich keine Instant-Sorte.

Den Backofen auf 140 °C (Umluft) vorheizen. Eine flache Form (30 × 36 cm) mit Backpapier auslegen.

Sämtliche trockenen Zutaten außer dem Salz in einer hitzebeständigen Schüssel vermischen. Dann 250 ml frisch aufgekochtes Wasser (kurz unter dem Siedepunkt) und das Öl hinzufügen. Alles mit einem Löffel sorgfältig unterrühren.

Diese Mischung in der Form verstreichen. Dann vollständig mit Frischhaltefolie (oder nach Belieben mit Backpapier) bedecken. Mit den Handflächen den Teig gleichmäßig flach drücken, dabei zu den Rändern des Blechs ziehen, sodass er sehr dünn (etwa 2 mm) wird.

Mit einem stumpfen Messer Quadrate (6 cm Kantenlänge) in die Teigplatte einritzen (nicht ganz einschneiden, die Markierungen sollen später nur helfen, das Knäckebröd leichter in Stücke zu brechen). Alles mit Salz bestreuen, dieses zwischen den Fingern zerbröseln und möglichst gleichmäßig verteilen.

Das Brot 45 Minuten im Ofen backen, nach Bedarf auch länger, bis es goldgelb und knusprig aussieht – es muss unbedingt kross sein. Aus dem Ofen nehmen und kurz abkühlen lassen, dann zum Servieren oder für die Aufbewahrung in einer Blechdose in Quadrate brechen. Es hält sich gut (denke ich, aber wir essen es immer schnell auf).

VEGETARISCHE YEMISTA

3 Knoblauchzehen, grob gehackt

1 Stück Ingwer (10 g), geschält und grob gehackt

8 EL Olivenöl

1 große rote Zwiebel (250 g), abgezogen und gehackt

2–3 dicke Frühlingszwiebeln, geputzt (etwa 80 g), weiße und grüne Teile gehackt

300 g Champignons, zum Teil grob geraspelt, zum Teil in dicke und zum Teil in kleinere Stücke geschnitten

2 längliche, dünne Auberginen (etwa 400 g), grob geraspelt

1 TL gemahlener Zimt

1 TL edelsüßes Paprikapulver

1 TL Salz, plus mehr zum Bestreuen

frisch gemahlener schwarzer Pfeffer

2 Zucchini, à 700 g, je 18 cm lang

2 rote Spitzpaprikaschoten, à 130 g und je 18 cm lang

6 (1 kg) größere Tomaten

2 EL Tomatenmark

>>

Dieses gefüllte Gemüse ist wirklich die Mühe wert – man wird mit einer großen Platte voller Köstlichkeiten und wahrscheinlich auch noch Reste für den nächsten Tag entschädigt. Hier ist die Größe der einzelnen Gemüsestücke entscheidend, damit alles in die größte Ofenform passt, die Sie haben (meine hat etwa 36 cm Ø). Ich mische hier gern: Paprikaschoten, Tomaten und Weinblätter. Ich serviere dazu leicht salzigen, dicklich-säuerlichen Schafs- oder Ziegenjoghurt.

Den Knoblauch und den Ingwer in einem Mörser zu einer dicklichen Paste zerstoßen (ergibt etwa 3 TL). Beiseitestellen.

In einer großen beschichteten Pfanne 4 EL Öl erhitzen, die Zwiebel darin sanft weich und goldgelb dünsten. Die Frühlingszwiebeln hinzufügen und mitdünsten. Die Knoblauch-Ingwer-Paste einrühren und dünsten, bis es duftet. Pilze, Auberginenraspel, Zimt, Paprikapulver, 1 TL Salz und etwas frisch gemahlenen schwarzen Pfeffer hinzufügen. Alles braten, bis die Flüssigkeit verdampft ist und das Gemüse etwas Farbe angenommen hat.

Inzwischen das Gemüse zum Füllen vorbereiten. Von der einen länglichen Seite der Zucchini mit einem kleinen scharfen Messer der Länge nach einen ovalen »Deckel« ausschneiden (Foto, S. 63). Das Innere mit einem spitzen Teelöffel größtenteils aushöhlen, dabei die Wände intakt lassen (die Zucchini sollte aussehen wie ein Kanu). Das ausgelöffelte Fruchtfleisch hacken und mit den Zwiebeln dünsten. Von den Paprikaschoten auch einen Deckel abschneiden. Die Schoten von Samen befreien. Die Tomaten ebenso vorbereiten, aber das Innere in einem Mixbecher pürieren. Das Tomatenmark untermischen und beiseitestellen. Die Zucchini, Paprikaschoten und Tomaten innen mit Salz bestreuen.

Fortsetzung folgende Seite >>

60 g Petersilie, gehackt

1 TL getrocknete Minze

150 g Carolina-Reis oder eine andere mittelkörnige Sorte

3 EL Zitronensaft

etwa 16 hochwertige Weinblätter in Lake, abgetropft, oder frische Weinblätter

3 vorwiegend festkochende Kartoffeln (450 g), geschält und in Spalten geschnitten

1 TL Salz

Für 6–8 Personen

Petersilie, Minze, Reis, Zitronensaft und die Hälfte des Tomatenmark-Mixes in der Pfanne mit den gedünsteten Zwiebeln einige Minuten mitgaren. Mit Salz abschmecken, dann vom Herd nehmen und kurz abkühlen lassen.

Den Backofen auf 180 °C vorheizen.

Die Reismischung auf das vorbereitete Gemüse verteilen und mit einem Esslöffel oder von Hand die Zucchini, Tomaten und Paprika damit füllen (jedoch nicht prall). Die zuvor abgeschnittenen Oberseiten wieder auflegen und alles dicht nebeneinander in eine große Ofenform setzen.

Die Weinblätter mit der glänzenden Seite nach unten auf ein Brett legen und je nach Größe etwa 1 TL der Füllung darauf verteilen. Aufrollen, dabei die Seiten nach innen einschlagen – die Blätter sollten schön kompakt, aber nicht zu fest gewickelt werden. In zwei oder drei Schichten in die Form zwischen das andere Gemüse stecken. Die Kartoffeln ebenfalls dazwischenstecken (wo Platz ist). Mit dem restlichen Öl (4 EL) beträufeln und den restlichen Tomaten-Mix darauf verteilen. Am Rand der Form etwa 450 ml Wasser angießen. Zum Verteilen die Form auf die Arbeitsfläche stoßen. Das Gemüse mit Salz und etwas Pfeffer bestreuen, vor allem die Kartoffeln. Sie sollten mit Wasser benetzt sein, damit sie beim Backen nicht trocken werden.

Die Yemista 1 ½ Stunden im Ofen backen, dabei nach der Hälfte der Garzeit die Kartoffeln wenden und mit Bratsaft beträufeln. Die Oberseite des gefüllten Gemüses wird dunkel, köstlich und knusprig. Zum Servieren kann man die Stücke nach Belieben umdrehen. (Wird das Gemüse zu dunkel und ist die Füllung schon gar, kann man es herausnehmen und später wieder hineinlegen.) Wenn alles gar ist, der Bratsaft sprudelt und das Gemüse teilweise goldbraun ist (falls nötig, noch länger backen), vorher herausgenommene Stücke wieder in den Bratensaft legen, den Ofen ausschalten und alles darin noch etwa 30 Minuten ziehen lassen. Im Sommer schmeckt das Gemüse hervorragend bei Zimmertemperatur.

Von Artemis:

VEGETARISCHE MOUSSAKA

3–4 unbehandelte vorwiegend festkochende Kartoffeln (700 g), abgebürstet

2 Auberginen, in etwa 1 cm dicke Scheiben geschnitten (etwa 1,2 kg)

4 EL Olivenöl, plus etwas mehr zum Beträufeln

Salz

frisch gemahlener Pfeffer

5–6 helle gerippte Zucchini, längs in 7 mm dünne Scheiben geschnitten (etwa 550 g)

1 Zwiebel (140 g), gehackt

3 Knoblauchzehen, gehackt

500 g Champignons, geputzt, klein gehackt und einige in Scheiben geschnitten

3–4 sehr reife Tomaten (700 g), gehäutet und gehackt

2 Lorbeerblätter

½ TL gemahlener Zimt

4–5 EL gehackte Petersilie

getrockneter griechischer Oregano

>>

Dieses Rezept stammt von meiner lieben und wundervollen Freundin Artemis, es schmeckt herrlich. Ich mag die mit Halloumi vermischte Béchamelsauce darin. Moussaka ist immer etwas arbeitsaufwendig, vor allem, wenn man jede Zutat sorgfältig vorbereitet, aber beim Essen freut man sich über jede Schicht.

Den Backofen auf 220 °C (Umluft) vorheizen. Zwei Backbleche mit Backpapier auslegen.

Die Kartoffeln mit Schale zugedeckt 20–25 Minuten (nicht zu lange) kochen, bis sie gerade gar sind. Herausnehmen, leicht abkühlen lassen, sodass man sie anfassen kann, und ungeschält in etwa 3 mm dicke Scheiben schneiden. Beiseitestellen.

So viele Auberginenscheiben wie möglich auf die Backbleche legen. Mit etwas Öl beträufeln, salzen und pfeffern. Im Ofen goldbraun rösten, dann wenden. Wenn sie von beiden Seiten goldbraun sind, auf einen großen Teller legen. Die restlichen Auberginen- und auch die Zucchinischeiben ebenso rösten (die Zucchini werden schneller gar).

Inzwischen die Zwiebel in 1 EL Öl in einer beschichteten Pfanne goldgelb dünsten. Den Knoblauch mitdünsten, bis er duftet. Die Pilze darin goldgelb braten. Ein Großteil des Wassers sollte verkochen. Dann Tomaten, Lorbeerblätter und Zimt einrühren. Alles mit Salz und Pfeffer abschmecken. Zugedeckt etwa 25 Minuten köcheln lassen, dabei Tomatenstücke mit einem Kartoffelstampfer zerdrücken. Abschließend die Petersilie hinzufügen. Die Sauce sollte dicklich werden – nur bei Bedarf Wasser hinzufügen.

Eine große beschichtete Pfanne mit 2 EL Öl erhitzen. Die gerösteten Auberginen von beiden Seiten sanft darin anbraten. Dabei mit einer Gabel einstechen: Sie sollten sich nicht mehr fest anfühlen. Vorsicht, dass sie nicht anbrennen. Dann kurz auf einen Teller legen. (Für die Zucchini ist dieser Schritt nicht nötig.)

Die Kartoffeln in derselben Pfanne mit dem restlichen Öl (1 EL) sanft goldgelb, aber nicht kross braten. Auf einem Teller mit etwas Salz bestreuen und mit den Fingern etwas Oregano darüberkrümeln.

Fortsetzung folgende Seite >>

BÉCHAMELSAUCE

100 g Butter

100 g Mehl, Type 405

1 l Milch, erwärmt

2 Prisen gemahlener Zimt

frisch geriebene Muskatnuss

Salz

frisch gemahlener Pfeffer

150 g Halloumi, grob gerieben

Für 6–8 Personen

Inzwischen für die Béchamelsauce die Butter in einem weiten Topf zerlassen. Das Mehl hineinrühren und sanft etwa 1 Minute erhitzen. Die warme Milch kellenweise unterrühren, dabei nach jeder Kelle die Sauce dicklich einkochen. Unter ständigem Rühren kochen, bis die Sauce sehr cremig ist und auf der Oberfläche glänzt. Den Zimt und etwas Muskatnuss hinzufügen, mit Salz und Pfeffer abschmecken. Wenn die Sauce sehr dick ist, den geriebenen Halloumi untermischen, dann den Topf vom Herd nehmen.

Den Backofen auf 190 °C vorheizen.

Die Moussaka zusammensetzen. Dafür die Kartoffeln auf dem Boden einer großen Auflaufform (24 × 30 cm oder in einer ovalen Form in ähnlicher Größe) mit 6 cm hohem Rand verteilen und andrücken. Die Zucchini darauflegen und ebenfalls andrücken. Erst eine Schicht Gemüsesauce, dann eine Schicht Auberginenscheiben hinzufügen. Alles möglichst fest andrücken. Die Béchamelsauce auf den Auberginen verstreichen (wahrscheinlich wird die Form bis zur Oberkante gefüllt).

Die Moussaka 25–30 Minuten im Ofen backen, bis die Oberfläche goldgelb ist. Dann herausnehmen und vor dem Anschneiden und Servieren leicht abkühlen und ruhen lassen.

Artemis, meine schöne Freundin und Göttin der Jagd, des Mondes und Beschützerin kleiner Kinder und der Tiere

BLATTGEMÜSE-PIE – HORTOPITA

TEIG

300 g Mehl, Type 405, plus mehr zum Arbeiten

200 g kalte Butter, in kleine Stücke geschnitten

½ TL Salz

1 Ei (Größe M), verquirlt

3 EL Milch, plus 1 Schuss zum Bestreichen

2 TL Weißweinessig

1–1½ TL Za'atar, mit ¼ TL Sumach vermischt (oder 1–2 TL Sesamsamen)

Meersalzflocken, zum Bestreuen

FÜLLUNG

Salz

300 g junges Blattgemüse (etwa Cime di Rapa/Stängelkohl, Löwenzahn oder Portulak, Senfblätter), mit einigen dünnen Stielen, grob gehackt

400 g Spinatblätter mit ein paar zarten Stielen, grob gehackt

2 EL Olivenöl, plus etwas mehr zum Einfetten

110 g dicke Frühlingszwiebeln, geputzt, weiße und grüne Teile gehackt

60 g Dill, gehackt

1 Handvoll Petersilie, grob gehackt

>>

Dies ist eines der Lieblingsgerichte in meiner Familie. Es ist gesund, voller aromatischem Grün (viele verschiedene Blattgemüse sind geeignet) und passt wunderbar zu jeder Mahlzeit. Diese Pie schmeckt wirklich köstlich.

Für den Teig das Mehl und die Butter mit ½ TL Salz in einer Schüssel zwischen den Fingern krümelig verreiben. Drei Viertel des Eis (Rest zum Bestreichen aufbewahren), die Milch und den Essig hinzufügen. Alles zügig zu einem Teig vermengen. Er fühlt sich ziemlich weich und feucht an. Abgedeckt etwa 1 Stunde in den Kühlschrank legen.

Für die Füllung leicht gesalzenes Wasser in einem großen Topf zum Kochen bringen. Das Gemüse darin 1–2 Minuten weich blanchieren (dauert je nach Sorte auch länger). Mit einem Schaumlöffel in ein Sieb heben und einen Großteil der Flüssigkeit fest ausdrücken. Die Füllung sollte leicht feucht bleiben. (Probieren Sie von der Brühe, sie schmeckt wunderbar.) Den Spinat blanchieren und ebenfalls im Sieb abtropfen lassen. Auch hier überschüssiges Wasser ausdrücken.

Das Olivenöl in einem großen Topf erhitzen, die Frühlingszwiebeln darin goldgelb andünsten. Die blanchierten Gemüse und den Spinat einrühren. Den Topf vom Herd nehmen. Gemüse abkühlen lassen, dann Kräuter und Feta untermischen. Mit Salz und Pfeffer abschmecken.

Den Backofen auf 180 °C vorheizen. Den Boden und die Seiten eines flachen Blechs (ein ganz flaches Pizzablech, etwa 32 cm Ø) mit Olivenöl einfetten.

Den Teig in zwei Teile teilen, einer davon sollte etwas größer sein. Den größeren Teil auf einer mit Mehl bestäubten Arbeitsfläche ausrollen, sodass er ein paar Zentimeter größer als das Blech ist. Auf das Pizzablech legen. Die Füllung auf die Teigmitte setzen und gleichmäßig bis kurz vor den Rand verteilen (am besten von Hand).

Den restlichen Teig auf einer mit Mehl bestäubten Arbeitsfläche rund ausrollen, damit die Füllung vollständig abdecken. Mithilfe des Nudelholzes darauflegen. Die Ränder der unteren Teigschicht nach oben klappen und festdrücken, nach Belieben ein Muschelmuster formen.

Fortsetzung folgende Seiten >>

1 große Handvoll Minzeblätter, gehackt

1 Handvoll Schnittlauchröllchen

300 g Feta, zerkrümelt

frisch gemahlener Pfeffer

Für 8 Personen

Einen Schuss Milch mit dem restlichen verquirlten Ei vermischen. Die Pie damit großzügig bestreichen. Mit Za'atar und Sumach (oder Sesamsamen) und Salzflocken bestreuen, diese zwischen den Fingern zerkrümeln. Dann die Pie etwa 30 Minuten im Ofen goldgelb backen. (Darauf achten, dass auch die Unterseite goldgelb wird und gegebenenfalls etwas länger backen.) Leicht abkühlen lassen und dann in Stücke oder Rauten schneiden. Sie schmeckt wunderbar mit etwas Zitronensaft, Salzflocken und Chiliöl auf der Füllung.

HORTOKEFTEDES

Salz

Olivenöl, zum Beträufeln

800 g Wildkräuter, Mangold oder Cime di Rapa, in grobe Stücke gezupft

½ Zwiebel (55 g)

1 Tomate (120 g)

1 dicke Scheibe Vollkornbrot ohne Kruste (30 g)

50 g Kefalotyri oder Graviera (griechische Hartkäsesorten), grob gerieben

150 g Feta, zerkrümelt

100 g weicher Mizithra oder Ricotta

4–5 EL gehackte Petersilie

2–3 TL große getrocknete griechische Minzeblätter

frisch gemahlener schwarzer Pfeffer

1 Ei (Größe L), leicht verquirlt

Ergibt etwa 12 Stück, für 4–5 Personen

Diese Bällchen erinnern an die griechischen Hackfleischbällchen, die wir als Kinder gegessen haben. Vielleicht liegt das an der Minze. Ich mag diese Version! Sie ist ganz einfach zu machen, und meine Familie isst sie sehr gern. Verwenden Sie dafür griechisches Chorta (Wildgemüse), Vlita (Aufsteigender Fuchsschwanz) oder eine Mischung aus Mangold, Cime di Rapa (Stängelkohl) oder anderem Blattgemüse. Dazu mag ich Zitrone und 1 Spritzer Chili-Öl, Minze-Relish oder einen milden Zaziki, Tahini oder Tomatenchutney.

In einem Topf Salzwasser zum Kochen bringen, das Grün darin gerade weich garen. Abtropfen und im Sieb abkühlen lassen.

Den Backofen auf 200 °C(Umluft) vorheizen. Ein Backblech mit Backpapier belegen und mit etwas Öl beträufeln.

Die Zwiebel abziehen und grob in eine große Schüssel reiben. Die Tomate halbieren und grob in eine kleine Schüssel reiben, die Haut dabei entsorgen. Das Brot in kleine Stücke reißen und unter die Zwiebel mischen. Dann die geriebene Tomate und deren Saft mit einem Löffel daraufsetzen, sodass das Brot einweicht.

Das handwarm abgekühlte Grün sehr gründlich von Hand ausdrücken, dabei portionsweise arbeiten. Diese Masse fein hacken und unter die Zwiebelmischung rühren. Alle Käsesorten und die Petersilie hinzufügen, die Minze dazukrümeln. Alles vermischen, mit Salz und Pfeffer abschmecken, dann das Ei sorgfältig unterrühren.

Die Masse von Hand oder mit zwei Löffeln zu 12–13 Kugeln (à etwa 75 g) formen. Diese Kugeln auf dem Blech mit etwas Öl beträufeln und 20–25 Minuten im Ofen knusprig backen. Warm servieren.

BLUMENKOHLSALAT MIT BASILIKUM UND PARMESAN

40 g Pinienkerne

4 EL Zitronensaft

1 Knoblauchzehe, grob gehackt

2 TL unbehandelte fein abgeriebene Zitronenschale

ein paar Prisen Chilipulver

4 EL natives Olivenöl extra, plus mehr zum Beträufeln

½ TL Salz, plus mehr zum Abschmecken

550 g Blumenkohl (geputzt gewogen), Strunk entfernt

2 Handvoll junge Spinatblätter, geputzt und zerkleinert

1 große Handvoll Basilikumblätter

frisch gemahlener Pfeffer

60 g Parmesan, gehobelt

Für 6 Personen

Dies ist ein supergesunder und wunderbarer Rohkostsalat. Belebend, knackig und frisch im Geschmack. Ich liebe ihn. Er ist ein sehr schönes Vorspeisengericht, eine Beilage zu gebratenem Fisch oder eignet sich als Teil einer Mezze-Platte.

Hobeln Sie den Blumenkohl mit einem Gemüsehobel oder einem anderen Küchengerät sehr fein oder schneiden Sie ihn mit einem scharfen Messer so dünn wie möglich, in etwa 1 mm dünne Scheiben. Sehr harte Stiele können Sie für eine Suppe aufbewahren.

Die Pinienkerne in einer kleinen Pfanne ohne Fett bei niedriger Temperatur 1–2 Minuten rösten, dabei die Pfanne ab und zu schwenken, damit sie gleichmäßig goldgelb werden. (Aufpassen, dass sie nicht verbrennen, das ruiniert ihr Aroma.)

Den Zitronensaft und den Knoblauch in einem Mixbecher glatt pürieren. Zitronenschale, Chilipulver, Olivenöl und Salz untermixen.

Den Blumenkohl vierteln und in Röschen teilen. Diese mit einem Gemüsehobel oder von Hand in etwa 1 mm dünne Scheiben schneiden. Diese in eine große, breite Schüssel legen.

Den Spinat hinzufügen, die Basilikumblätter klein zerzupfen und ebenfalls in die Schüssel füllen. Anschließend mit etwas Salz (daran denken, dass noch salzhaltiger Parmesan hinzukommt) und Pfeffer abschmecken. Das Dressing darübergießen und alles vermengen. Den Parmesan und die Pinienkerne mit zwei Löffeln vorsichtig unterheben. Final abschmecken.

Den Salat etwa 10 Minuten ziehen lassen, vor dem Servieren noch einmal vorsichtig gründlich umrühren und mit Olivenöl beträufeln.

WINTERSALAT

1 fester Apfel (Sorte Pink Lady), geschält und in etwa 3 mm dünne Scheiben geschnitten

½ Fenchelknolle, geputzt und längs in dünne Scheiben gehobelt

¼ rote Zwiebel (etwa 40 g), längs in dünne Scheiben geschnitten

2 EL Zitronensaft

Salz

Kerne von ½ Granatapfel

½ Orange oder 1 Mandarine, Kerne entfernt, das Fruchtfleisch halbiert und in dicke Scheiben geschnitten

1 große Handvoll Rucola

1 große Handvoll Feldsalat

1 große Handvoll gemischte rote Salatblätter (Radicchio), klein zerzupft

1 große Handvoll Chinakohlsalat, in dicke Streifen geschnitten

1 EL Umeboshi-Essig (oder Rotweinessig)

2 EL natives Olivenöl extra

2–3 EL Hefeflocken, plus etwas mehr zum Servieren

frisch gemahlener schwarzer Pfeffer

Für 4–6 Personen

Diesen Salat essen wir regelmäßig zu Hause, er enthält ganz unterschiedliche Aromen: die schöne Süße des Apfels, knackige Granatapfelkerne und Salatblätter sowie die Säure des Essigs. Ich könnte eine Riesenschüssel davon verdrücken. Bei den Blattsalatsorten haben Sie die freie Wahl.

Apfel, Fenchel und Zwiebel in einer weiten Schüssel mit Zitronensaft übergießen, mit Salz bestreuen und alles vermischen. Mit den Granatapfelkernen bestreuen.

Kurz vor dem Servieren die Orange oder Mandarine sowie die Salatblätter unterheben. Alles mit Essig und Öl beträufeln, die Hefeflocken darüberstreuen. Pfeffern und alles vorsichtig mischen, sodass sämtliche Zutaten mit Sauce umgeben sind, aber die Blätter nicht matschig werden. Final abschmecken, dann nach Belieben mit weiteren Hefeflocken bestreuen und servieren.

SOMMERSALAT

200 g Xinomizithra (griechischer Molkenkäse) oder Feta

2 EL griechischer Joghurt (10 % Fettgehalt, zum Feta)

2 Tomaten (200 g)

12 Kirschtomaten

1–2 lange dünne Salatgurken (190 g)

2 kleine rote Paprikaschoten, von Samen und Trennwänden befreit (150 g)

60 g Staudensellerie, die zarten inneren Stangen

8 Radieschen

2 Handvoll Baby-Spinat

1 große Handvoll Sommersalatblätter, in Streifen geschnitten

3 Frühlingszwiebeln, in Scheiben geschnitten (80 g)

je 3–4 TL getrocknete Minze- und Oreganoblätter

15–20 Kalamata-Oliven, abgetropft

DRESSING

1 Knoblauchzehe, grob gehackt

je 2 EL Zitronensaft und guter Rotweinessig

Salz

frisch gemahlener Pfeffer

6 EL natives Olivenöl extra

Für 3–4 Personen

Ein wunderschöner Salatteller, der besonders im Sommer zum Mittagessen gut schmeckt, wenn das Gemüse schön frisch ist. Ich lege dieses gerne nach Sorten getrennt auf Teller und in Schalen, sodass sich jeder seine Portion aussuchen und mischen kann. Xinomizithra ist etwas weicher als Feta. Wenn Sie ihn nicht bekommen können, zerdrücken Sie etwas Feta mit griechischem Joghurt, damit er weicher wird.

Den Feta in einem kleinen Becher zerkleinern und mit dem Joghurt zu einer dicklichen Paste pürieren (wenn Sie keinen Xinomizithra bekommen können).

Mit einem kleinen scharfen Messer die Salatzutaten vorbereiten: Die Tomaten in dicke Stücke schneiden und dabei vom Stielansatz befreien (die Kirschtomaten ganz lassen). Die Gurken in dicke Scheiben und die Paprikaschoten in Stücke schneiden. Die Selleriestangen entfädeln und in Scheiben schneiden. Ein paar Radieschen halbieren, dabei vom Grün befreien, die anderen in dünne Scheiben schneiden.

Für das Dressing den Knoblauch mit Zitronensaft und Essig in einem Mixbecher mit dem Stabmixer glatt pürieren. Etwas Salz und Pfeffer dazugeben und das Olivenöl unterrühren. Abschmecken.

Zum Servieren die Spinatblätter seitlich auf einem Teller anrichten, auf der anderen Seite die zerkleinerten Salatblätter. Die einzelnen Gemüsesorten darum herum anordnen und die Frühlingszwiebeln darüberstreuen. Die Minze- und Oreganoblätter zwischen den Fingern zerkrümeln, über den Teller streuen und alles mit Salz und Pfeffer verfeinern. Auf eine Seite des Tellers 1–2 EL von dem Xinomizithra oder Feta klecksen und die Oliven dazu anrichten. Das Gemüse abschließend mit ein paar EL Dressing anmachen und gut vermischen.

GURKEN-GRANATAPFEL-SALAT

Kerne von 1 großen Granatapfel

2 lange dünne Salatgurken (etwa 180 g), halbiert und in Scheiben geschnitten

½ kleine rote Zwiebel (etwa 40 g), in Scheiben geschnitten

1 Handvoll frische Minzeblätter, klein gezupft oder grob gehackt

Salz

frisch gemahlener Pfeffer

3 EL Zitronensaft

1 TL getrocknete Minze

100 g Feta

Für 4 Personen

Griechischer Diosmos
(grüne Minze)
Man spürt, wie
die Nachmittagssonne
auf die frische Minze
fällt, und es riecht nach
Sommer.

Dieser Salat ist hübsch, einfach zu machen, knackig und erfrischend. Ich liebe die verschiedenen Texturen der einzelnen Zutaten. Ich mag auch frische und getrocknete Minze darin, sie haben so unterschiedliche Aromen. Verwenden Sie möglichst lange, dünne Salatgurken. Sonst müssten Sie noch die wässerigen Samen herauskratzen. Dieser Salat schmeckt pur als Erfrischung, aber auch als Beilage zu einem anderen Gericht. Das Tolle daran ist, dass er sogar ohne Olivenöl wundervoll schmeckt, was bei uns zu Hause bei einem Salat aber eher selten vorkommt.

Den Salat erst direkt vor dem Verzehr vermischen.

Granatapfelkerne, Gurke, Zwiebel und frische Minze in einer Salatschüssel vermischen und mit Salz und Pfeffer bestreuen. Den Zitronensaft hineinträufeln, die getrocknete Minze darüberkrümeln und alles miteinander vermischen.

Den Feta darüber zerbröseln, alles nochmals vorsichtig umrühren und dann servieren.

GRÜNER GEMÜSETELLER MIT AVOCADO UND TAHINI

DRESSING

3 Knoblauchzehen, grob gehackt

4 EL Zitronensaft

1 TL Meersalz

1 reife Avocado, halbiert

2 EL Tahini

GEMÜSETELLER

3 EL Sesamsamen

¼ TL grobes Meersalz, plus Salz zum Garen

5–6 gerippte Zucchini (insg. 400 g)

500 g Brokkoli, in Röschen geteilt

350 g grüne Bohnen, geputzt

250 g Erbsen (frisch oder tiefgekühlt)

500 g grüner Spargel, holzige Enden entfernt

2–3 dicke Frühlingszwiebeln (60 g), weiße und grüne Teile in Scheiben geschnitten

1 reife Avocado

½ TL Zitronensaft

frisch gemahlener Pfeffer

1 kleine Handvoll Minzeblätter

1 kleine Handvoll Basilikumblätter

Olivenöl, zum Beträufeln

Für 4 Personen

Mein Traum von einem Gericht! Einfach, schnell und sehr köstlich. Eine gesunde Portion gekochtes grünes Gemüse mit einer wundervollen Sauce. Schmeckt sehr gut noch warm, aber auch kalt mit Walnuss-Pekannuss-Brot oder Knäckebröd (S. 59/60). Oft serviere ich es auch mit gegrilltem Halloumi. Hier ist im Gegensatz zu sonst ziemlich viel Avocado dabei, denn ich mag sie so gern. Die Sauce passt auch toll zu etwa Pommes, in einem Burger und zu Hortokeftedes (S. 69).

Für das Dressing den Knoblauch mit Zitronensaft und Salz in einem kleinen Mixer glatt pürieren (oder in einem Becher mit dem Stabmixer). Die Avocado vom Kern befreien, das Fruchtfleisch mit einem Löffel aus der Schale lösen und mit Tahini sowie 2 EL kaltem Wasser dazu pürieren. Abschmecken (kann vielleicht noch 1 Tropfen Zitronensaft oder etwas Salz vertragen).

Die Sesamsamen in einer Pfanne ohne Fett hellbraun anrösten. Dann in einem Mörser mit Meersalz zerstoßen. Beiseitestellen.

Damit es schnell geht, in drei Töpfen Wasser zum Kochen bringen – es braucht jeweils nicht viel Wasser. In zwei Töpfen das Wasser leicht salzen. (Falls vorhanden, einen Dampfkochtopf verwenden.)

Die ganzen Zucchini in dem ungesalzenen Wasser kochen, bis sie so weich sind, wie gewünscht. Das weitere Gemüse in dem Salzwasser ebenfalls nach Belieben weich garen. Dann abtropfen lassen und in separate Servierschüsseln geben.

Die Frühlingszwiebeln auf einen Servierteller legen. Die Avocado vom Kern befreien, das Fruchtfleisch mit einem Löffel aus der Schale lösen und in Scheiben schneiden. Dann dazulegen. Mit etwas Zitronensaft beträufeln, mit Salz und Pfeffer bestreuen. Die gerösteten Sesamsamen in eine kleine Schale füllen.

Zum Servieren das Gemüse sowie das Dressing, die frischen Kräuter und das Olivenöl auf den Tisch stellen, alles entweder in Einzelschälchen oder auf einer großen Platte, von der sich jeder bedienen kann: 1 Portion von jeder Gemüsesorte, 1–2 EL Dressing, etwas Olivenöl und frisch gemahlenen Pfeffer, etwas Sesam und bei Bedarf noch Salz. Dann mit Minze- und Basilikumblättern bestreuen.

SALAT MIT BIRNEN, NUSSKERNEN UND BLAUSCHIMMELKÄSE

DRESSING

1 TL Dijonsenf

2 EL guter Rotweinessig

1 EL Zitronensaft

1 EL roter Portwein (oder Sherry oder ein ähnliches Getränk)

5 EL Olivenöl

Salz

frisch gemahlener Pfeffer

SALAT

30 g Walnusskerne, halbiert

30 g Macadamianusskerne

¼ TL Salz, plus mehr zum Bestreuen

etwa 220 g gemischte Salatblätter (zum Beispiel rosa und roter Radicchio, Endivien-, Friséesalat)

2 kleine feste, aber reife Birnen

4 Datteln, entsteint, halbiert und in dünne Scheiben geschnitten

100 g krümeliger Blauschimmelkäse (etwa Stilton, Roquefort, Bergader), in 4 Stücke geteilt

160 g blaue Trauben, an 4 Rispen

frisch gemahlener schwarzer Pfeffer

Für 4 Personen

Dies ist eines unserer Lieblingsgerichte für zu Hause und auch prima, wenn Besuch kommt. Ein Stück von diesem und jenem, was auch immer Sie gerne mögen. Dafür eignen sich gemischte, schön knackige Salatblätter – rosa oder normaler Radicchio, Frisée und Endivie. Die Dattelstückchen und knackigen Macadamien darin sind eine schöne Ergänzung. Servieren Sie den Salat mit je 1 dicken Scheibe Vollkornbrot.

Für das Dressing sämtliche Zutaten in einer kleinen Schale verrühren und mit Salz und Pfeffer abschmecken.

Den Backofen auf 180 °C vorheizen und ein Backblech mit Backpapier auslegen.

Für den Salat die Wal- und Macadamianusskerne in einer kleinen Schale vermengen. Dazu 1 EL Wasser und ¼ TL Salz mischen. Auf dem vorbereiteten Backblech verteilen und 8 Minuten (höchstens) im Ofen rösten, bis die Nusskerne goldgelb und leicht knackig sind (darauf achten, dass sie nicht anbrennen, sonst werden sie bitter).

Die Salatblätter auf vier Teller verteilen und mit etwas Salz bestreuen. Die Birnen (nach Belieben) schälen, vom Kerngehäuse befreien und in Viertel oder Stücke schneiden. Auf den Tellern verteilen. Die Datteln darauf verstreuen, dann pro Teller 1 Stück Käse hinzufügen. Das Dressing noch einmal verrühren, dann auf jeden Teller etwa 1 ½ EL davon klecksen, insbesondere auf die Salatblätter.

Die Nusskerne auf den Tellern verteilen, je 1 Traubenrispe dazulegen, mit schwarzem Pfeffer bestreuen und servieren.

GRILL-SPARGEL UND ARTISCHOCKEN MIT ZIEGENKÄSE UND ZITRONENÖL

500 g dünne grüne Spargelstangen

½ Zitrone, für die Artischocken

4 kleine Artischocken, mit etwa 5 cm Stiel

130 g Ziegenkäse, in 2 Scheiben geschnitten

1 kleine Handvoll große Basilikum- und Minzeblätter

Meersalzflocken

DRESSING

1 Knoblauchzehe, abgezogen

Meersalz

4 EL Olivenöl, plus mehr zum Beträufeln

2½ EL Zitronensaft, plus mehr zum Beträufeln

2 TL unbehandelte fein abgeriebene Zitronenschale

frisch gemahlener Pfeffer

Für 4 Personen

Dies ist eines meiner Lieblings-Gemüsegerichte. Eine herrliche große Platte, die zu verschiedenen Grillgerichten oder zu einem langen Mittagessen in der sonnigen Frühlingszeit passt.

Das untere holzige Drittel der Spargelstangen abschneiden und entsorgen (oder in einer Brühe verwerten). Die Spargel in eine Schüssel mit kaltem Wasser legen und darin hin- und herbewegen, um Sandreste zu entfernen.

Etwas Saft aus der Zitronenhälfte in eine große Schüssel mit Wasser pressen. Die oberen Drittel der Artischocken abschneiden. Dann die Artischocken der Länge nach halbieren und die Schnittflächen mit der Zitronenhälfte einreiben. Die äußeren holzigen Blätter entfernen und den dunkelgrünen Teil an den Stielen abschneiden. Das Heu und das stachelige Innere mit einem scharfen Messer und einem spitzen Teelöffel entfernen, dann die Hälften sofort in das Zitronenwasser legen.

Für das Dressing die Knoblauchzehe halbieren und gegebenenfalls den grünen Keim entfernen. Den Knoblauch grob hacken, dann im Mörser mit etwas grobem Salz zu einer Paste verarbeiten. Diese in einer kleinen Schale mit Olivenöl, Zitronensaft und -schale mit einem kleinen Schneebesen verquirlen. Mit Salz und Pfeffer abschmecken, nochmals verquirlen. Gegebenenfalls nachwürzen.

Einen (Holzkohle-)Grill anfeuern.

Den Spargel auf einen Grillrost etwa 15 cm über den heißen Kohlen oder den Flammen legen. Die Artischocken abtropfen lassen und dazulegen. Wenn sie stellenweise dunkel und etwas weicher sind, umdrehen. (Aufpassen, dass sie nicht zu dunkel werden, das verdirbt ihre Aromen.)

Den Spargel und die Artischocken auf eine Servierplatte legen. Sofort den Großteil des Dressings darüberträufeln, damit die Hitze den Knoblauch abmildert. Ein paar Salzflocken zwischen den Fingern zerkrümeln, darüberstreuen und alles vorsichtig vermengen.

Wenn das Gemüse leicht abgekühlt ist, den Ziegenkäse darauflegen und anschließend das restliche Dressing darüberträufeln. Kurz vor dem Servieren mit Minze und Basilikum sowie etwas frisch gemahlenem schwarzem Pfeffer bestreuen. Nach Belieben noch etwas Öl darauftäufeln.

BULGUR-MANGO-SALAT

200 g Bulgur

Saft von 2 Zitronen (etwa 8 EL)

1 TL Salz

1 große reife, feste Mango (etwa 650 g)

½ rote Zwiebel (40 g), gehackt

1 kleines Bund Frühlingszwiebeln, weiße und grüne Teile, gehackt (etwa 100 g)

80 g rote Paprikaschote, gehackt

80 g grüne Paprikaschote, gehackt

1 kleine Chilischote, ausgekratzt und sehr fein gehackt

125 g Kirschtomaten, geviertelt und größere in kleine Stücke geschnitten

35 g Petersilie, gehackt

35 g Minze, gehackt

35 g Koriandergrün, gehackt

2 EL Limettensaft, plus mehr zum Abschmecken

4 EL natives Olivenöl extra

Für 6–8 Personen

Dieser wundervolle, frische Salat stammt von meinem Freund Dimitri, einem Sommelier, Reisenden, Pflanzenliebhaber und Koch, um nur einige seiner Talente und Eigenschaften zu nennen. Beginnen Sie mit der Vorbereitung ein paar Stunden vor dem Servieren, denn der Bulgur muss noch kalt gestellt werden. Ich liebe es, wenn die Mango reif und fest – und nicht matschig – und sogar noch etwas säuerlich ist.

Den Bulgur in einer großen breiten Metallschüssel mit 250 ml kochendem Wasser übergießen. Den Zitronensaft und das Salz hinzufügen. Alles umrühren. Kurz abkühlen lassen, dann abdecken und einige Stunden (oder über Nacht) in den Kühlschrank stellen, bis der Bulgur die gesamte Flüssigkeit aufgenommen hat.

Vor dem Servieren die Mango schälen und das Fruchtfleisch vom Kern ab- und dann in kleine Stücke schneiden.

Rote Zwiebel, Frühlingszwiebeln, Paprika- und Chilischoten, Tomaten und die Kräuter in einer Schüssel vermischen. Den Bulgur sowie Mangostücke, Limettensaft und Olivenöl hinzufügen. Das Ganze mit Salz und Pfeffer abschmecken. Alles vorsichtig vermengen und final mit Salz, Pfeffer oder Limettensaft abschmecken.

COUSCOUS MIT GESCHMORTEM GEMÜSE

200 g getrocknete Kichererbsen, über Nacht eingeweicht

3–4 Salbeiblätter

4 große Knoblauchzehen, 2 gehackt

1 große rote Zwiebel, gehackt

3 EL Olivenöl

1 TL edelsüßes Paprikapulver

2 Tüten Spigol-Gewürzmischung (à 0,4 g), oder 2 TL Gewürzmischung (siehe Intro)

60 g Tomatenfruchtfleisch (Dose)

1 EL Tomatenmark

3–4 vorwiegend festkochende Kartoffeln (500 g), geschält und in große Stücke geschnitten

4 Karotten (300 g), geschält und in große Stücke geschnitten

750 ml Gemüsebrühe

Salz

frisch gemahlener schwarzer Pfeffer

>>

Ich liebe die Aromen und Gemüsestücke in diesem Gericht – ein Wohlfühlessen. Die Kichererbsen gare ich im Dampfkochtopf, das geht viel schneller, und häufig koche ich mehr davon, um sie am nächsten Tag pur zu essen oder zu Hummus zu verarbeiten. Die Gewürzmischung, die ich hier verwende, heißt Spigol (zwei winzig kleine Tütchen verleihen dem Gericht viel Aroma). Alternativ verwenden Sie 2–3 TL Gewürzmix mit Safran oder ein Paella-Gewürz. Oder stellen Sie sich selbst eine Mischung aus gleichen Anteilen an Paprikapulver, Kurkuma, gemahlenem Ingwer, Kreuzkümmel, Koriander, Muskat und 1 Prise Safran sowie Gewürznelken zusammen.

Sie sollten hierfür einen weiten und mindestens 10 cm hohen Kochtopf verwenden. Servieren Sie das Couscous mit Piri-Piri-Öl (folgende Seite).

Die eingeweichten Kichererbsen abgießen, abspülen und dann in einem Dampfkochtopf gut mit frischem Wasser bedecken. Den Salbei und die ganzen Knoblauchzehen hinzufügen. Alles zum Kochen bringen. Den Schaum von der Oberfläche abschöpfen, einen Deckel auflegen. Nach dem ersten Aufkochen alles etwa 25 Minuten köcheln lassen. Dann offen leicht abkühlen lassen. Noch 1 ½ TL Salz unterrühren, die Konsistenz prüfen (sie sollten weich sein). Bei Bedarf etwas länger kochen. Die gegarten Kichererbsen bis zur Verwendung im Kochwasser lassen.

Oder die Kichererbsen mit Salbei und ganzen Knoblauchzehen in einem normalen großen Topf mit kaltem Wasser bedecken und zum Kochen bringen. Den Schaum von der Oberfläche abschöpfen, dann bei schräg aufgelegtem Deckel 1 ½–2 Stunden weich kochen. Etwa 1 ½ TL Salz hinzufügen. Den Herd ausschalten und den Topf beiseitestellen.

Inzwischen die Zwiebel im Olivenöl in einem weiten Topf (mind. 25 cm Ø) goldgelb dünsten. Den gehackten Knoblauch einrühren. Wenn es duftet, Paprikapulver und Spigol-Gewürz (oder mehr von einem anderen Mix) einrühren. Tomatenfruchtfleisch und -mark sowie Kartoffeln und Karotten hinzufügen. Alles miteinander vermengen, dann die Brühe angießen. Mit Salz und Pfeffer abschmecken.

Fortsetzung folgende Seite >>

4 gerippte Zucchini, in lange Stücke geteilt (350 g)

450 g Delica-Kürbis, geschält und in 8 dicke Scheiben geschnitten

2 EL gehackte Petersilie

350 g mittelkörniger Instant-Couscous

25 g Butter

1 EL Olivenöl

Für 4–5 Personen

Den Sud zum Kochen bringen, dann bei halb geschlossenem Deckel etwa 25 Minuten köcheln lassen. Nach 5–10 Minuten die Zucchini und den Kürbis untermischen. Bei Bedarf etwas Wasser hinzufügen, damit das Gemüse bedeckt ist – es soll viel Sauce sein.

Die Kichererbsen mit etwa 185 ml Kochwasser hinzufügen. Alles offen 5–10 Minuten aromatisch kochen. Das Gemüse sollte schön weich, aber nicht verkocht sein. Abschmecken. Den Topf vom Herd nehmen und den Eintopf mit der Petersilie bestreuen.

Inzwischen den Couscous in einer flachen Schale mit etwa 500 ml frisch aufgekochtem Wasser (knapp unter dem Siedepunkt) übergießen. Dann Butter, Öl, ½ TL Salz und etwas Pfeffer hinzufügen. Die Schale mit einem Topfdeckel abdecken und alles 10 Minuten ausdampfen lassen, bis der Couscous weich ist. Mit einer Gabel locker durchmischen, mit dem Gemüse in tiefen Tellern servieren.

PIRI-PIRI-ÖL

3–4 frische Piri-Piri-Schoten (oder getrocknete)

6–8 getrocknete Piri-Piri-Schoten

1–2 Knoblauchzehen, abgezogen

2 EL Whiskey

½ TL unbehandelte fein abgeriebene Zitronenschale

je 1 EL Zitronensaft und Rotweinessig

1 Lorbeerblatt

1 TL grobes Salz

250 ml Olivenöl, plus mehr zum Auffüllen

Ergibt etwa 350 g

Davon haben wir immer ein oder zwei Flaschen vorrätig. Nach der ersten Zubereitung könnte es sehr scharf sein, aber später wird es milder – nach einer Weile kann man auch abgesetzte Chilipaste vom Flaschenboden herausfischen und über ein Gericht streuen.

Frische Chilischoten von grünen Stielen befreien. Sämtliche Schoten grob hacken, dann mit dem Knoblauch in einer Küchenmaschine pürieren oder in einem Mörser zu einer Paste zerstoßen (benötigt werden etwa 2 EL). Die Mischung in einem kleinen Topf mit dem Whiskey sanft erhitzen. Zitronenschale und -saft, Essig, Lorbeer, Salz und 2–3 EL Olivenöl hinzufügen und alles aufkochen lassen. Einige Minuten duftend garen.

Vom Herd nehmen und das restliche Olivenöl unterrühren. In eine saubere Glasflasche mit einem Ausgießerkorken füllen. Bis zur Verwendung einige Tage an einem dunklen Ort ziehen lassen.

Ritas
KITCHARI

70 g ganze grüne Mungbohnen, 1–2 Stunden in kaltem Wasser eingeweicht

1 große schwarze Kardamomkapsel, leicht aufgebrochen (oder mit einem scharfen Messer etwas eingeschnitten)

2 grüne Kardamomkapseln, leicht aufgebrochen

1 Lorbeerblatt

7–8 Curryblätter (frisch oder tiefgekühlt)

1 TL Schwarzkümmel

½ TL gemahlener Bockshornklee oder gemahlene Fenchelsamen

2–3 Prisen gemahlene Gewürznelken oder gemahlener Zimt

¼ TL Asant (Asafoetida)

160 g rote Linsen

1 EL Kreuzkümmelsamen

1 TL Senfsamen

2 EL Sesam- oder Kokosöl

1 ½ TL gemahlene Kurkuma

60 ml Passata (Glas)

1 EL Tomatenmark

1 EL Salz

>>

Das Kitchari von Shankers Mutter. Es schmeckt absolut köstlich – mein Lieblings-Kitchari! Ich koche es regelmäßig. Dieses Rezept wirkt vielleicht wegen der vielen Zutaten aufwendig, aber Sie werden überrascht sein, wie leicht und wundervoll es sich zubereiten lässt. Wenn Sie sämtliche Gewürze beisammen haben, ist die Arbeit praktisch getan. Der ganze Prozess der Zubereitung und des Verzehrs ist fast heilsam. Manchmal bereite ich das Kitchari eher wie eine Suppe, manchmal trockener wie eine Art Reispfanne zu, ganz nach Lust und Laune.

Zum Servieren ist Ghee hier unerlässlich, selbst gemacht (S. 58) oder gekauft.

In einen großen Topf 2 l Wasser füllen. Die eingeweichten Mungbohnen abtropfen lassen und mit Kardamomkapseln, Lorbeer, Curryblättern, Kreuzkümmel, Bockshornklee, Gewürznelken und Asant zum Kochen bringen. Dann zugedeckt etwa 10 Minuten köcheln lassen, bis die Bohnen weich werden.

Die Linsen sorgfältig abspülen, in einem feinen Sieb abtropfen lassen und in den Topf schütten. Dabei das Sieb kopfüber an den Topfrand schlagen, damit alle Linsen herausfallen. Alles erneut aufkochen und dann offen 10 Minuten köcheln lassen.

Inzwischen in einer kleinen Pfanne die Kreuzkümmel- und Senfsamen sanft im Öl rösten, bis sie beginnen aufzuplatzen. Die Kurkuma unterrühren, noch einige Minuten weiterrösten. Dann die Passata und das Tomatenmark einrühren. Einige Minuten köcheln lassen, bis alles sämig wird, dann etwa 1 EL Salz unterrühren (nach Belieben auch weniger) und die Pfanne vom Herd nehmen.

Fortsetzung folgende Seite >>

200 g weißer Basmatireis, 30 Minuten in kaltem Wasser eingeweicht

ZUM SERVIEREN

Ghee (S. 58 oder Fertigprodukt)

Koriandergrün, klein gezupft

Piri-Piri-Öl (S. 86 oder Fertigprodukt), nach Belieben

Für 5–6 Personen

Den Reis 10 Minuten nach den roten Linsen zu den Bohnen geben, dann die Tomaten-Würzmischung hinzufügen. Etwas von der heißen Kochflüssigkeit der Bohnen in die Pfanne geben, um sie zu reinigen, und den Pfanneninhalt in den Topf gießen. Alles bei niedriger Temperatur etwa 10 Minuten offen köcheln lassen. Ab und zu mit einem Holzlöffel umrühren, damit nichts auf dem Topfboden ansetzt. Bei Bedarf noch etwas Wasser hinzufügen – das hängt von der Reissorte ab und wie schnell der Reis gart.

Das Kitchari sollte dicklich sein, und auf der Oberfläche sollten sich ein paar Lachen mit Flüssigkeit bilden, der Reis und die Hülsenfrüchte sollten gar und weich sein. Etwas Wasser hinzufügen, oder mehr, je nach gewünschter Konsistenz. Falls nötig, das Kitchari noch länger kochen.

Dann den Herd ausschalten, den Topfdeckel auflegen und das Kitchari vor dem Servieren etwa 10 Minuten ruhen lassen. Noch heiß auf Teller verteilen und nach Belieben auf jede Portion 1 guten TL Ghee, etwas Koriandergrün und Piri-Piri-Öl (S. 86) geben.

Ich mochte Ringelblumen schon immer – den gelben, safranartigen Blütenduft, der nach Sonne riecht und mich an die belebten Straßen Indiens erinnert.

Für 1 Mahlzeit

Mung Dal

Kardamomreis

Spinat mit Tamarinde von Ananditas Mutter (S. 93)

Kartoffeln, Süßkartoffeln und Karotten aus dem Ofen (S. 94)

Sumathis Mango-Pickle (S. 95)

Korianderchutney (S. 96)

Für 5–6 Personen

MUNGBOHNEN-BOWLS

In letzter Zeit habe ich solche gemischten Bowls häufig gemacht. Nach so einer Mahlzeit fühlen wir uns alle richtig gut. Sie ist nicht zu stark gewürzt, beruhigend und rein. Wundervoll! Man kann aber auch nur wenige dieser Komponenten zubereiten oder nach Belieben andere kombinieren. Die folgenden Rezepte ergeben Bowls für 5–6 Personen.

MUNG DAL

220 g grüne Mungbohnen, einige Stunden in kaltem Wasser eingeweicht

1 TL gemahlene Kurkuma

2 TL gemahlener Koriandersamen

¼ TL Asant (Asafoetida)

1 Lorbeerblatt

1 Zimtstange oder ½ TL gemahlener Zimt

1 gute Prise frisch gemahlener schwarzer Pfeffer

1 ½ EL Pflanzen- oder Sesamöl

1 TL schwarze Senfsamen

1 ½ TL Kreuzkümmelsamen

½ große getrocknete rote Chilischote, ausgekratzt

1 Stück Ingwer (3 g), geschält und im Mörser zerstoßen

>>

Mungbohnen sind grüne, kleine Bohnen, die wunderbar zerfallen und sich deshalb hervorragend für Bowls eignen. Diese einfache Version koche ich häufig bei uns zu Hause. Ich mag sie sehr gern pur – oder mit dem zusätzlichen Drumherum in einer Bowl. Die Bohnen sind einfach zuzubereiten, sättigend und schmecken gut. Weichen Sie die Bohnen vor dem Kochen möglichst ein paar Stunden ein. Manchmal gebe ich zum Schluss noch 1 Schuss Kokosmilch in den Dal. Wenn Sie ihn nicht mit Korianderchutney (S. 96) servieren, zupfen Sie etwas Koriandergrün klein, mit ein paar Limettenstücken dazumischen (und 1 Schuss Piri-Piri-Öl, nach Belieben).

Die eingeweichten Bohnen abtropfen lassen und abspülen, dann mit 1,25 l kaltem Wasser in einem Topf zum Kochen bringen. Gegebenenfalls Schaum von der Oberfläche abschöpfen. Den Deckel schräg auflegen und die Bohnen bei hoher Temperatur 10 Minuten kochen. Die Gewürze hinzufügen. Alles offen 10 Minuten köcheln lassen.

Inzwischen in einem kleinen Topf das Öl mit Senf- und Kreuzkümmelsamen erhitzen, bis sie aufplatzen. Die Chilischote hinzufügen und ein paar Sekunden rösten, dann den Ingwer unterrühren. Alles zusammen 1 Minute rösten, dann den Topf vom Herd nehmen.

Fortsetzung folgende Seite >>

1 TL Salz, plus mehr zum Abschmecken

ZUM SERVIEREN

Ghee (S. 58 oder Fertigprodukt)

Korianderchutney (S. 96) oder 1 große Handvoll frische Korianderblätter, klein gezupft

Limettenviertel

Piri-Piri-Öl, nach Belieben

Für 4 Personen

In die Mischung 1–2 Handvoll Mungbohnen einrühren und damit die Gewürze aufnehmen, dann die gesamte Bohnenmasse in den Topf rühren. Das Salz hinzufügen und alles noch 10–15 Minuten offen köcheln lassen. Das Dal sollte dicklich werden und das meiste Wasser aufnehmen. Die Bohnen zerfallen weich. Dabei häufig umrühren, damit nichts anbrennt. Mit Salz abschmecken und den Topf vom Herd nehmen. (Wenn das Dal als Suppe gegessen werden soll, etwas Wasser dazugießen und etwas länger kochen – für die Mungbohnen-Bowl hat er aber schon jetzt die richtige Konsistenz.)

Warm in Schüsseln servieren, mit 1 guten TL Ghee auf jeder Portion und dem Korianderchutney (oder 1 Handvoll Korianderblätter und Limettensaft und etwas Chiliöl, wenn Sie mögen).

KARDAMOMREIS

200 g Basmatireis

1 EL Ghee (S. 58 oder Fertigprodukt)

3 Prisen Senfsamen

4 Kardamomkapseln, zerstoßen

½ TL Salz

Für 4 Personen

Den Reis etwa 30 Minuten in kaltem Wasser einweichen. Anschließend abtropfen lassen und gründlich abspülen.

Den abgetropften Reis mit 500 ml kaltem Wasser, Ghee, Senfsamen, Kardamomkapseln und Salz in einen Topf zum Köcheln bringen. Kochen, bis der Reis das Wasser aufgenommen hat und sich auf der Oberfläche Löcher bilden. Dann den Topfdeckel auflegen und den Reis, immer noch auf dem Herd, einige Minuten im Dampf garen lassen, bis er weich ist. Nun vom Herd nehmen, mit einer Gabel auflockern, dabei die Kardamomkapseln entsorgen. Den Deckel wieder auflegen und den Reis noch einige Minuten ausdampfen lassen. Heiß servieren.

Von Ananditas Mutter:
SPINAT MIT TAMARINDE

1 guter EL Tamarindenpaste (mit Samen) oder 2 EL Tamarindenkonzentrat

1 ½ EL Pflanzen- oder Sesamöl

1 TL schwarze Senfsamen

2 EL Erdnusskerne, in grobe Stücke gehackt

1–2 kleine grüne Chilischoten, der Länge nach aufgeschnitten

1 kleine Zwiebel, gehackt

600 g Spinatblätter, gewaschen und gehackt

Salz

½ TL gemahlene Kurkuma

1 Msp. Asant (Asafoetida)

Für 4 Personen

Dieser einfach zubereitete Spinat eignet sich zu fast jedem Gericht als Beilage. Ich liebe den säuerlichen Geschmack von Tamarinde. Wenn Sie Tamarindenpaste mit Samen verwenden, müssen Sie sie zum Auflockern in heißem Wasser einweichen oder kochen (und die Samen entfernen), dann wird nur der gefilterte Saft verwendet. Oder Sie nehmen bereits gefiltertes Tamarindenkonzentrat, davon dann 1–2 EL.

Ananditas Mutter kocht eine halbe Tasse Toor Dal extra, gibt sie zum Schluss zum Spinat und zerstampft alles schön, um es zusammen einige Minuten zu köcheln, damit es sich vermischt. Das serviert sie zu heißem Reis. Wenn Sie den Spinat nicht für eine Mungbohnen-Bowl einplanen, können Sie das auch ausprobieren.

Die Tamarindenpaste in einem Topf mit 125 ml Wasser bedecken und zum Kochen bringen. Etwa 5 Minuten köcheln lassen, bis sie weich wird. Vom Herd nehmen und im Kochwasser zerstampfen.

Das Öl und die Senfsamen in einem Topf erhitzen. Wenn sie beginnen aufzuplatzen, Erdnusskerne, Chilischoten und Zwiebel hinzufügen. Alles dünsten, bis die Zwiebel goldgelb ist und wie karamellisiert aussieht. Dann die Spinatblätter und etwas Salz einrühren. Die Blätter in sich zusammenfallen lassen. Dabei den Spinat mit einer Zange wenden, damit nichts auf dem Topfboden ansetzt. Die Kurkuma und den Asant hinzufügen, noch 1–2 Minuten weitergaren.

Die aufgeweichte Tamarindenpaste samt Wasser durch ein kleines Sieb passieren und den Extrakt zum Spinat mischen, dabei auch die Reste an der Siebunterseite abkratzen (oder das Tamarindenkonzentrat ohne Samen hinzufügen). Zum Kochen bringen, dann die Temperatur reduzieren. Alles etwa 5 Minuten offen köcheln lassen, bis sich der rohe Tamarindengeruch verflüchtigt hat und der Spinat weich, aber noch etwas Flüssigkeit im Topf ist. Mit Salz abschmecken und den Topf vom Herd nehmen. Die Chilischote entsorgen.

Den Spinat mit heißem Reis servieren – oder in einer Mungbohnen-Bowl.

KARTOFFELN, SÜSSKARTOFFELN UND KAROTTEN AUS DEM OFEN

2–3 Kartoffeln (320 g), geschält und in etwa 5 Schnitze geschnitten

2–3 Süßkartoffeln (500 g), geschält und in Schnitze geschnitten, etwas größer als die Kartoffelschnitze

3 Karotten (300 g), geschält und in etwa 5 Schnitze geschnitten

2 Knoblauchzehen, abgezogen und ganz gelassen

2 EL Pflanzenöl

1 EL Ghee (S. 58 oder Fertigprodukt)

Salz

frisch gemahlener schwarzer Pfeffer

1 TL Schwarzkümmel

1 TL Kreuzkümmelsamen

3 EL Kokosmilch (Dose)

Für 5 Personen

Dieses einfache Ofengericht serviere ich mit einer Mungbohnen-Bowl oder oft auch mit anderen Gerichten. Es passt zu fast allem. Die Kreuzkümmelsamen geben ihm einen schönen Biss, der gut zur Süße der Kokosmilch passt.

Den Backofen auf 190 °C (Umluft) vorheizen.

Süßkartoffeln, Kartoffeln, Karotten, Knoblauch mit Öl und Ghee in einer mittelgroßen Ofenform überlappend verteilen. Mit Salz und frisch gemahlenem schwarzem Pfeffer bestreuen. So etwa 25 Minuten im Ofen goldgelb rösten.

Dann kurz herausnehmen, mit Schwarz- und Kreuzkümmel bestreuen. Den Inhalt der Ofenform durchmischen, 185 ml Wasser angießen und alles noch 10 Minuten im Ofen backen, bis das Gemüse eine schöne Farbe hat und am Boden weich ist (es sollte durchgaren, aber nicht trocken werden). Die Kokosmilch und etwa 60 ml Wasser angießen, weitere 5–10 Minuten backen, bis alles goldbraun und weich ist und die Flüssigkeit sprudelnd kocht. Anschließend aus dem Ofen nehmen und warm servieren.

Manchmal mag ich nichts als dieses Ofengemüse zum Abendessen.

Sumathis

MANGO-PICKLE

3 EL Pflanzen- oder Sesamöl

1 TL Senfsamen

1 Msp. Asant (Asafoetida)

1 Mango (etwa 470 g), geschält und gehackt

½ TL gemahlene Kurkuma

½ TL Salz

1 Msp. Chilipulver, nach Belieben mehr oder weniger

¼ TL gemahlener Bockshornklee oder Fenchelsamen

1 TL Vollrohrzucker

Ergibt etwa 310 ml

Dies ist ein schönes, schnelles Mango-Pickle. Es schmeckt toll zur Mungbohnen-Bowl, aber auch zu vielen anderen Kombinationen. Sumathi verwendet dafür grüne Mango. Ich mag es auch mit festen, reifen – aber immer noch etwas säuerlichen – Mangos. Am nächsten Tag schmeckt es noch besser. Sie können die Mengen auch verdoppeln und das Pickle ein paar Tage im Kühlschrank aufbewahren.

Das Öl mit den Senfsamen in einem mittelgroßen Topf erhitzen, dabei den Topf schwenken, damit sie rundum bräunen. Wenn sie aufplatzen, Asant, Mango und Kurkuma einrühren. Etwa ½ TL Salz und Chilipulver untermischen (wenn die Mango sehr sauer ist, vielleicht etwas mehr Chili) und bei niedriger Temperatur 7–8 Minuten offen kochen. Die Mango sollte weich und goldbraun werden, während sie im Öl brät. Dabei ein paar Mal umrühren.

Die Bockshornklee- oder Fenchelsamen und den Zucker einrühren und alles einige Minuten weiterkochen, bis das Öl an der Oberfläche schwimmt und die Mango ziemlich weich, aber nicht zerfallen ist.
Den Topf vom Herd nehmen.

Das Pickle abkühlen lassen, in ein sterilisiertes Einmachglas füllen und im Kühlschrank aufbewahren. Das Pickle hält sich gut verschlossen bis zu 1 Woche, zum Konservieren noch etwas Öl auf die Oberfläche gießen.

Grüne Mango mit Ingwer zu Mus verarbeiten. Dann für einen Drink mit stillem oder Sprudelwasser mixen, mit Palmzucker süßen ...

KORIANDERCHUTNEY

1 Stück Ingwer (5 g), geschält und grob gehackt

½ Knoblauchzehe, abgezogen

1 kleine grüne Chilischote, ausgekratzt und fein gehackt

90 g Koriandergrün

2 TL Kokosflocken

1 ½ EL Limettensaft, plus mehr zum Abschmecken

½ TL Salz

2 EL Sesam- oder Kokosöl

Chilipulver, nach Belieben

Ergibt etwa 170 ml

Dieses Chutney passt zu praktisch allem hervorragend. Manchmal rühre ich einfach nur ein paar Löffel davon unter weißen Reis, das war's. In Puducherry/Südindien nennt man es Chutney, aber es ist wie ein Relish. Bei der Chilimenge dürfen Sie selbst entscheiden.

Den Ingwer und den Knoblauch in einem Mörser zu einer Paste verarbeiten. Die Chilischote hinzufügen und auch zerstoßen. In einer Küchenmaschine mit Koriandergrün per Pulse-Funktion klein hacken. Dabei sollten noch kleine Stückchen zurückbleiben. In eine Schüssel umfüllen und die Kokosflocken mit einem Löffel untermischen.

Den Limettensaft im Mörser (zum Ausspülen) schwenken und dann den gesamten Inhalt in die Schüssel mit dem Koriandergrün kratzen. Noch das Salz und etwas Öl hinzufügen. Alles gründlich vermischen, dabei 1 EL Wasser einrühren. Alles zu einem streichfähigen Chutney verarbeiten. Abschmecken und noch etwas Limettensaft, Salz oder auch ein paar Prisen Chilipulver dazugeben.

In einem sterilisierten Einmachglas im Kühlschrank aufbewahren (schmeckt aber am besten frisch).

WÜRZIGE OKRASCHOTEN FÜR JEDEN TAG

3 Tomaten (350 g)

1 Zwiebel (120 g), gehackt

3 EL Pflanzen- oder Sesamöl

1 Stück Ingwer (7 g), geschält und grob gehackt

2 Knoblauchzehen, grob gehackt

grobes Salz

etwa 12 Curryblätter (frisch oder tiefgekühlt)

½ TL gemahlene Kurkuma

1 kleine grüne Chilischote, ausgekratzt, fein gehackt

420 g kleine Okraschoten, abgespült und mit Küchenpapier trockengetupft

1 Msp. Asant (Asafoetida)

Für 3 Personen

Dies ist eine dieser einfachen Komponenten, die ich manchmal gerne mit einer Mungbohnen-Bowl auf dem Tisch habe, oder die ich auch nur mit simplem Reis esse. Meine Töchter lieben diese Okraschoten. Hier verwende ich frische grünen Chilischoten. Sie können gern Ihre bevorzugte Sorte (und Menge) verarbeiten.

Die Tomaten vierteln, dabei vom Stielansatz befreien und auf einer groben Reibe reiben. Die Haut entsorgen, das Tomatenmus beiseitestellen.

Die Zwiebel in Öl in einer großen beschichteten Pfanne goldgelb dünsten.

In einem Mörser den Ingwer mit Knoblauch und etwas Salz zu einer Paste zerstoßen (sie sollte gut 2 TL ergeben). Mit den Curryblättern zu der Zwiebel mischen und alles 3–4 Minuten dünsten, bis es duftet. Anschließend die Kurkuma und Chilistücke hinzufügen. Umrühren, dann das Tomatenmus, 1 TL Salz und etwas Pfeffer einrühren. Alles offen etwa 10 Minuten köcheln lassen, bis die Tomatensauce andickt.

Inzwischen die Stiele von den Okraschoten abschneiden und entsorgen. Die Okraschoten in 1 cm breite Scheiben schneiden. In der Pfanne bei hoher Temperatur etwa 15 Minuten unter häufigem Rühren mitgaren, sodass sie trocken und goldbraun, teilweise kross werden. Abschließend den Asant unterrühren und alles mit Salz und Pfeffer bestreuen. Die Okraschoten sollten trocken und etwas knusprig sein, nicht matschig, daher gegebenenfalls noch etwas länger braten. Warm servieren.

Ananditas
CHANA MASALA

200 g getrocknete Kichererbsen, über Nacht eingeweicht

5 grüne Kardamomkapseln, zerstoßen

3 Lorbeerblätter

2 TL Salz

2 Knoblauchzehen, grob gehackt

1 Stück Ingwer (7 g), geschält und grob gehackt

3 EL Pflanzen- oder Sesamöl

1 TL Kreuzkümmelsamen

1 mittelgroße Zwiebel, gehackt

750 g reife Tomaten, gehäutet und in grobe Stücke geschnitten

2 TL Chana-Masala-Gewürz (oder mehr, wenn es schärfer werden soll)

1 TL gemahlener Koriander

1 TL Garam Masala

½ TL gemahlene Kurkuma

>>

Eines der Gerichte, die ich absolut liebe: eine köstliche, dicke Tomatensauce mit Kichererbsen. Ich koche sie wie Anandita im Dampfkochtopf.

Das Gewürz Chana Masala (auch geläufig unter »Chole Masala«) bekommt man in indischen Geschäften oder im Gewürzhandel. Oft ist es sehr scharf, aber die Chilimenge darin variiert. Nach Belieben können Sie zusätzlich noch Chilipulver hinzufügen. Oft wird dieses Gericht mit Puri (frittiertem Fladenbrot) serviert. Anandita reicht dazu Chapati, das sie mit Ghee beträufelt, oder auch Reis.

Die eingeweichten Kichererbsen abtropfen lassen. Mit 2 Kardamomkapseln und 1 Lorbeerblatt in einem Dampfkochtopf mit ausreichend Wasser bedecken. Zum Kochen bringen und gegebenenfalls Schaum von der Oberfläche abschöpfen. Den Deckel auflegen, die Temperatur reduzieren und die Kichererbsen etwa 25 Minuten kochen. Leicht abkühlen lassen, dann den Deckel abnehmen. Noch 1 TL Salz hinzufügen und etwa 10 Minuten weiter offen köcheln lassen, bis die Kichererbsen schön weich sind, aber nicht zerfallen (oder noch länger köcheln lassen). Alternativ die Kichererbsen im Kochtopf kochen, dann bei schräg aufgelegtem Deckel 1¼ –2 Stunden weich kochen und dabei bei Bedarf mehr Wasser angießen. Die fertigen Kichererbsen vom Herd nehmen, aber noch im Kochwasser liegen lassen.

Den Knoblauch und Ingwer im Mörser zu einer Paste zerstoßen (ergibt 2–3 TL). Das Öl in einem Topf erhitzen. Die Kreuzkümmelsamen mit der Zwiebel darin goldgelb dünsten. Dann die Knoblauch-Ingwer-Paste, die restlichen Kardamomkapseln (3 Stück) und Lorbeerblätter (2 Stück) hinzufügen. Unter gelegentlichem Rühren dünsten, bis es duftet. Danach Tomaten, Chana Masala (sowie Chilipulver, wenn es schärfer werden soll), Koriander, Garam Masala, Kurkuma und 1 TL Salz untermischen.

Alles offen etwa 10 Minuten dicklich einkochen lassen. Anschließend 125 ml Wasser angießen, die Lorbeerblätter und Kardamomkapseln herausfischen, aber aufbewahren. Alles mit einem Stabmixer glatt pürieren. Die Kichererbsen mit einem Schaumlöffel herüberheben, außerdem 125 ml von ihrem Kochwasser angießen. Die Lorbeerblätter und

Fortsetzung folgende Seite >>

1 Msp. Asant (Asafoetida)

ZUM SERVIEREN

1 kleine Zwiebel

1 EL Zitronensaft

Salz

frisch gemahlener Pfeffer

8 kleine Chapati (S. 101 oder Fertigprodukt)

Ghee (S. 58 oder Fertigprodukt)

Korianderchutney (S. 96) oder 1 kleine Handvoll klein gezupfte Korianderblätter

Chilipulver, zum Servieren

Für 3–4 Personen

Kardamomkapseln wieder hinzufügen. Den Asant dazugeben und das Ganze zugedeckt etwa 10 Minuten köcheln lassen. Abschmecken und nachwürzen (wenn es schärfer werden soll, Chilipulver dazugeben). Wenn das Gericht nun zu flüssig wirkt, den Deckel abnehmen und noch etwas offen köcheln lassen, bis die Sauce eindickt. Damit sie noch cremiger wird, kann man ein paar Kichererbsen am Topfrand zerdrücken, oder auch später auf dem Teller. Zum Servieren die Zwiebel abziehen, halbieren und längs in dünne Streifen schneiden. In eine Schüssel legen, mit Zitronensaft beträufeln, mit Salz und Pfeffer bestreuen und vermischen. Die Chapati zubereiten oder aufbacken, dann mit etwas Ghee beträufeln oder einreiben.

Mit Zwiebel, Korianderchutney (oder frischem Koriander), etwas rotem Chilipulver und einer Schale Chana Masala pro Person servieren.

Chana Masala: Gewürzzutaten

Koriander, getrocknete Mango, Chili, Kreuzkümmel, Cassia-Zimt (und -blatt), Minze, Granatapfelkerne, Senf, Gewürznelke, schwarzer Pfeffer, Fenchel, Ingwer, Salz, Kala Namak, Muskat (und -blüte), Kümmel, schwarzer Kardamom, Kurkuma, Ajowan, Asant, Tamarinde

CHAPATI

225 g Mehl, Type 1050, plus mehr zum Arbeiten

1 EL Ghee (S. 58 oder Fertigprodukt)

½ TL Salz

Ergibt 8 kleine Fladen

Diese Fladenbrote mache ich so oft, dass ich sie sicher schon mit geschlossenen Augen backen könnte. Hier mache ich acht Stück, also 2 pro Person, aber ein größeres Brot pro Person ist auch gut. Sie schmecken zu fast allem und eignen sich perfekt, um die Sauce und Kichererbsen im Chana Masala aufzutunken.

Mehl, Ghee, 125 ml warmes Wasser und ½ TL Salz in einer Schüssel locker vermengen. Dann auf der Arbeitsfläche zu einem kompakten, noch leicht klebrigen Teig verkneten. (Falls nötig, noch 1 Tropfen Wasser oder etwas Mehl einarbeiten.) Die Schüssel mit einem Tuch abdecken und den Teig etwa 30 Minuten bei Zimmertemperatur ruhen lassen.

Dann den Teig in 8 gleich große Kugeln formen. Diese auf einer leicht mit Mehl bestäubten Arbeitsfläche rund ausrollen (etwa 16 cm Ø). Die Größe ist eigentlich beliebig, aber je größer, desto dünner werden sie.

Ein Dosa- oder Crêpe-Eisen bei mittlerer Temperatur vorheizen. Die Chapati nacheinander darauf backen und jeweils wenden, sobald die Unterseite teilweise goldbraun wird und Blasen bildet. Nach Belieben mit einem gefalteten Küchentuch an manchen Stellen die Blasen in den Chapati vorsichtig flach drücken, aber insgesamt sollten sie durchaus wie ein Ball aufgehen.

Die Fladen auf einen Teller legen, mit etwas Ghee beträufeln. Wenn gleich serviert wird, einen Löffelrücken mit Ghee beträufeln und die Chapati damit bestreichen. Oder die Fladen in einem Küchentuch warm halten und das Ghee erst kurz vor dem Servieren aufstreichen.

KICHERERBSEN-LINSEN-HARIRA MIT BLATTGEMÜSE

200 g getrocknete Kichererbsen, über Nacht eingeweicht

2 Salbeiblätter

2 Lorbeerblätter

2 dicke Frühlingszwiebeln, die mittleren harten Teile zur Seite gelegt, die restlichen weißen und grünen Teile gehackt (etwa 80 g)

Salz

200 g braune Linsen

1 ½ l Gemüsebrühe (S. 137) oder 1 Gemüsebrühwürfel, in heißem Wasser aufgelöst

1 große rote Zwiebel, gehackt

3 Knoblauchzehen, gehackt

1 Stück Ingwer (7g), geschält und in einem Mörser zerstoßen

2 Stangen Staudensellerie mit Grün (etwa 80 g), gehackt

1 kleines Bund Koriandergrün, Blätter abgezupft und Stiele gehackt

125 ml Passata

1 EL Tomatenmark

jeweils 1 TL Kreuzkümmelpulver, gemahlener Koriander und gemahlener Zimt

½ TL gemahlene Kurkuma

2–3 Prisen Chilipulver

frisch gemahlener Pfeffer

Dieses Gericht ist eine Mischung aus einem marokkanischen Eintopf und einem Gericht, wie ich es von meinen zypriotischen Verwandten kenne. Es muss unbedingt gut mit Chiliöl beträufelt werden (Piri-Piri-Öl S. 86 oder auch ein anderes Chiliöl).

Ich serviere es gerne mit Feta, Radieschen und Fladenbrot. Die Kichererbsen koche ich in einem Dampfkochtopf (manchmal mache ich mehr für Hummus). Ich bin sehr für den Dampfkochtopf – vor Jahren ein Geschenk meiner Schwiegermutter, das ich ständig benutze.

Die Kichererbsen abtropfen lassen und mit Salbei, Lorbeer und den mittleren Abschnitten der Frühlingszwiebeln in einem Dampfkochtopf mit ausreichend Wasser bedecken. Bei geschlossenem Deckel bis zum Pfeifen kochen. Danach bei reduzierter Temperatur noch etwa 25 Minuten kochen. Vor dem Öffnen des Topfes die Kichererbsen leicht abkühlen lassen, dann salzen. Überprüfen, ob die Kichererbsen weich sind, andernfalls den Deckel wieder aufsetzen und die Kichererbesn noch einige Minuten länger kochen. Nicht abtropfen lassen.

Alternativ die Kichererbsen in einem normalen Kochtopf mit ausreichend Wasser bedecken und bei schräg aufgelegtem Deckel etwa 1 ½ Stunden weich garen.

Inzwischen die Linsen abspülen und mit Gemüsebrühe in einen großen Topf füllen. Zum Kochen bringen und rote Zwiebel, Knoblauch, Ingwer, Sellerie, Korianderstiele, Passata, Tomatenmark, gemahlene Gewürze und Chilipulver einrühren. Alles bei schräg aufgelegtem Deckel etwa 20 Minuten köcheln lassen, bis die Linsen weich werden. Abschließend kräftig mit Salz und Pfeffer abschmecken.

4 Handvoll Cime di Rapa (Stängelkohl), junger Mangold oder anderes Blattgemüse (300 g), geputzt und in Stücke geschnitten

2 EL Olivenöl

ZUM SERVIEREN

Minzeblätter, etwas Fenchelpollen oder gemahlene Fenchelsamen, Zitronenschnitze, Radieschenscheiben, etwa 400 g Feta, Chiliöl oder Sriracha-Sauce, Vollkorn-Fladenbrote, natives Olivenöl extra

Für 8 Personen

Die Kichererbsen mit einem Schaumlöffel hinzufügen und 250 ml von ihrem Kochwasser angießen. Das Ganze bei schräg aufgelegtem Deckel etwa 5 Minuten köcheln lassen, bis alles weich ist. Das Blattgemüse unterheben, noch einmal aufkochen und dann etwa 10 Minuten köcheln lassen, bis der Eintopf eindickt. Abschmecken und dann vom Herd nehmen. Das Olivenöl hineinträufeln und den Topf schwenken, sodass es sich gut verteilt.

Die Koriander- und Minzeblätter in eine Schale füllen, sodass man sich davon bedienen und sie zum Garnieren klein zupfen kann, ebenfalls die restlichen Frühlingszwiebeln mit Fenchelpollen in eine kleine Schale füllen. Schalen mit Zitronenschnitzen, Radieschen und Feta sowie Chilisauce, Fladenbrot und Olivenöl (jeweils separat, sodass sich jeder selbst etwas nehmen kann am Tisch) zum Eintopf servieren.

Ein Hummus-Sandwich (auch mit Harira-Resten) ist mein Notfall-Snack, mit Tomate, etwas Olivenöl und ein paar Salzflocken.

WÖCHENTLICHER SPANAKORIZO

250 g Frühlingszwiebeln, weiße und grüne Teile grob gehackt

6 EL natives Olivenöl extra, plus 1 EL zum Beträufeln

1,5 kg Spinatblätter, mit dünnen Stielen, grob in 4 cm lange Streifen geschnitten

Salz

225 g Carolina-Reis oder ein anderer mittelkörniger Reis

500 ml Gemüsebrühe (S. 137) oder 1 Gemüsebrühwürfel, in heißem Wasser aufgelöst

4 EL Zitronensaft

4 EL gehackte Dillspitzen

ZUM SERVIEREN

Kefalotyri-Käse, gerieben, zum Servieren (nach Belieben) oder Salzflocken

Für 6+ Personen

Von diesem Gericht bekomme ich wirklich nie genug. Seit ich es mit Radka auf Zypern gekocht habe, mache ich es nun immer auf diese Weise. Wenig Reis für einen Berg Spinat – ich liebe diese Übertreibung. Und durch das längere Kochen wird der Spinat schön weich und köstlich butterig. Hierfür braucht man einen breiten, hohen Kochtopf. Meiner hat 22 cm Ø und ist 14 cm hoch – aber ein breiterer ist noch besser.

Die Frühlingszwiebeln in einem großen, weiten Topf im Öl andünsten, bis sie weich sind und leicht goldbraun, aber nicht zu dunkel und kross werden. Den Spinat portionsweise mit etwas Salz hinzufügen, den Deckel auflegen, damit er zusammenfällt. (Es sollte noch genug Wasser vom Waschen am Spinat haften, aber falls nötig, noch etwas dazugeben und zwischendurch immer wieder mit einer Zange wenden, damit nichts am Topfboden ansetzt. Es kann schwierig sein, alles auf einmal in den Topf zu geben und zu wenden, dabei ist Geduld gefragt.) Wenn der Spinat in sich zusammengefallen ist, diesen bei schräg aufgelegtem Deckel etwa 15 Minuten garen, bis der Großteil des Wassers verdampft und der Spinat butterig ist, dabei häufig umrühren, damit nichts ansetzt.

Den Reis abspülen und in einem Sieb abtropfen lassen. Zum Spinat geben und offen unter häufigem Rühren etwa 5 Minuten dünsten. Die Gemüsebrühe angießen, gut durchrühren. Die Temperatur leicht reduzieren und alles noch 15–20 Minuten köcheln lassen, bis die meiste Flüssigkeit aufgenommen ist und sich auf der Oberfläche dunkelgrüne Lachen bilden. Der Reis sollte weich sein. Etwas Salz und Pfeffer sowie Zitronensaft und Dill dazugeben. Noch einige Minuten köcheln lassen, dann abschmecken.

Den Topf vom Herd nehmen und den Spinatreis mit 1 weiteren EL Öl beträufeln. Warm nach Belieben mit geriebenem Käse oder bestreut mit Salzflocken servieren.

ARTISCHOCKEN MIT KARTOFFELN, DILL UND ZITRONE

½ unbehandelte Zitrone

12 Artischocken (mittelgroße, etwa Morellino aus der Maremma), Stiele auf 5 cm gekappt

3 EL Olivenöl

1 Zwiebel (150 g), gehackt

3–4 vorwiegend festkochende Kartoffeln (500 g), geschält und in grobe Stücke geschnitten

40 g Dill, gehackt, plus 2 EL mehr zum Servieren

500 ml Gemüsebrühe (S. 137) oder 1 Gemüsebrühwürfel, in heißem Wasser aufgelöst

Salz

frisch gemahlener Pfeffer

SAUCE

40 g Butter

2 EL Mehl

2½ EL Zitronensaft

Für 5–6 Personen

Dies ist ein weiteres einfaches, köstliches Gericht aus den guten Küchen meiner Freunde in Griechenland und auf Zypern. Ich liebe üppige Artischockengerichte, denn oft wirken sie so abgezählt – nicht unbegrenzt, wie andere Zutaten. Diese Art von Gerichten esse ich gern als Hauptspeise, man kann es aber auch als Beilage oder Teil einer Mezze-Platte servieren. Es schmeckt sehr gut heiß, aber auch leicht abgekühlt.

Etwas Saft von der Zitronenhälfte in eine große Schüssel mit Wasser träufeln.

Die harten äußeren Blätter von den Artischocken entfernen – das ist oft mehr, als man meint, zwei oder drei Schichten müssen weichen (man möchte ja keine harten Blätter auf dem Teller haben). Das obere Drittel abschneiden, die Artischocken längs halbieren und den dunkelgrünen Teil der Stiele abschneiden, dann das Heu und das stachelige Innere mit einem scharfen Messer und einem spitzen Teelöffel entfernen. Die Schnittflächen sofort mit der Zitronenhälfte einreiben, damit sie sich nicht verfärben. Dann bis zum Garen in das Zitronenwasser legen.

Das Öl in einer weiten, hohen Pfanne erhitzen und die Zwiebel darin goldgelb dünsten. Die Artischockenhälften abtropfen lassen. Mit Kartoffelstücken, Dill und Brühe in die Pfanne rühren. Mit Salz und etwas Pfeffer bestreuen. Bei schräg aufgelegtem Deckel 20 Minuten köcheln lassen.

Inzwischen für die Sauce die Butter in einem kleinen Topf zerlassen. Das Mehl mit einem Schneebesen hineinrühren und einige Minuten anschwitzen. Etwas Sud von der Artischockenpfanne bei niedriger Temperatur mit der Mehlschwitze verquirlen. Dann noch ein wenig Artischockenbrühe unterrühren. Anschließend 125 ml heißes Wasser und den Zitronensaft untermischen. Die Sauce einige Minuten unter Rühren köcheln, dann zu den Artischocken gießen. Die Pfanne ein paar Mal schwenken, damit sich die Sauce verteilt, und alles noch einige Minuten köcheln, bis die Sauce eindickt. Abschmecken und nach Bedarf noch etwas Zitrone oder Salz hinzufügen. Die Pfanne vom Herd nehmen und noch etwas Dill über die Artischocken streuen. Dazu Brot zum Tunken servieren.

ROTWEINKEKSE – BISCOTTI DELLA SALUTE

40 g Rosinen oder kleine kernlose Muskateller-Trauben

125 ml Rotwein

150 g Mehl, Type 405

150 g Vollkornmehl

1 TL Backpulver

½ TL Salz

50 g Zucker

50 g Vollrohrzucker

70 g Walnusskerne, grob gehackt

125 ml Sonnenblumenöl

Ergibt etwa 23 Stück

Dieses Rezept stammt von meiner Freundin Mariella. Sie sind so mürbe und zugleich knusprig, genau so etwas möchte ich immer in einer meiner Keksdosen haben. Mir gefällt es, dass man eine ähnliche Version in Italien »Kekse der Gesundheit«, und zwar schon bei Artusi, nennt. Sie werden hier ohne Ei gebacken, mit gesundem Öl anstelle von Butter und mit Rotwein. Mariella ersetzt manchmal den Rotwein durch Vin Santo.

Den Backofen auf 180 °C vorheizen und ein Backblech mit Backpapier auslegen. Die Rosinen etwa 10 Minuten im Rotwein einweichen.

Inzwischen beide Mehlsorten, Backpulver und Salz in einer Schüssel verrühren. Sämtlichen Zucker in einer weiteren Schüssel vermischen, dann 3 EL (knapp 30 g) davon auf einen tiefen Teller streuen. Den restlichen Zucker mit den Walnussstücken zum Mehl mischen. Die Rosinen samt Wein sowie das Öl mit einem Holzlöffel vorsichtig unter die Mehlmischung mengen. Dann alles von Hand zu einem glatten, feuchten Teig verarbeiten. Davon 30 g große Stücke (größer als eine Walnuss) zwischen den Handflächen rollen – es sollten etwa 23 Stück herauskommen. Diese Kugeln fühlen sich ziemlich weich und ölig an. Die Teigkugeln im Zucker wälzen, aber nicht hineindrücken. Der Zucker sollte für alle Kugeln reichen. Dabei diese nicht flach drücken; sie sind auch schön, wenn sie ein bisschen ungleichmäßig groß sind.

Die Kekse mit Abstand auf das Backblech legen (sie gehen jedoch kaum auf) und etwa 20 Minuten im Ofen backen, bis sie goldbraun und knusprig sind. Aufpassen, dass zum Schluss die Unterseite nicht zu braun wird. Aus dem Ofen nehmen und auf dem Blech vollständig abkühlen lassen, dann in einer Dose aufbewahren, worin sie sich gut halten – aber sie sind wahrscheinlich schneller verzehrt, als Sie es sich vorstellen können.

Von Anais:
GRAPEFRUIT-FIZZ

40 g Vollrohrzucker

375 ml frisch gepresster roter Grapefruitsaft (aus 3 Grapefruits), plus etwas mehr nach Bedarf

2 EL Limettensaft

375 ml Sprudelwasser

ZUM SERVIEREN

Eiswürfel

Für 4 Personen

Solche Cocktails hat meine liebe Nichte für uns auf den griechischen Inseln zubereitet. Sie ist eine gute Freundin und zaubert immer so etwas Wundervolles.

Den Zucker mit 2 EL frisch aufgekochtem Wasser in einer Schale verrühren, bis er sich auflöst. Dann abkühlen lassen.

Zum Servieren den Zuckersirup mit den restlichen Zutaten in einem Krug verrühren. Abschmecken und nach Belieben mehr Saft untermischen. Auf hohe Gläser jeweils einige Eiswürfel verteilen und mit dem Grapefruit-Fizz übergießen. Cheers!

Moons
MANGO-DESSERT

1 große, feste, reife süße Mango (etwa 460 g)

500 g griechischer Joghurt (10 % Fettgehalt)

2–3 EL Vollrohrzucker, plus mehr zum Servieren, nach Belieben

2 Passionsfrüchte

Für 4–6 Personen

Moon ist die Mutter meiner Freundin Nicky in Kapstadt. Ich liebe dieses Dessert. Es schmeckt gesund und zugleich wirklich wie ein Dessert. Man kann es auch gut zum Frühstück essen. Auf zwei oder drei Schichten Mango kommen hier griechischer Joghurt und Passionsfrucht. Ich fülle das Dessert in meine quadratische Keramikform (17 cm Kantenlänge und 6 cm hoch). Wenn Sie eine größere Form haben, nehmen Sie so viele Mangos, wie hineinpassen. Man kann das Ganze auch in Einzelschälchen anrichten.

Das Fruchtfleisch der Mango vom Kern schneiden, schälen und in dünne Scheiben schneiden. Diese in zwei oder drei Schichten in eine flache Form legen. Mit Joghurt dick bedecken und diesen mit dem Löffelrücken glatt streichen. Dann mit dem Zucker bestreuen. Die Form abdecken und das Dessert 1–2 Stunden in den Kühlschrank stellen.

Kurz vor dem Servieren die Passionsfrüchte halbieren, das Mark herauslösen und gleichmäßig auf dem Joghurt verteilen. Zum Servieren das Dessert mit einem Löffel in Portionsschalen füllen (und nach Belieben am Tisch mit Zucker bestreuen).

Amalfi-Zitronen

3

Artischocken, Pecorino, Wein,
Focaccia, Kirschen, Milch,
Mozzarella, Äpfel

Was ich an Italien so liebe

Zum ersten Mal richtig in Italien war ich mit Calli, Anfang 20. Der verrückte Trip mit meiner Schwester Ludi vorher, als wir von Griechenland nach Brindisi überschifften, einen kurzen Stopp in Rom für ein Stück Pizza Marinara (vermutlich immer noch meine Lieblingspizza) einlegten und dann per Eurail weiter nach Spanien fuhren, zählt nicht.

Wir erkundeten eine kleine Stadt mit dem Fahrrad, bewunderten Gebäude und tolle Farben – Grün-, Senf-, Ocker- und Goldtöne – sowie ästhetische Eleganz. Ich erkannte damals, wie gut Pink und Gelb zusammenpassen. Das hätte ich nie geglaubt: wie Kirschblüten auf Zitronenkuchen.

Meine erste Mahlzeit in Italien bei Callis Tante Loretta werde ich nie vergessen.

Unser Essen bei Loretta

Quadrucci-Pasta in Hühnerbrühe mit einem Schuss Olivenöl und Parmesan
Kalbskoteletts mit Zitrone und Kapern aus der Pfanne
Kartoffelspalten aus der Pfanne mit frischen Kräutern
Tomate und Basilikum
Blattsalat
ein Stück Käse, Affogato mit Fior-di-Latte-Eiscreme, Sambuca

Ich konnte dort am Alltagsleben der Familie teilhaben, und mir fiel auf, wie beiläufig serviert wurde. Sehr harmonisch. Wenn ich heute darüber nachdenke, waren es keine großen Mengen und es war nicht besonders beeindruckend, stand für mich aber für Italien. Diese angenehm unaufgeregte italienische Art, eine Mahlzeit auf den Tisch zu zaubern. Zutaten aus der Natur zu vereinen und sie dann auf die Teller der Familie und Freunde zu verteilen.

Dann kann ich mich noch sehr gut an einen Abend erinnern, an dem wir in einem Hof zusammen zu Abend aßen. Lisa G. hatte in der Tasche ihrer Jeans-Shorts ein Kleid dabei und zog sich zum Abendessen um. Wir genossen kleine Bratfische und in feine Scheiben geschnittene, mit Essig und Minze angemachte Zucchini. Wir tranken wunderbaren Wein und sogen die Atmosphäre in uns auf. Ich fragte mich, ob dies wohl eher eine Lebensweise war. Nie hätte ich geahnt, dass ich weniger als zehn Jahre später in der Toskana auf dem Land leben und mit Giovanni verheiratet sein würde.

Ich habe mehrmals in Italien gefragt, was die Menschen an ihrem Land lieben. Einige sagten, den Duft von Fleisch und Gemüse, das dort stundenlang für das Sonntagsessen gegart werde. Dieser Duft verbreite sich im ganzen Haus und sorge für ein wonniges Gefühl. Eier über Mehl aufzuschlagen und daraus frische Tagliatelle entstehen zu lassen. Ich liebe die herrlichen Grundzutaten wie Olivenöl, Wein, Knoblauch, Salbei, Rosmarin und Basilikum. Reife Tomaten, Parmesan und die Jahreszeiten. Und dass es üblich ist, mehrere Gänge zu servieren.

Ein italienisches Wort hat mir immer besonders gefallen: *ancora* – »noch«. Betont man das erste »a«, bedeutet es »Anker«.

Ich werde Giovanni immer für unsere wunderbare Familie in Italien und den *ancora*, der sie für uns ist, dankbar sein.

Mein erstes Abendessen in einem Restaurant mit Giovanni bleibt mir unvergesslich. Da ich damals erst vor Kurzem in Mexiko gewesen war und ein wenig Spanisch gelernt hatte, dachte ich, verständigen könne ich mich mit Leichtigkeit (wie falsch ich doch lag!). Ich versuchte es trotzdem, indem ich ein wenig Spanisch in die einfache Unterhaltung mischte. Mir machte es damals Spaß, Vokale an das Ende englischer Wörter zu hängen, und es hier und da mit der Betonung ein wenig zu übertreiben. Es gelang uns aber herauszufinden, dass wir beide Artischocken liebten. Zehn für mich. *Dieci per Giovanni.*

Danach kam er manchmal mit einem Arm voller Artischocken vorbei, etwas Ciabatta, einigen handgeschnittenen Scheiben Prosciutto, einem Stück guten Käses und ein paar Zitronen, an denen noch die Blätter hingen. Genau wie in den italienischen Feinkostläden, in denen ich all die Jahre mein Essen gekauft hatte. Die Reihen gelblich-grüner Olivenöle dort, die unförmigen Tomaten sowie die ein Gefühl der Behaglichkeit verbreitenden Salamis und Schinken, die mit Provolone und anderen Käsesorten dort aufgehängt sind, vermitteln mir Sicherheit, denn ein gutes Panino ist nicht weit.

Jahr für Jahr – einmal, manchmal zweimal – fahren wir mit der Familie ans Meer. Wir schwimmen bei Sonnenuntergang und bestellen dann Pizza Marinara. Danach gegrillte Calamari mit viel Zitrone. Manchmal nicht einmal einen *contorno* (Beilage), das würde nur ablenken. Nur selten gibt es etwas anderes. Ein kurzer Spaziergang durch die Stadt zum Eisladen, dann fahren wir wieder nach Hause.

Wenn ich nicht in Italien bin, vermisse ich die Märkte. All die Gerüche und Inspirationen von Brathuhn, Kaffee, Wein, Knoblauch und Lorbeer. Kardonen, Quitten, Oliven, frische Pflaumen, die ich nach Hause trage – dazu die frische Luft und der Duft des Waldes vor meinem Haus. Die Eleganz italienischer Großmütter. Die italienischen Männer mit ihren leuchtenden Farbkombinationen und ihrer erklärenden Gestik. Die typischen Geräusche in Italien. Das Klirren von Löffeln auf Tellern in Bars, vor allem am Morgen. Das Gurgeln beim Aufschäumen der Milch und das Geräusch des Baristas, der den Kaffeesatz ausklopft. Das Echo der Begrüßungen auf den Piazzen. Kirchenglocken, flüsternde Frauen in den Kirchen und die Laute der Schwalben in unserem Innenhof.

In Italien sind April und Mai meine Lieblingsmonate. Die ersten Blumen auf den bronzefarbenen Feldern. Reingewaschene Laken trocknen wehend in unserem Garten. Magnolien, die kurz vor Ostern blühen. Die weißen Knospen, die vereinzelt die Hecken auf dem Land zieren, und die Wildblumen. Die ersten Anzeichen für das, was sich im Laufe der nächsten Monate langsam vor unseren Augen im Überfluss entfalten wird.

Ich liebe aber auch die Entschleunigung – Abstand von allem. Kakibäume und das Rösten von Maronen im Herbst. Und die Weiden, wenn sie im Winter ihr Blätterkleid verloren haben. Das alles macht mich hier glücklich. Die enge Verbundenheit mit den Zutaten und den Jahreszeiten, in denen sie gegessen werden. Wie sie in der Tradition verwurzelt sind – in der Familie, in Ritualen. Und die Hingabe, mit der hier die Zutaten auf die Märkte und nach Hause getragen werden, wird für mich auf ewig eine Quelle der Inspiration sein.

Was ich an Italien so liebe

Ricotta-Teigtaschen mit Konfitürenfüllung 116

Lasagne ai carciofi – Artischocken-Lasagne 118

Melanzane alla Parmigiana – Auberginenauflauf 121

Marios Rotweinrisotto 122

»Nichts-im-Haus«-Spaghetti 123

Cassias Capellini-Pasta mit frischer Tomaten-Chili-Sauce 124

Spaghetti mit Meeresfrüchten 125

Nonnas Pomarola 128

Spaghetti al pomodoro 129

Einfache Tomatensauce 131

Sommer-Pasta 131

Gnocchi della casa – selbst gemacht 132

Paglia e Fieno – Bunte Bandnudeln mit Ragù 135

Cristians Braciole della domenica – Sonntags-Rinderrouladen 138

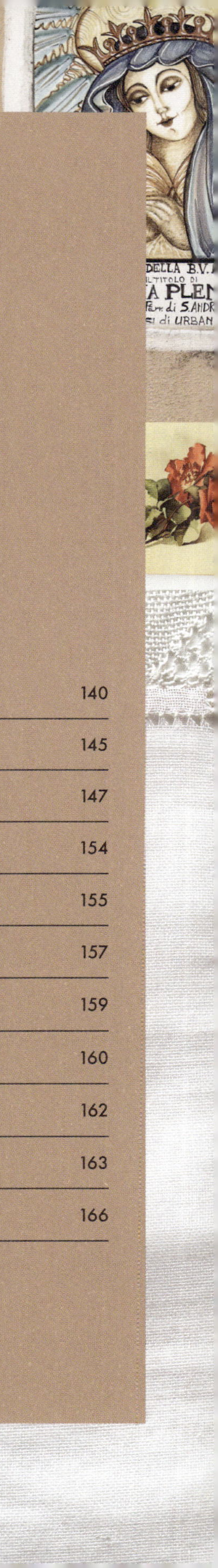

Luisas Riesen-Tortello mit Steinpilzen und Salbei	140
Sbiruli, Burrata, Feigen und Prosciutto	145
Darios Drei-Tage-Pizza	147
Hähnchenschnitzel mit Marsala und Prosciutto crudo	154
Kalbskoteletts mit Zitrone, Sardellenfilets und Kapern	155
Arrosto misto – Bratenmix	157
Yasmines Parmesankartoffeln	159
Pannacotta mit Erdbeeren und Vanille	160
Giovannis Crostata	162
Pflaumenkonfitüre mit Vin Santo und Vanille	163
Baba au rhum mit Amalfi-Zitrone	166

RICOTTA-TEIGTASCHEN MIT KONFITÜRENFÜLLUNG

etwa 150 g rote Konfitüre (Kirsche, Erdbeere, Himbeere), 1 guter TL für jede Tasche

Puderzucker, zum Servieren

TEIG

150 g Ricotta

½ TL Vanilleextrakt

100 g weiche Butter

150 g Mehl, Type 405, plus mehr zum Arbeiten

¾ TL Backpulver

Salz

Ergibt 9 Stück

Wir lieben diese nur leicht süßen Taschen mit einem Cappuccino zum Frühstück. Der Teig für diese Taschen enthält keinen Zucker. Für die Süße sorgen die Konfitüre (ich mag nicht zu süße Sorten) und ein wenig Puderzucker obendrauf.

Für den Teig den Ricotta abtropfen lassen, mit dem Vanilleextrakt und der Butter in einer Schüssel mit der Rückseite eines Löffels zerdrücken und vermengen. Mehl, Backpulver und 2 kräftige Prisen Salz dazusieben und alles zu einem ziemlich feuchten Teig verkneten. Hierfür den Teig in der Schüssel drehen und sanft nach unten drücken, um das gesamte Mehl einzuarbeiten. Die Schüssel abdecken und 1 Stunde in den Kühlschrank stellen.

Den Backofen auf 180 °C vorheizen und ein großes Backblech mit Backpapier auslegen.

Den Teig auf einer großzügig bemehlten Arbeitsfläche zu einem 30 cm großen und etwa 3 mm dünnen Quadrat ausrollen. Den Teig nicht zu stark pressen und die Hände sowie den Teig nach Bedarf ab und zu mit Mehl bestäuben. Die Ränder mit einem stumpfen Messer begradigen (auch unebene Ränder sind in Ordnung), dann die Platte in 10 cm große Quadrate schneiden.

Nun je 1 guten Klecks Konfitüre (etwas mehr als 15 g) in die Mitte eines jeden Rechtecks setzen. Die Teigblätter nacheinander diagonal von links unten nach rechts oben über die Füllung zu einem Dreieck falten, dann die Ränder mit den Fingern fest zusammendrücken, um sie zu versiegeln. Anschließend die Teigränder an einigen Stellen mit einer kleinen Gabel leicht andrücken (es ist jedoch nicht schlimm, wenn ein wenig Konfitüre während des Backens herausläuft).

Die Dreiecke auf dem Backblech verteilen und 20 Minuten im Ofen goldgelb backen. Das Blech aus dem Ofen nehmen, die Taschen leicht abkühlen lassen und mit Puderzucker bestäuben. Sie werden am besten noch warm serviert, schmecken aber auch bei Zimmertemperatur gut.

LASAGNE AI CARCIOFI – ARTISCHOCKEN-LASAGNE

ARTISCHOCKEN

½ Zitrone

12 Artischocken, ungeputzt à etwa 200 g (mit etwa 9 cm langen Stielen)

etwa 3 EL Olivenöl

1 Knoblauchzehe, halbiert

Salz

frisch gemahlener Pfeffer

2 TL unbehandelte fein abgeriebene Zitronenschale

¼ TL Fenchelpollen oder gemahlener Fenchel

BÉCHAMELSAUCE

1 l Milch

100 g Butter

40 g Mehl, Type 405

frisch geriebene Muskatnuss

Salz

frisch gemahlener Pfeffer

LASAGNE

250 g dünne frische Lasagneblätter

1 Kugel Mozzarella (125 g), klein geschnitten

50 g Parmesan, fein gerieben, plus etwas zusätzlich zum Servieren

Für 4–6 Personen

Welch ein Genuss! Die Artischocken werden auf einem Gemüsehobel hauchdünn geschnitten, dann gebraten und zwischen Teigblättern und Béchamelsauce geschichtet. Der Hobel ist wichtig, damit es möglichst viele Scheiben werden. Wenn keiner vorhanden ist, die Artischocken von Hand in 1–2 mm feine Scheiben schneiden. Ich verwende hier kleinere Morellini-Artischocken, aber nehmen Sie, was verfügbar ist.

Die Form sollte 22 × 30 cm groß sein. Ich verwende fertige Teigblätter. Meine sind etwa 1 mm dick (16 × 22 cm). Damit passen genau zwei Blätter pro Lage in die Form. Ich bereite manchmal die doppelte Menge zu und friere eine Portion vor dem Backen ein – es ist wunderbar, ein solches Gericht fertig zur Hand zu haben.

Für die Artischocken die Zitrone in eine Schüssel mit kaltem Wasser auspressen. Die Stiele der Artischocken auf eine Länge von 5 cm kürzen und alle überschüssigen harten Blätter entfernen. Längs halbieren und das obere Drittel der Hälften abschneiden. Das Heu herauslösen. Mit einem kleinen Schälmesser die bitteren, dunkelgrünen Teile der Stiele entfernen und die Hälften nach und nach in die vorbereitete Schüssel mit Wasser legen. Beginnend mit dem Stielende die Artischocken auf dem Gemüsehobel in 2 mm dünne Scheiben schneiden. Dabei fest nach unten drücken, damit die Scheiben gut hindurchgleiten.

Das Öl mit dem Knoblauch in einer großen beschichteten Pfanne bei mittlerer Temperatur erhitzen, die Artischockenscheiben darin anbraten. Dabei zu einer kompakten Lage flach drücken und regelmäßig wenden, sobald sie anfangen, goldgelb zu werden und knusprige Stellen bekommen. Kräftig mit Salz und Pfeffer bestreuen. Die Zitronenschale und die Fenchelpollen untermischen, einige Minuten weitergaren. Dann die Pfanne vom Herd nehmen.

Für die Béchamelsauce die Milch in einem Topf sanft bis kurz vor dem Kochen erhitzen. Die Butter in einem breiten Topf zerlassen. Das Mehl einrühren und ein wenig Farbe nehmen lassen, dann die Milch schöpflöffelweise zunächst unter Rühren hinzufügen, dann verquirlen, damit die Mischung glatt bleibt. Etwas Muskatnuss untermischen, mit Salz sowie ein wenig Pfeffer abschmecken. Unter ständigem Rühren mit dem Schneebesen etwa 10 Minuten blubbernd kochen, bis die Mischung sämig, aber noch ziemlich dünnflüssig ist (so bleiben die Teigblätter feucht, und die Lasagne wird beim Backen nicht hart). Den Topf vom Herd nehmen.

Für die Lasagne zunächst den Backofen auf 180 °C vorheizen und eine Auflaufform (22 × 30 cm) bereitstellen. Falls erforderlich, die Teigblätter passend für die Form zuschneiden.

Von der Béchamelsauce 2 Kellen flächig auf dem Boden der Auflaufform verteilen. Darauf zwei Teigblätter legen (sie werden sich in der Mitte leicht überlappen), dann 2 weitere Schöpfkellen der Béchamelsauce daraufgießen und versuchen, sie so zu verstreichen, dass die Ränder bedeckt sind und nicht trocken werden. Ein Viertel der Artischockenscheiben gleichmäßig auf der Béchamelsauce verteilen, dann mit jeweils einem Viertel des Mozzarellas und des Parmesans bestreuen (nur wenig). Diese Schritte noch dreimal wiederholen: mit einer Schicht Teigblätter beginnen und mit einer letzten Schicht aus Mozzarella/Parmesan enden.

Etwa 25 Minuten im Ofen backen, bis die Oberfläche stellenweise goldgelb ist. Aus dem Ofen nehmen und vor dem Aufschneiden leicht abkühlen lassen. Nach Belieben jede Portion mit Parmesan bestreuen.

Eier mit Trüffeln

Eier in einer kleinen Pfanne in Butter braten, bis die Ränder leicht knusprig, die Eigelbe aber noch weich sind.
Salzen und leicht pfeffern.
Einige Scheiben Trüffel darüberhobeln.
Mit Focaccia servieren.

So schmeckt es am besten.

MELANZANE ALLA PARMIGIANA – AUBERGINENAUFLAUF

3 Auberginen (etwa 1,4 kg insg.)

grobes Salz

150 g Mehl, Type 405

Sonnenblumen- und Olivenöl (gemischt), zum Frittieren

3 Kugeln Mozzarella (à 125 g), klein geschnitten

80 g Parmesan, gerieben

TOMATEN-SALSA

2 EL Olivenöl

1 große Knoblauchzehe, halbiert

700 g Tomatenfruchtfleisch (Dose)

1 TL Salz

frisch gemahlener Pfeffer

1 kleine Handvoll Basilikumblätter, plus 7–8 zum Servieren

Für 6–8 Personen

Jasmines Mittagessen zu ihrem 23. Geburtstag

Ich mag ein Stück dieses reichhaltigen Auflaufs aus vier Schichten besonders gern als Mittagessen. Dieses Gericht muss einige Zeit ruhen, wenn es aus dem Ofen kommt – 1 Stunde oder sogar länger. Werden wie hier viele Auberginen frittiert, muss das Öl mindestens einmal gewechselt werden.

Die Auberginen in 7 mm dicke Scheiben schneiden (etwa 44 Scheiben). In einer großen Schüssel oder einem groben Sieb mit 1 EL grobem Salz bestreuen und 30 Minuten oder länger abtropfen lassen. Abspülen, dann zum Trocknen auf Geschirrtücher legen. Das Mehl in eine flache Schüssel schütten, die Auberginen darin wenden, überschüssiges Mehl abklopfen.

Mehrere große Teller mit Küchenpapier auslegen. Die Ölmischung etwa 3 cm hoch in einer großen Pfanne erhitzen. Die Auberginenscheiben darin portionsweise von beiden Seiten goldgelb frittieren. Die Scheiben mit einer Küchenzange herausnehmen und überschüssiges Öl über der Pfanne abtropfen lassen. Die Scheiben auf den Tellern entfetten, leicht salzen.

Inzwischen für die Tomaten-Salsa das Öl mit dem Knoblauch in einem breiten Topf erhitzen. Wenn es anfängt zu duften, das Fruchtfleisch einrühren. Die Dose mit 250 ml heißem Wasser füllen, dann in den Topf ausleeren. Die Salsa mit 1 TL Salz sowie einigen Umdrehungen aus der Pfeffermühle abschmecken. Etwa 15 Minuten köcheln lassen, bis die Flüssigkeit eingedickt ist. Falls es spritzt, abdecken. Die Basilikumblätter klein zupfen, einrühren und alles einige Minuten weitergaren, dann vom Herd nehmen.

Den Backofen auf 190 °C vorheizen. Den Mozzarella und den Parmesan auf zwei separate Teller verteilen. Beide Zutaten mit einem Löffel grob in vier Portionen teilen.

Den Knoblauch aus der Sauce nehmen, dann etwa 125 ml Sauce auf dem Boden einer Auflaufform (22 × 30 cm) verstreichen. Ein Viertel der Auberginenscheiben darauf verteilen, dann mit einem Viertel des Mozzarellas, gefolgt von einem Viertel des Parmesans bestreuen. So noch drei Mal schichten, mit Parmesan abschließen. (Für die letzte Schicht die gesamte restliche Sauce verbrauchen.) Die Parmigiana im Ofen etwa 30 Minuten backen, bis sie goldgelb und an einigen Stellen knusprig ist. Aus dem Ofen nehmen und leicht abkühlen lassen. In großzügige Quadrate aufschneiden, mit Basilikum warm servieren. Schmeckt auch am Folgetag sehr gut!

Marios
ROTWEINRISOTTO

1,5 l Gemüsebrühe (S. 137) oder 1 Gemüsebrühwürfel, in heißem Wasser aufgelöst

3 EL natives Olivenöl extra

1 große rote Zwiebel, gehackt

2 grobe italienische Rohwürste (Salsicce), (Brät: 150 g)

500 g Carnaroli-Risottoreis

500 ml guter Rotwein

Salz

frisch gemahlener Pfeffer

40 g Butter

60 g frisch geriebener Parmesan, plus mehr zum Servieren

Für 6+ Personen

Wir haben diesen Reis mit Nonno Mario zubereitet – Giovannis Vater, ein großartiger Koch und Weinkenner. Hier ist ein guter, vollmundiger Rotwein erforderlich (wir haben einen verwendet, den Mario mitgebracht und als lieblich, fast süßlich beschrieben hatte), um dem Risotto den entscheidenden letzten Schliff zu geben. Ein säuerlicher Wein wird sich im Endergebnis bemerkbar machen. Da dieses Gericht aus nur wenigen Zutaten besteht, müssen diese qualitativ hochwertig sein. Für dieses Risotto benötigt man 500 ml Wein. Ich serviere den gleichen Wein gern zum Essen.

Die Brühe erhitzen und heiß halten, aber nicht kochen. Das Öl in einem breiten Topf erhitzen und die Zwiebel darin anschwitzen, bis sie leicht Farbe nimmt. Die Wurst vom Darm befreien, das Brät zerbröseln und einige Minuten im Topf anbraten, bis es goldgelb, aber noch weich und nicht knusprig ist.

Den Reis unter Rühren 1–2 Minuten mitgaren. Jetzt nach und nach jeweils weniger als 60 ml Wein angießen, dabei die nächste Portion erst zugießen, wenn die Flüssigkeit vollkommen aufgenommen wurde und anfängt, leicht zu karamellisieren. (Mario sagt, dies sei wichtig, damit es später nicht nach gekochtem Wein schmeckt.)

Wenn der Wein aufgebraucht, vollständig aufgenommen und der Reis klebrig ist, nach und nach jeweils etwa 125 ml Brühe angießen und den Reis unter Rühren sanft köcheln, dabei je nach Bedarf weitere Brühe angießen. So insgesamt etwa 20 Minuten garen, bis das Risotto fertig ist – es sollte cremig und weich, nicht fest sein und noch etwas Flüssigkeit aufweisen. Der Reis selbst sollte noch leicht bissfest sein.

Mit etwas Salz und Pfeffer abschmecken (die Brühe ist bereits gewürzt) und die Temperatur stark reduzieren. Die Butter und den Parmesan einrühren, bis sie gerade eben mit dem Reis verschmelzen, dann den Topf von der Kochstelle nehmen. Auf vorgewärmten Tellern nach Belieben mit 1 großzügigen Prise Pfeffer und 1 Extraportion geriebenem Parmesan nach Belieben sofort servieren.

»NICHTS-IM-HAUS«-SPAGHETTI

80 g gutes, leicht altbackenes Brot, ohne Kruste

6 EL natives Olivenöl extra, plus mehr zum Servieren

Salz

frisch gemahlener Pfeffer

3 Knoblauchzehen, grob gehackt

3 Sardellenfilets in Öl, abgetropft

3 ganze geschälte Tomaten (200 g, Dose)

4–5 Basilikumblätter

1 EL grob gehackte Petersilie

320 g Spaghetti (Nr. 4)

frisch geriebener Parmesan, zum Servieren

Für 3–4 Personen

Ein wunderbar einfaches Gericht. In Italien beherrscht man dieses Spiel in Perfektion. Die Zubereitung nimmt nur wenige Minuten in Anspruch, und jedem schmeckt es – die wesentliche Zutat ist im Grunde genommen ein Tomatenöl. Hier sind die besten Zutaten gerade gut genug. Ich verwende Giovannis Sauerteigbrot.

Einen großen Topf mit hohen Wänden bei mittlerer Temperatur erhitzen. Das Brot mit den Händen zu groben Krumen zerbröseln (sie müssen nicht gleich groß sein). Die Krumen im trockenen Topf unter Rühren gleichmäßig rösten. Wenn sie goldgelb werden, 2 EL des Öls in den Topf gießen und weiterrühren, bis die Croûtons goldbraun und knusprig sind. Dabei mit einem Holzlöffel unablässig bewegen, damit sie nicht verbrennen, vor allem die kleineren auf dem Topfboden. Abschließend etwas salzen und pfeffern, auf einen Teller schütten. Den Topf mit Küchenpapier auswischen.

Das restliche Öl (4 EL) in den Topf gießen. Den Knoblauch und die Sardellen darin unter Rühren garen, bis es duftet und der Knoblauch gerade eben goldgelb ist. Zerfallen die Sardellenfilets nicht im Öl, mit dem Löffel während des Rührens zerdrücken. Die ganzen Tomaten, wenig Salz (die Sardellenfilets sind sehr salzig) und Pfeffer mit 125 ml Wasser einrühren. Die Sauce sanft und zugedeckt, falls es spritzt, etwa 10 Minuten köcheln lassen. Größere Stücke mit einem Löffel zerdrücken, die Basilikumblätter zerzupfen und mit der Petersilie unterheben. Dann die Sauce vom Herd nehmen.

Inzwischen die Spaghetti nach Packungsangabe in kochendem Salzwasser garen. Die fertigen Nudeln mit einem Spaghettiheber aus dem Topf nehmen und in den Topf mit der Tomatensauce rühren. Etwas Kochwasser hinzufügen und so verrühren, dass die Spaghetti von der Sauce bedeckt werden.

Auf Pastateller (im Winter vorgewärmt) verteilen, die Croûtons darüberstreuen, mit reichlich Parmesan bestreuen und nach Belieben mit einigen Tropfen Olivenöl beträufeln. Heiß genießen – es gibt nichts zu bereuen.

Cassias

CAPELLINI-PASTA MIT FRISCHER TOMATEN-CHILI-SAUCE

2 große Knoblauchzehen, grob gehackt

grobes Salz

3–4 sehr kleine Piri-Piri-Chilischoten, gehackt

3 EL natives Olivenöl extra, plus mehr zum Servieren

25 g Butter

1 kg reife Tomaten, gehäutet und klein geschnitten

½ TL Vollrohrzucker

½ TL getrockneter Oregano

frisch gemahlener schwarzer Pfeffer

320 g Capellini (Capelli d'angelo oder Engelshaar-pasta)

geriebener Parmesan, zum Servieren (nach Belieben)

Für 4 Personen

Ich kann die Drosseln singen hören.

Cassia bereitet dieses Gericht häufig bei mir zu. Wenn sie in der Küche steht, weiß ich, dass alles in guten Händen ist. Sie hat einen wunderbaren Sinn für Details. Sie sagt, es müssen viele Tomaten rein. Passen Sie den Schärfegrad an die bereits vorhandenen Chilischoten und an Ihren persönlichen Geschmack an. Die winzigen getrockneten Piri-Piri-Chilischoten haben einen herrlich intensiven Geschmack.

Den Knoblauch mit etwas grobem Salz in einem Mörser zerstoßen. Mit den Chilischoten zu einer Paste zermahlen.

Die Knoblauch-Chili-Mischung mit dem Öl in einem Topf einige Minuten vorsichtig anbraten, bis es duftet. (Nicht zu stark braten, sonst wird die Mischung bitter. Sie sollte jedoch gut durchgegart sein.) Dann Butter, Tomaten, Zucker, Oregano, 1 knappen TL Salz und etwas schwarzen Pfeffer einrühren. Die Sauce mit schräg aufgelegtem Deckel in etwa 15 Minuten einkochen.

Mit einem Stabmixer einige Male pürieren, sodass sie eine sowohl glatte als auch stückige Konsistenz bekommt. Abschmecken. Offen 15–20 Minuten dick einkochen. (Je nach Tomatensorte und Hitzezufuhr wird mehr oder weniger Zeit benötigt.) Den Topf vom Herd nehmen.

Inzwischen die Pasta in kochendem Salzwasser nach Packungsangabe kochen (in der Regel einige Minuten), dabei darauf achten, dass diese zarten Nudeln nicht zerkochen. Die Pasta abgießen – einen Teil des Kochwassers zurückbehalten – und direkt in die Tomatensauce mischen. Alles gründlich vermengen, dabei für eine sämigere Sauce etwas vom Nudelkochwasser untermischen. Sofort mit Parmesan – oder sogar ohne – servieren und kurz vor dem Verzehr mit einigen Tropfen Olivenöl beträufeln (in Italien wird in diesem Punkt kein Widerspruch geduldet).

SPAGHETTI MIT MEERESFRÜCHTEN

1 kg Venusmuscheln, am besten eine Mischung aus den Sorten Verace und Lupini

grobes Salz

300 g kleine Tintenfische (10–12 Stück)

etwa 10 mittelgroße rohe Garnelen, ohne Kopf

5 EL natives Olivenöl extra, plus etwas mehr zum Servieren

4 Knoblauchzehen, gehackt

4–5 EL gehackte Petersilie, plus einige Stängel mehr

125 ml Weißwein

320 g dicke Spaghetti (Nr. 5)

1 kleines Bund Thymian

frisch gemahlener Pfeffer

etwas getrocknete rote Chilischote, zerbröselt

2 TL unbehandelte fein abgeriebene Zitronenschale

Für 4–5 Personen

Wir lieben dieses Pastagericht, es fühlt sich wie eine ganz besondere Mahlzeit an. Vor dem Kochen etwa 1 Stunde zum Einweichen der Venusmuscheln einplanen. Ich mag hier eine Mischung aus sehr kleinen Venusmuscheln (Lupini und Verace), mit zartem Tintenfisch und einigen Garnelen pro Person. Die Garnelen können mit Schale oder ohne (leichter zu essen) serviert werden. Dazu geröstetes Brot zum Auftunken restlicher Sauce reichen.

Die Venusmuscheln zum Säubern in ein Sieb füllen. Dieses in eine große, mit Wasser gefüllte Schüssel stellen. Eine Handvoll grobes Salz einstreuen und die Muscheln kräftig in dem Wasser durchmischen, um jeglichen Sand zu entfernen. So 1 Stunde stehen lassen, das Wasser mehrere Male wechseln und die Muscheln jedes Mal erneut kräftig durchmischen. Stellen Sie sicher, dass keine der Muscheln noch Sand ausspuckt – falls Sie eine entdecken, kräftig auf die Oberfläche klopfen und dann entsorgen, falls sie sandig ist. (Damit nicht im schlimmsten Fall das gesamte Gericht ruiniert wird, koche ich die Venusmuscheln separat.)

Zum Säubern der Tintenfische die Köpfe mit Innereien und die Chitinstäbe mit einem Ruck herausziehen. Die dunklen Kauwerkzeuge entfernen. Die Körper ausspülen und abtropfen lassen, dann in feine, wenige Millimeter breite Scheiben schneiden. Die Tentakel ganz lassen.

Zum Säubern der Garnelen die Schalen abziehen und nur die Schwanzflossen dranlassen. Die Rückseite mit einem Messer einritzen und den Darm herausziehen.

Für die Venusmuscheln 1 TL Öl und die Hälfte des Knoblauchs in einer großen tiefen Pfanne erhitzen, bis es duftet, dann die abgetropften Venusmuscheln mit 3–4 Stängeln Petersilie einrühren. Den Großteil des Weins angießen – nur 1 Schuss zurückbehalten –, dann den Deckel auflegen und das Ganze bei hoher Temperatur einige Minuten garen, bis alle Muscheln geöffnet sind. Die geöffneten Muscheln mit einem Schaumlöffel in eine Schüssel heben. (Wenn sich einige nicht geöffnet haben, können sie eine zweite Chance bekommen, aber wenn sie dann immer noch geschlossen sind, müssen sie entsorgt werden.) Einige Muscheln auslösen, das Fleisch in die Schüssel legen – die restlichen Muscheln ganz lassen.

Fortsetzung folgende Seite >>

Das Muschelwasser langsam über die Muscheln gießen, dabei darauf achten, dass kein Sand im Wasser ist.

Wasser in einem großen Topf zum Kochen bringen und salzen. Die Spaghetti 1–2 Minuten kürzer als angegeben kochen.

In einer zweiten großen beschichteten Pfanne 2 EL Öl erhitzen. Sie ist zum Vermischen der Spaghetti mit den anderen Zutaten und zum Servieren bestimmt. Den restlichen Knoblauch (2 Zehen) darin einige Sekunden anbraten, dann die Garnelen bei erhöhter Temperatur kurz braten, bis sie leicht goldgelb und knusprig sind. Die Tintenfischstücke untermischen. Alles rühren, bis einige goldgelbe Stellen zu sehen sind. Reichlich Thymianblätter von den Stängeln rebeln. Mit ein wenig Salz, Pfeffer und getrockneter Chilischote kräftig abschmecken. Mit dem restlichen Schuss Wein erhitzen, dann die Muscheln samt ihrer Brühe und der Zitronenschale in die Pfanne mit den Garnelen füllen.

Die fertigen Spaghetti abgießen und in die Pfanne mit den Meeresfrüchten schütten. Noch einen Moment schwenken, damit die Spaghetti etwas von der Sauce aufnehmen können, dann vom Herd nehmen. Die restliche Petersilie und das restliche Olivenöl (1 ½ EL) gründlich untermengen. (Wenn die Pfanne doch nicht ausreicht, alles in einer großen Schüssel vermengen.) Auf Schalen verteilen und die Sauce mit einem Löffel darübergeben. Zum Schluss mit 1 großzügigen Prise Pfeffer würzen und mit Olivenöl beträufeln. Sofort servieren.

Fragt man eine Nonna, wie lange es idealerweise dauert, ein Gericht zu überbacken, könnte die Antwort lauten: »Zwei oder drei Ave Marias.«

Nonnas
POMAROLA

1 eher kleine rote Zwiebel (50 g), in Stücke geschnitten

1 mittelgroße Karotte (65 g), in Stücke geschnitten

1 Stange Staudensellerie (35 g), entfädelt und in Stücke geschnitten

2 Knoblauchzehen, abgezogen

6 EL natives Olivenöl extra, plus mehr zum Servieren

Salz

2 Dosen Tomatenfruchtfleisch (à 400 g) oder etwa 1 kg frische Tomaten, gehäutet und klein geschnitten

frisch gemahlener Pfeffer

12 große Basilikumblätter

Ergibt etwa 750 ml

Dies ist die Pomarola wie Nonna Wilma, Giovannis Mutter, sie macht und wie sie in diesem Land schon seit Jahren zubereitet wird. Die Karotte verleiht der Sauce ein wenig Süße und erinnert mich, genau wie das frische Basilikum, immer an das wunderschöne Italien. Nonnas Rat: Wenn man Pomarola zubereitet, kann man gleich eine kleine Portion zusätzlich machen. Diese Mengen ergeben ausreichend Sauce für zwei Mahlzeiten. Die Sauce passt zu Spiegeleiern, Fleischbällchen und Baccalà. Wilma gibt, während sie die Spaghetti vermengt, eine Flocke Butter hinzu. Häufig kommt diese auch zu der frisch zubereiteten Pomarola, bevor sie zur Aufbewahrung in ein Glas gefüllt wird. Die Butter hebt das Ganze auf eine gehaltvollere Ebene.

Zwiebel, Karotte, Sellerie und Knoblauch in einer Küchenmaschine zu kleinen Stückchen, fast einem Mus, verarbeiten.

Das Gemüse und das Öl mit einer kleinen Prise Salz in einem breiten Topf anbraten, bis die Gemüsestückchen weich und an den Rändern goldgelb werden (etwa 10 Minuten). Dabei einige Male umrühren, damit alles gleichmäßig gart.

Die Tomaten und 1 guten TL Salz sowie einige großzügige Umdrehungen der Pfeffermühle einrühren. Die Tomatendosen mit insgesamt 250 ml heißem Wasser füllen und dieses in den Topf entleeren. Alles zum Köcheln bringen. Etwa 30 Minuten zugedeckt köcheln lassen – den Deckel nur einen kleinen Spalt offen lassen –, bis alles eindickt und weich wird.

Etwa 8 Basilikumblätter zerzupfen und 5 Minuten mitköcheln lassen, dann den Topf vom Herd nehmen. Mit einem Stabmixer die Sauce hier und da noch stückig, aber ziemlich glatt pürieren. (Oder die Mischung nach Nonnas Art durch die kleinen Löcher eines Passatutto – einer Flotten Lotte – in eine Schüssel passieren, sodass die kleineren Gemüsestückchen zurückbleiben. Alles zurück im Topf einige Minuten erhitzen und eindicken lassen, falls erforderlich.) Erscheint die Sauce zu fest, etwas mehr Wasser angießen und zurück auf den Herd stellen, damit sich alles verbindet. Die restlichen Basilikumblätter zerzupft unterrühren, alles mit Salz abschmecken.

SPAGHETTI AL POMODORO

Salz

2–3 Stängel Basilikum, plus einige Blätter zum Servieren

320 g Spaghetti (Nr. 5)

330 ml heiße Pomarola (S. 128)

20 g Butter

natives Olivenöl extra, zum Servieren

geriebener Parmesan, zum Servieren (nach Belieben)

Für 4 Personen

In einem großen Topf Wasser zum Kochen bringen, dann großzügig salzen. Die Basilikumstängel in das Wasser legen.

Die Spaghetti darin nach Packungsangabe kochen. Dann abgießen – etwas Kochwasser zurückbehalten – und mit 1 Schuss davon in eine Servierschüssel füllen. Anschließend 250 ml der Pomarola und die Butter gründlich untermengen. Gegebenenfalls etwas zusätzliches Pastawasser einrühren.

Die Mischung auf 4 Schalen verteilen und vor dem Servieren auf jede Portion 1 guten EL Pomarola und einige Basilikumblätter geben. (Der italienische Teil meiner Familie gibt einige Tropfen Öl darüber, einige essen ihre Spaghetti mit Parmesan.) Ich bestreue meine mit Fleur de Sel, verwende aber keinen Käse. Sie entscheiden, wie diese Pasta Ihnen am besten schmeckt.

Saucenreste noch heiß in ein sterilisiertes Glasgefäß füllen und mit dem Deckel verschließen. Das Glas auf den Kopf stellen und abkühlen lassen. Dann umdrehen – es sollte ein Vakuum entstanden sein. Im Kühlschrank aufbewahren und innerhalb von 10 Tagen aufbrauchen.

UNIONE DEI PRODUTTORI

EINFACHE TOMATENSAUCE

- 4 EL natives Olivenöl extra
- 2–3 Knoblauchzehen, abgezogen und mit der flachen Seite eines Messers behutsam zerdrückt
- 700 g Tomatenfruchtfleisch (Dose)
- 1 EL Tomatenmark
- 1 TL Salz, plus mehr zum Abschmecken
- frisch gemahlener Pfeffer
- 12 Basilikumblätter

Ergibt etwa 750 ml

Diese Tomatensauce ist schneller und einfacher zuzubereiten. Spaghetti wie auf S. 129 beschrieben kochen und dazu servieren. Heiße Saucenreste können in ein Glasgefäß gegossen und für eine spätere Mahlzeit aufbewahrt werden.

Das Öl und den Knoblauch in einem breiten Topf erhitzen. Wenn der Knoblauch anfängt zu duften und zu brutzeln, die Tomaten einrühren. Die Dose mit etwa 125 ml heißem Wasser ausspülen und in den Topf entleeren. Tomatenmark und 1 TL Salz ebenfalls einrühren. Das Ganze bei schräg aufgelegtem Deckel etwa 25 Minuten köcheln lassen, dabei gegen Ende der Garzeit bei Bedarf zusätzlich bis zu 125 ml Wasser einrühren – möglicherweise viel weniger Wasser.

Mit Pfeffer und Salz abschmecken. Die Basilikumblätter zerzupfen und einrühren, dann die Sauce vom Herd nehmen. Sie sollte dickflüssig blubbern, aber nicht zu fest sein.

SOMMER-PASTA

- 225 g Kirschtomaten (etwa 10 Stück)
- 2 kleine Knoblauchzehen, fein gehackt
- 20 g Staudensellerie, innere Stange, in feine Scheiben geschnitten
- 10 grüne Oliven, entsteint und in Stücke geschnitten
- 10 große Basilikumblätter
- 3 EL natives Olivenöl extra, plus mehr zum Servieren
- Fleur de Sel
- frisch gemahlener Pfeffer
- 160 g Spaghetti oder kurze geriffelte Nudeln

Für 2 Personen

Dieses Gericht schmeckt auch mit Mozzarella (bei Zimmertemperatur, nicht kalt aus dem Kühlschrank) köstlich, der in kleine Stücke gezupft darauf oder daneben serviert wird.

Die Kirschtomaten in Stücke schneiden und in einer Schüssel mit Knoblauch, Sellerie und Oliven vermischen. Etwa 4 zerzupfte Basilikumblätter untermengen. Das Olivenöl darüberträufeln und einige Stunden bei Zimmertemperatur ziehen lassen. Vor dem Servieren 6 weitere zerzupfte Basilikumblätter unterheben. Die Tomaten mit Fleur de Sel und einigen Prisen Pfeffer abschmecken.

Die Pasta in kochendem Salzwasser nach Packungsangabe garen. Abgießen, in der Schüssel mit den Tomaten vermengen und mit etwas zusätzlichem Olivenöl sofort servieren.

GNOCCHI DELLA CASA – SELBST GEMACHT

650 g mehligkochende Kartoffeln, abgebürstet

Salz

160 g Mehl, Type 405, plus mehr zum Arbeiten

SAUCE

3 EL Olivenöl

20 g Butter

2 Knoblauchzehen, gehackt

2 EL Cognac

600 g stückige Tomaten (Dose)

Salz

frisch gemahlener Pfeffer

Chiliflocken

2 EL Sahne

7–8 Basilikumblätter, gehackt

1 EL gehackte Petersilie

frisch geriebener Parmesan, zum Servieren

Für 4+ Personen

Diese weichen Kartoffelkissen schmecken einfach umwerfend. Ich mag sie in vielen Variationen – mit Fleischsauce, Taleggio ... oder mit Butter, Trüffelhobel und einer Menge Parmesan. Sie werden am besten kurz vor dem Servieren zubereitet. Die Sauce sollte fertig sein, bevor man mit den Gnocchi beginnt. Damit die Gnocchi weich bleiben, sollte man so wenig Mehl wie möglich zugeben. (Am besten eignen sich hier mehligkochende Kartoffeln, die weniger Mehl aufnehmen – die rotschaligen Sorten in Italien eignen sich hervorragend.) Ich mag hier besonders den Schuss Sahne, genau wie die Mutter meines Freundes Marco Belfiore sie immer zubereitet hat.

Die Kartoffeln mit Schale in schwach gesalzenem Wasser 20–30 Minuten (je nach Größe) weich kochen. Dann abgießen. Sobald sie ein wenig abgekühlt sind, die Kartoffeln mit einem Messer pellen. Die noch warmen Kartoffeln durch eine Kartoffelpresse in eine Schüssel drücken oder mit einem Kartoffelstampfer zerkleinern – nicht in einer Küchenmaschine –, dann leicht abkühlen lassen (sie brauchen weniger Mehl, wenn sie abgekühlt sind).

Für die Sauce das Olivenöl und die Hälfte der Butter mit dem Knoblauch in einem großen Topf erhitzen. Der Topf sollte später auch die Gnocchi fassen. Den Knoblauch duftend goldgelb braten. Den Cognac angießen und einen Großteil davon verdunsten lassen. Die Tomaten einrühren, die Sauce mit Salz, Pfeffer und etwas Chiliflocken abschmecken. Abgedeckt 20 Minuten einkochen lassen. Gegen Ende der Garzeit, wenn die Sauce dicker wird, 125 ml warmes Wasser einrühren. Alles abschmecken. Die Sahne untermischen, alles aufkochen lassen, dann das Basilikum und die Petersilie einstreuen. Warm halten.

Wasser in einem Topf zum Kochen bringen und salzen.

Zu der Kartoffelmasse knapp 1 TL Salz und den Großteil des Mehls mischen. Eine kleine Menge Mehl für das Ausrollen zurückbehalten. Vorsichtig alles in der Schüssel verkneten, dann auf einer leicht bemehlten Oberfläche so lange verkneten, bis ein homogener Teig entsteht. Die Hände sollten nicht zu warm sein. Den Teig grob in vier gleich große Teile teilen. Jeweils zu einer etwa 1,5 cm dicken Rolle formen, dabei den Teig so wenig wie möglich drücken. Mit einem Messer jede Rolle in einem Zug in 2 cm lange Stücke schneiden (nicht sägen), um die Form zu erhalten.

Die Gnocchi werden am besten direkt nach dem Rollen und Schneiden gekocht, damit sie nicht auf der Arbeitsfläche haften bleiben. Ist dies nicht möglich, können sie fertig gerollt und geschnitten eine kleine Weile auf einem leicht bemehlten Blech aufbewahrt werden. Oder sie können gekocht, in einer gebutterten Schüssel warm gehalten und dann zum Erhitzen in den Topf mit der Sauce gegeben werden.

Die Gnocchi portionsweise in das siedende Wasser geben, dabei nicht zu stark kochen. Sobald die Gnocchi an der Oberfläche schwimmen, sind sie fertig. Jede Portion mit einem Schaumlöffel herausnehmen und in den Topf mit der warm gehaltenen Tomatensauce geben. Wenn alle Gnocchi im Topf sind, alles 1–2 Minuten behutsam vermengen.

Es sollte reichlich Tomatensauce vorhanden sein, aber wenn sie sehr fest erscheint, 1 Schuss des Kochwassers untermischen. Wenn alles durcherhitzt ist, die restliche Butter (10 g) einrühren. Mit Parmesan und 1 Prise Pfeffer bestreut sofort servieren.

Wir warten,
wir warten
auf die Blumen –
Casa, dolce casa

PAGLIA E FIENO – BUNTE BANDNUDELN MIT RAGÙ

RAGÙ

1 rote Zwiebel (230 g), abgezogen und in Stücke geschnitten

2 Karotten (170 g insg.), geschält und in Stücke geschnitten

2 Stangen Staudensellerie (100 g insg.), entfädelt und in grobe Stücke geschnitten

3 Knoblauchzehen, abgezogen

5 EL natives Olivenöl extra

650 g Rinderhackfleisch mit etwas Fett

2 italienische Rohwürste aus Schweinefleisch (180 g insg.)

500 ml guter Rotwein

2 EL Tomatenmark

185 ml Passata (Glas) oder Tomatenfruchtfleisch (Dose)

1 TL Salz, plus mehr zum Abschmecken

frisch gemahlener Pfeffer

>>

Paglia e Fieno (»Stroh und Heu«) sind gelbe und grüne Tagliatelle. Je öfter man frische Eiernudeln zubereitet, desto einfacher wird es. Sie schmecken nicht nur großartig zu Steinpilzen, sondern auch nur mit Butter und Parmesan. Für diese Fleischsauce bräunt Nonna Wilma das Gemüse und das Fleisch und lässt es dann 2½ Stunden köcheln. Man kann die Sauce für eine Mahlzeit (sie ist ausreichend für 8+ Personen) zubereiten und die Reste – noch heiß – in ein sauberes Glasgefäß füllen. Mit dem Deckel verschließen und zum Abkühlen auf den Kopf stellen, um ein Vakuum zu erzeugen. In der Woche der Zubereitung aufrecht stehend im Kühlschrank aufbewahren. Saucenreste können aber auch eingefroren werden. Wilma bereitet hier eine schnelle Gemüsebrühe zu, die aber durch Wasser ersetzt werden kann. Ich mag auch sehr gern Spaghetti mit Fleischsauce und 1 Klecks Butter darauf.

Für das Ragù die Zwiebel und die Karotten in einen Standmixer füllen. Den Sellerie und den Knoblauch hinzufügen und alles stückig zerkleinern.

Das Öl in einer großen beschichteten und einigermaßen hohen Pfanne erhitzen. Das Gemüse darin leicht salzen und bei hoher Temperatur 10–15 Minuten unter regelmäßigem Rühren mit einem Holzlöffel garen, bis es weich und an den Rändern gebräunt ist.

Die Würste vom Darm befreien und das Brät mit dem Hackfleisch fein zerbröseln. In der Pfanne gründlich mit dem Gemüse vermengen. Unter häufigem Rühren etwa 15 Minuten braten, bis das gesamte Wasser aufgenommen und das Fleisch goldgelb ist. (Nonna sagt, man müsse auf das Bratgeräusch achten.) Das Fleisch sollte nicht zu stark bräunen, da es sonst in der fertigen Sauce zu knusprig und krümelig wird – was wir nicht wollen. Den Wein angießen und alles garen, bis er verkocht ist.

Anschließend das Tomatenmark mit der Passata und 500 ml heißem Wasser untermischen. Mit etwa 1 TL Salz und einigen Umdrehungen der Pfeffermühle abschmecken. Zudecken, die Temperatur maximal reduzieren und die Sauce etwa 2 Stunden köcheln lassen, dabei ab und zu umrühren, damit nichts am Boden haften bleibt. Wenn ein Großteil der Flüssigkeit verkocht ist, weitere 250 ml warmes Wasser angießen, damit die Sauce

Fortsetzung folgende Seite >>

2 lange unbehandelte Zitronenzesten (ohne das Weiße)

etwas Butter zum Servieren, Zimmertemperatur (etwa 10 g pro Person)

geriebener Parmesan, zum Servieren

PASTA

Salz

120 g Spinatblätter

450 g plus 2 EL Mehl, Type 405, plus mehr zum Arbeiten

4 Eier (Größe M)

1 EL natives Olivenöl extra

Hartweizengrieß, zum Arbeiten

Für 6 Personen

nicht trocken wird, bei Bedarf auch mehr. Den Deckel abnehmen und die Sauce erneut abschmecken.

Die Zitronenzesten einlegen, gemeinsam weitere 30 Minuten zugedeckt köcheln lassen. Nach Bedarf Wasser hinzufügen. Im Auge behalten: Es sollte eine homogene Sauce entstehen. Warm halten.

Für die frische Pasta in einem Topf leicht gesalzenes Wasser zum Kochen bringen und den Spinat darin blanchieren. In ein Sieb abgießen, abkühlen lassen, dann das gesamte Wasser mit den Händen oder in einem Geschirrtuch fest ausdrücken. Den Spinat so fein wie möglich hacken, dann vollständig abkühlen lassen.

Das Mehl in eine große Schüssel füllen oder auf der Arbeitsfläche aufhäufen. In die Mitte eine Mulde drücken und die Eier darüber aufschlagen. Je 1 EL Olivenöl sowie Wasser und 1 TL Salz untermischen. Locker vermengen, dabei bei Bedarf Wasser hinzufügen. Zu einem weichen, geschmeidigen Teig verkneten. Erscheint er sehr fest, mit etwas mehr Wasser arbeiten oder die Hände bemehlen, wenn er zu feucht ist (jeweils nur wenig) und insgesamt 7–8 Minuten weiterkneten.

Den Teig in zwei Portionen teilen – die eine etwas größer als die andere – und diese in zwei separate Schüsseln geben. Unter die kleinere Teigportion den Spinat und 2 EL Mehl kneten, dabei die Hände bemehlen, falls der Teig zu feucht ist. Beide Schüsseln mit einem Geschirrtuch zudecken und den Teig vor dem Ausrollen mindestens 1 Stunde bei Zimmertemperatur ruhen lassen (bis zu einige Stunden, falls länger, die Geschirrtücher anfeuchten).

Die Nudelmaschine aufbauen und etwas Mehl sowie Hartweizengrieß und einige große Bleche oder Bretter bereithalten. Alternativ einige ausgebreitete Geschirrtücher bereitlegen. Die Bleche oder Geschirrtücher mit etwas Hartweizengrieß oder Mehl bestreuen.

Zuerst den Pastateig ohne Spinat ausrollen. Den Teig in drei gleich große Teile teilen. Jeweils mit den Händen ziemlich breit flach drücken, dann durch den Aufsatz mit der dicksten Einstellung durch die Nudelmaschine drehen. Den Teig wie ein Buch zusammenfalten, dann ein zweites Mal durch diese Einstellung drehen, dabei darauf achten, dass die Ränder so gerade wie möglich sind. Beide Seiten der Teigplatte mit etwas Mehl bestäuben. Die Walzen zwei Stufen enger einstellen und den Teig durch die Maschine drehen, dabei mit Mehl bestäuben, damit er nicht haften bleibt. Die Walze erneut um zwei Stufen verengen. Den Teig durchdrehen, dann die Teigplatten halbieren, um sie einfacher handhaben zu können.

Falls die Teigplatten nun nahezu 30 cm lang sind, diese erneut auf gleicher Stufe durch die Maschine drehen, damit sie noch etwas länger werden. Sind sie viel kürzer, den Teig auf zweitdünnster Walzeneinstellung erneut durchdrehen. Die fertigen Teigplatten nebeneinander auf die zuvor mit Hartweizengrieß oder Mehl bestäubten Bleche legen. Ein Teigdrittel ergibt nach dem Halbieren jeweils zwei Teigblätter, sodass sich zweimal sechs Platten ergeben. Die Platten sind ungefähr 11 × 32 cm groß und 2 mm dünn. Etwa 15 Minuten trocknen lassen, während der grüne Teig ausgerollt wird, dann auch diesen vor dem Schneiden trocknen lassen.

Zum Schneiden jede Teigplatte locker aufrollen. Diese Rollen vorsichtig ohne Druck in etwa 1 cm breite Streifen schneiden, die Bänder von Hand voneinander trennen. Alternativ mit der Maschine schneiden (dann vermutlich etwas dünner). Die Teigstreifen in Nestern oder Bündeln auf die mit Hartweizengrieß oder Mehl bestäubten Bleche oder Geschirrtücher setzen, damit sie nicht aneinanderkleben. Sie sind jederzeit kochfertig.

Zum Kochen die Teigstreifen auseinanderrollen und dabei den Hartweizengrieß oder das Mehl mit den Fingern abstreifen. Die Pasta einige Minuten in kochendem Salzwasser garen. Alternativ Spaghetti nach Packungsangabe garen. Mit einer Pastagabel direkt in Servierschalen heben. Darauf dann je 1 großzügige Portion Ragù und 1 kleinen Klecks Butter geben. Parmesan dazu reichen und sofort servieren.

Brodo

1 Karotte. 1 Stange Staudensellerie. 1 Stück Zwiebel oder Schalotte. etwas Salz. 1,5 l Wasser. Zugedeckt etwa 1 Stunde köcheln lassen. Heiß halten.

Cristians

BRACIOLE DELLA DOMENICA – SONNTAGS-RINDERROULADEN

ROULADEN (INVOLTINI)

30 g Petersilie, gehackt

3 Knoblauchzehen, fein gehackt

5 EL Olivenöl

Salz

12 dünne Scheiben Rindfleisch (Unterschale, Lende oder Rumpsteak), nicht zu mager, 3 mm dick geschnitten, à etwa 85 g

frisch gemahlener schwarzer Pfeffer

6 dünne Scheiben Kochschinken (à etwa 25 g), halbiert

12 dünne Scheiben Pecorino (à etwa 10 g), halbiert

Dieses Gericht bereitet Cristian zu, wenn er im Süden Italiens ist. Er erzählt von riesigen Töpfen mit Sauce, die ewig vor sich hin köcheln. Etwas grünes Gemüse auf dem Tisch. *Il vino del nonno.* Sonntagsessen in Neapel. Diese kleinen Fleischrouladen (Involtini) werden in großen Mengen Tomatensauce gegart und mit Pasta serviert. Man kann sie im Grunde genommen mit allem füllen: Salsiccia, Pancetta, Prosciutto crudo, jedem Hartkäse. Einige kochen auch Fleischbällchen und größere Fleischstücke in dem Sugo. Das Fleisch muss zart sein. Bitten Sie Ihren Fleischer, es in dünne Scheiben zu schneiden. Gönnen Sie sich während der Arbeit ein Glas herrlich kalten, spritzigen Rotwein aus Gragnano. Danach dann ein Eis. Oder einen Affogato.

Ich mag diese gefüllten Involtini auch sehr gern schön gebräunt und mit etwas Zitrone in der Pfanne (ohne Tomate, Zwiebel oder Rotwein); Rezept: Kalbfleisch mit Zitrone auf S. 155.

Für die Involtini die Petersilie mit Knoblauch und 2 EL Olivenöl in einer kleinen Schüssel kräftig salzen und vermischen.

Einige Rindfleischscheiben flach auf die Arbeitsfläche legen. Mit etwas schwarzem Pfeffer bestreuen und das Fleisch leicht salzen.

Je 1 Rindfleischscheibe mit 1 Stück Kochschinken belegen. Darauf dann 1 Stück Käse legen. Den Käse nach Bedarf in kleinere Stücke brechen, damit er in der Mitte liegt und beim Braten nicht herausläuft. Von dem Petersilienöl etwas hier und da auf der Oberfläche verteilen.

Die belegten Fleischscheiben nun nicht zu fest, aber kompakt zu etwa 12 cm langen Rouladen aufrollen. An beiden Enden mit Küchengarn (nicht zu fest) umwickeln (oder beide Seiten mit Zahnstochern fixieren). Die restlichen Scheiben ebenso verarbeiten.

In einer großen Pfanne mit recht hohen Wänden das restliche Olivenöl (3 EL) erhitzen, dann die Involtini einlegen. Stark von allen Seiten unter vorsichtigem Wenden goldbraun braten, dann auf einen Teller heben.

SAUCE

2 EL Olivenöl, plus mehr zum Servieren

1 rote Zwiebel, gehackt

4 Salbeiblätter

2 Knoblauchzehen, gehackt

250 ml Rotwein

4 Dosen (à 400 g) stückige Tomaten

2 getrocknete Lorbeerblätter

Salz

frisch gemahlener Pfeffer

einige Prisen Chilipulver

500 g Rigatoni oder Ziti (jeweils in 4 Stücke gebrochen)

Salz

ZUM SERVIEREN

frisch geriebener Parmesan

einige Basilikumblätter

Für 6 Personen

Für die Sauce das Olivenöl mit der Zwiebel und dem Salbei in die Pfanne rühren. Alles goldgelb anbraten, dann den Knoblauch 1 Minute mitgaren. Die Involtini samt ausgetretenem Fleischsaft zurück in die Pfanne geben. Umrühren, dann den Wein angießen. Kräftig garen, bis ein Großteil verkocht ist, dann die Tomaten und die Lorbeerblätter einrühren. Alles kräftig salzen und pfeffern. Die Tomatendosen mit etwas Wasser ausspülen (man benötigt insgesamt etwa 250 ml) und das Wasser beiseitestellen.

Die Sauce sprudelnd zum Kochen bringen und auf mittlerer Stufe 30 Minuten köcheln lassen. Dann das Wasser aus den Dosen sowie einige Prisen Chilipulver in die Pfanne rühren. Die Sauce zugedeckt 45 Minuten köcheln lassen, bis sie dickflüssig ist und die Involtini zart sind (zur Garprobe mit einer Gabel in das Fleisch stechen). Gegen Ende gegebenenfalls noch etwas Wasser hinzufügen und alles noch ein wenig länger garen, dann vom Herd nehmen. Die Involtini auf einen Teller legen und das Küchengarn entfernen (oder alles 2–3 Stunden garen, wie es in Neapel üblich ist).

Inzwischen die Nudeln nach Packungsangabe in kochendem Salzwasser garen.

Wenn die Sauce fertig ist, die Involtini zum Erhitzen wieder in die Pfanne setzen, dann die Pfanne vom Herd nehmen. Die fertig gegarten Nudeln abgießen – etwas Kochwasser auffangen. Die Pasta in eine Schüssel füllen und 1 Schuss Nudelwasser untermischen, damit die Nudeln nicht aneinanderkleben. Mit etwas Olivenöl und 1 Kelle der Sauce gut vermengen.

Die Nudeln auf Teller verteilen und 1–2 Involtini mit etwas Sauce daraufsetzen (oder die Involtini allein als *secondo* servieren). Mit geriebenem Parmesan, einigen Basilikumblättern und nativem Olivenöl extra beträufelt servieren.

Luisas

RIESEN-TORTELLO MIT STEINPILZEN UND SALBEI

TORTELLOTEIG

200 g Mehl, Type 405, plus mehr zum Arbeiten

2 Eier (Größe S)

1 TL natives Olivenöl extra

½ TL Salz

Hartweizengrieß, zum Arbeiten

FÜLLUNG

Salz

400 g junger Mangold mit einigen zarten Strünken (oder Spinat- oder Stängelkohlblätter)

200 g Ricotta

30 g frisch geriebener Parmesan

frisch geriebene Muskatnuss

frisch gemahlener Pfeffer

STEINPILZSAUCE

etwa 700 g frische Steinpilze, oder andere Waldpilze (etwa Pfifferlinge)

Luisa ist meine wunderbare Schwägerin und Freundin. Eine herausragende Köchin. Dieser große Tortello füllt den ganzen Teller, deshalb ist einer pro Person perfekt. Ich finde es toll, dass er so riesig ist. Diese Tortelli werden mit Mangold und Ricotta gefüllt. Ihre Schlichtheit ist einfach umwerfend. Falls keine Steinpilze aufzutreiben sind, verwenden Sie andere Waldpilze. Die Pfanne mit den kurz gebratenen Steinpilzen sieht schön aus und ist reichhaltig. Ich mag meinen Tortello auch mit Ragù oder mit frischen, in Butter knusprig gebratenen Salbeiblättern. Hartweizengrieß ist gröber als Mehl und trägt dazu bei, dass die Pasta beim Ausrollen nicht klebt.

Für den Tortelloteig das Mehl in einer großen Schüssel aufhäufen. In das Mehl eine Mulde formen, Eier darüber aufschlagen, dann Olivenöl, ½ EL Wasser und Salz untermengen. Alles zu einem lockeren Teig vermengen und bei Bedarf mehr Wasser einkneten. Dann den Teig auf einer Arbeitsfläche 7–8 Minuten kneten, bis er weich, glatt und nicht feucht ist (die Hände mit Mehl bestäuben). Den Teig in der Schüssel zudecken und mindestens 1 Stunde bei Zimmertemperatur ruhen lassen.

Für die Füllung etwas leicht gesalzenes Wasser in einem großen Topf zum Kochen bringen. Den Mangold darin in sich zusammenfallen lassen, dabei mit einem Holzlöffel umrühren. In ein Sieb abgießen und handwarm abkühlen lassen. Mit den Händen das Wasser ausdrücken. Den Mangold sehr fein klein schneiden. Mit Ricotta, Parmesan, reichlich Muskatnuss und ein wenig Salz sowie Pfeffer in einer Schüssel gründlich vermischen.

Für die Steinpilzsauce die Pilze mit einer weichen Bürste (oder Küchenpapier) und ein wenig Wasser von sämtlichen Verunreinigungen befreien und sauber abwischen. Besser nicht mit Wasser anspülen. Die Stiele und die Hüte voneinander trennen, dann die Stiele grob in Stücke schneiden. Die Hüte in etwa 5 mm dicke Scheiben schneiden.

Das Öl in einer großen beschichteten Pfanne erhitzen, dann den Salbei und den Knoblauch darin anbraten, bis es gut duftet und das Öl aromatisiert ist. Einige Prisen Chilipulver einstreuen und weitergaren. Dann die Pilze einrühren, salzen und pfeffern. Kräftig garen, bis die Flüssigkeit

3 EL natives Olivenöl extra

8 Salbeiblätter

3 Knoblauchzehen, gehackt

Chilipulver

70 g Butter

ZUM SERVIEREN

natives Olivenöl extra

frisch geriebener Parmesan

Für 5 Personen

verdunstet ist und die Steinpilze goldgelb sind. Zum Wenden eher die Pfanne schwenken, als die Pilze mit einem Löffel umzudrehen, damit sie fest bleiben und ihre Form behalten. Final abschmecken.

Den Pastateig ausrollen. Den Teig halbieren. Jeweils mit den Händen ziemlich breit flach drücken, dann durch den Aufsatz mit der dicksten Einstellung durch die Nudelmaschine drehen. Den Teig wie ein Buch zusammenfalten, dann ein zweites Mal durch diese Einstellung drehen, dabei darauf achten, dass die Ränder so gerade wie möglich sind. Beide Seiten der Teigplatte mit etwas Mehl bestäuben. Die Walzen zwei Stufen enger einstellen und den Teig durch die Maschine drehen, dabei mit Mehl bestäuben, damit er nicht haften bleibt. Die Walze erneut um zwei Stufen verengen. Den Teig durchdrehen. Der Streifen sollte jetzt etwa 12 × 64 cm messen und einige Millimeter dick sein. (Tortelli sollten nicht zu dünn sein, damit die Füllung Halt bekommt.) Den langen Streifen erneut auf dieser Stufe durch die Maschine drehen. Hat er nicht diese Größe, die Einstellung auf die zweitletzte Stufe stellen und den Teig noch einmal durchdrehen.

Den Teigstreifen auf ein mit Grieß bestreutes Blech legen und in 5 Quadrate (12 cm Kantenlänge) schneiden. Mit dem zweiten Teigstück wiederholen (insgesamt 10 Quadrate; Teigreste: in Form von Quadrucci kochen, serviert mit Butter und Parmesan – oder in einem Brodo, S. 137, garen.)

Die Füllung jeweils in die Mitte von fünf Quadraten häufen. Eine kleine Schüssel mit Wasser auf der Arbeitsfläche bereithalten. Die Ränder der unteren Teigquadrate mit etwas Wasser bestreichen, dann auf jedes Quadrat eines der restlichen fünf Teigquadrate legen – mit den Händen die obere Teigschicht über der Füllung glatt streichen, um sicherzustellen, dass keine Luft mehr im Inneren ist. Die Teigränder zusammendrücken und mit einer Gabel am Rand drücken, um die Tortelli zu versiegeln. Mit Hartweizengrieß und Mehl bestäubt auf dem Blech belassen.

Die Pilze mit der Butter erhitzen, dabei für eine flüssigere Sauce ein wenig Kochwasser angießen. Je 1 Tortello mit einem großen Schaumlöffel vorsichtig aus dem Topf heben und auf einen Teller legen. Die Pilze darauf verteilen, dabei ein wenig Kochwasser zum Befeuchten des Tortello hinzufügen. Großzügig Olivenöl darüberträufeln und alles pfeffern. Mit reichlich Parmesan bestreut sofort servieren.

SBIRULI, BURRATA, FEIGEN UND PROSCIUTTO

12 g frische Hefe oder 1 ¼ TL Trockenhefe

2 TL Honig

350 g Mehl, Type 550

150 g Weizenvollkornmehl

2 EL natives Olivenöl extra

2 TL Salz

SALZLAKE

1 TL Salz

2 EL natives Olivenöl extra, plus mehr zum Servieren

1 TL Sel de Guérande, Fleur de Sel oder Maldon Sea Salt

ZUM SERVIEREN

Burrata, Feigen, Prosciutto …

Ergibt 14 Stück

Diese köstlichen gedrehten Brotstangen sind leicht zu machen und ein toller Snack. Ich reiche sie gerne zu einem Teller mit Antipasti – ein vollständiges Mittagessen – mit halbierten Feigen und Prosciutto crudo. Oder mit Tomaten, grünen Oliven, Sardellen und Kapern.

Die Hefe zerkrümeln und mit dem Honig und einigen Handvoll der abgemessenen Mehle in 300 ml lauwarmem Wasser vermischen. Mit einem Geschirrtuch zudecken und etwa 10 Minuten bei Zimmertemperatur gehen lassen. Restliches Mehl, Olivenöl und Salz untermischen, alles zu einem lockeren Teig vermengen. Diesen auf der Arbeitsfläche einige Minuten verkneten, bis er weich und kompakt ist. Er wird ein wenig feucht erscheinen, aber das ist prima. Den Teig zurück in die Schüssel legen, mit einem Geschirrtuch zudecken und an einem warmen Ort 1 ½–2 Stunden ruhen lassen, bis er schön aufgegangen ist.

Den Backofen auf 190 °C (Umluft) vorheizen. Zwei Backbleche mit Backpapier auslegen.

Den Teig in Stücke von jeweils 60 g teilen (insgesamt etwa 14 Stück). Die Teiglinge auf der Arbeitsfläche ausrollen (Mehl sollte nicht erforderlich sein) und zu Stangen von 22–24 cm Länge formen. Die Stangen mit etwas Abstand etwa 10 Minuten auf den Blechen ruhen lassen (sie werden auf etwa 20 cm Länge schrumpfen).

Für die Salzlake 1 TL Salz in 2 EL frisch aufgekochtem Wasser auflösen, dann das Öl einrühren. Die Sbiruli mit einem Teelöffel oder einem Backpinsel mit der Lake großzügig längs bestreichen. Für eine ausgewogene Mischung den Backpinsel jedes Mal bis zum Boden eintauchen – es sollte ausreichend Lake vorhanden sein. Mit beiden Händen einen Sbirulo an beiden Enden hochheben. Die linke Hand in die eine Richtung und die rechte Hand in die andere drehen, die Teigstangen dabei insgesamt etwa fünfmal spiralförmig eindrehen. (Sie werden alle unterschiedlich aussehen, aber das ist in Ordnung.)

Fortsetzung folgende Seite >>

Die gedrehten Sbiruli wieder auf das Blech legen und leicht mit dem groben Sel de Guérande bestreuen (es ist schön, beim Essen hier und da auf einige Salzkörner zu beißen). Die Sbiruli nacheinander 12–15 Minuten im Ofen backen, bis sie goldgelb, ein wenig aufgegangen und lecker sind — nicht zu hart und knusprig, aber auch nicht blass und teigig. Aus dem Ofen nehmen und dünn mit Olivenöl beträufeln. Vor dem Verzehr auf dem Blech ein wenig abkühlen lassen.

Meine Salzsorten:
Fleur de Sel
Sel de Guérande
Maldon Sea Salt

ZU DEN SBIRULI

Kochschinken, Feigen, Mozzarella-Zopf & Trüffel

—

Kirschen & Burrata

—

Prosciutto crudo, Dicke Bohnen, Pecorino-Brösel & Honig

—

Kirsch- & Ochsenherztomaten, Sardellen, Büffelmozzarella, Basilikum, Kapern, grüne Oliven, Olivenöl, Chilipulver

—

Pfirsiche, Stracchino, Trüffel

Darios

DREI-TAGE-PIZZA

Ergibt 1,5 kg Pizzateig/6 Pizzas (à 250 g)

Dieses Rezept stammt von meinem Freund und Physiotherapeuten Dario. In letzter Zeit bereite ich meine Pizza am liebsten so zu. Mit sehr wenig Hefe entsteht ein leichter, leckerer Teig. Die Zubereitung dauert 3 Tage – einfacher geht's nicht – es lohnt sich wirklich. Wenn man also zum Beispiel am Sonntagabend (unser Pizzaabend) Pizza backen möchte, beginnt man mit der Zubereitung des Teigs am Freitagabend. Ich verwende hier häufig Mehl alter Getreidesorten anstelle von Weißmehl.

TAG 1 (abends): 5 g zerbröselte Hefe in 500 ml lauwarmem Wasser auflösen, dann in einer Schüssel mit 350 g Mehl Type 550 und 150 g Weizenvollkornmehl zu einem Brei verrühren. Den Teig zugedeckt bei Zimmertemperatur ruhen lassen.

TAG 2 (nachmittags): 350 g Mehl Type 550 und 150 g Weizenvollkornmehl, 1 EL Olivenöl, 1 TL Vollrohrzucker und 1 TL Salz untermischen. Für einen lockeren Teig 50–100 ml lauwarmes Wasser hinzufügen (die benötigte Menge variiert je nach Mehl und Luftfeuchtigkeit). Auf der Arbeitsfläche 4–5 Minuten zu einem glatten Teig kneten. Fühlt sich der Teig zu feucht an, die Hände mit Mehl bestäuben und behutsam weiterkneten. Den Teig wieder in die Schüssel legen, zudecken und bis zum Folgetag in den Kühlschrank stellen.

TAG 3, 3 Stunden vor dem Backen: Den Teig aus dem Kühlschrank nehmen und Zimmertemperatur annehmen lassen. Dann kurz in der Schüssel durchkneten, in 6 Kugeln à 250 g aufteilen. Mit Abstand und auf der Ober- und Unterseite mit Mehl bestäubt auf ein Backblech legen und mit einem Tuch zudecken (oder in eine Gärschublade aus Holz legen, wie sie in Italien üblich sind). Die Teiglinge an einem warmen Ort ruhen lassen.

Für die Tomatensauce in einer Schüssel 435 g Tomatenfruchtfleisch, 2 EL Olivenöl, ½ TL Salz und etwas schwarzen Pfeffer sowie 1 TL zuvor leicht mit den Fingern zerbröselten getrockneten Oregano verrühren.

Den Backofen auf höchster Stufe vorheizen. Die Teigkugeln nacheinander verarbeiten. Etwa 1 EL Olivenöl auf dem Boden eines runden Pizzablechs (etwa 32 cm Ø) verstreichen. Eine Teigkugel auf dem Blech mit den Handflächen zu einem Kreis flach drücken. Falls sich der Teig nicht dehnen lässt, diesen noch 5 Minuten ruhen lassen, dann erneut versuchen. Im Anschluss verrate ich, wie wir unsere Pizzen häufig belegen.

LA SCHIACCIATA (BIANCA)

2 Knoblauchzehen klein hacken, mit 2 EL Olivenöl vermischen und dann auf dem backfertigen Pizzaboden verteilen. 1 guten EL gehackten Rosmarin darüberstreuen. Großzügig mit Fleur de Sel und etwas Pfeffer bestreuen, dann 6–7 Minuten auf der unteren Schiene goldgelb backen. Mit einem Pizzarad aufschneiden und sofort servieren. Diese Pizza ist mit einigen Scheiben Finocchiona (Fenchel-Salami) besonders lecker.

LA MARINARA (ROSSA)

Eine meiner Lieblingspizzen. Und so einfach. 2 EL Olivenöl mit 1 grob gehackten großen Knoblauchzehe vermischen, kurz ziehen lassen. Den Pizzaboden bis etwa 1 cm vom Rand entfernt mit 150 ml der zubereiteten Tomatensauce mit der Rückseite eines Löffels bestreichen. Das Öl mit dem Knoblauch so gleichmäßig wie möglich darüberträufeln und ½ TL Oregano darüber zerbröseln. Mit Fleur de Sel bestreuen und auf der unteren Schiene etwa 7 Minuten backen, bis der Boden goldgelb und knusprig ist. Herausnehmen, aufschneiden und mit 6–7 Basilikumblättern bestreut servieren.

STÄNGELKOHL (CIME DI RAPA), ZITRONE, SAHNE, SALSICCIA (BIANCA)

Falls kein Stängelkohl aufzutreiben ist, kann hier Brokkoli gemischt mit Chicorée oder irgendein bitter schmeckendes Blattgemüse verwendet werden. Das Blattgemüse ist ausreichend für 2 Pizzen. Reste eignen sich auch als Pastasauce.

Für das Blattgemüse 300 g (geputzt) Stängelkohlblätter mit einigen zarten Stängeln und sogar Blüten grob klein schneiden. In einem Topf mit leicht gesalzenem kochendem Wasser 1 Minute blanchieren. Abgießen, dabei das Kochwasser zurückbehalten. 2 EL Olivenöl in einer Pfanne erhitzen und 2 gehackte Knoblauchzehen sowie 1 kleine Prise zerdrückte getrocknete Chilischote darin anbraten, bis es duftet. Das Blattgemüse darin einige Minuten verrühren, damit es den Knoblauch aufnehmen kann. Noch 1 Schuss des Kochwassers, 1 guten TL unbehandelte Zitronenschale, 1 EL Zitronensaft und 3 EL Sahne einrühren. Salzen, pfeffern und einige Minuten kochen, sodass nur noch ein wenig dickflüssige Flüssigkeit in der Pfanne ist. Die Pfanne vom Herd nehmen.

1 EL Olivenöl auf den Pizzaboden träufeln. Die Hälfte des Blattgemüses darauf verteilen. 1 große italienische Rohwurst vom Darm befreien, das Brät in Stücken auf der Pizza verteilen. 40 g Frühlingszwiebeln (der weiße und der grüne Teil) darüberstreuen. Die Pizza auf der unteren Schiene

etwa 8 Minuten backen, bis der Boden an den Rändern goldgelb ist (diese Pizza braucht aufgrund des Blattgemüses etwas länger). Aus dem Ofen nehmen und mit 80 g klein geschnittenem Mozzarella sowie 30 g geriebenem Pecorino oder Parmesan bestreuen. Kräftig pfeffern, den Käse auf der oberen Schiene gratinieren. Aufschneiden und heiß servieren.

RAGÙ (ROSSA)

Die Lieblingsversion meiner Mom! 125 ml Tomatensauce auf dem Pizzaboden mit der Rückseite eines Löffels gleichmäßig verstreichen, dabei einen kleinen Rand freilassen. 250 ml Ragù (S. 135) gleichmäßig darauf verteilen. Die Pizza auf der unteren Schiene im Ofen 7–8 Minuten goldgelb backen. 80 g in kleine Stücke gezupften Mozzarella hier und da verteilen und auf der oberen Schiene im Ofen einige Minuten überbacken. Aus dem Ofen nehmen. Mit 3 EL geriebenem Parmesan bestreuen. Aufschneiden, einige Basilikumblätter darüberstreuen und heiß servieren.

ZUCCHINI, SARDELLENFILETS UND AMALFI-ZITRONE (BIANCA)

Eine meiner Lieblingspizzen. 1 EL Olivenöl auf den Pizzateig träufeln. 1 kleine bis mittelgroße gestreifte Zucchini längs in 3 mm dünne Scheiben schneiden. 1 Amalfi-Zitrone (oder eine andere süßliche, nicht bittere Sorte) in 2–3 mm dünne Scheiben schneiden (8 Scheiben) – und vor allem am Rand, aber auch in der Mitte des Pizzabodens verteilen. Fleur de Sel über die Zitronen streuen, dann mit 1 gutem EL gehacktem Rosmarin bestreuen. 7–8 nicht zu kleine abgetropfte Sardellenfilets in große Stücke teilen, hier und da verteilen. Die Pizza auf der unteren Schiene 7–8 Minuten goldgelb backen. Mit etwa 80 g in kleine Stücke gezupftem Mozzarella sowie reichlich Pfeffer bestreuen. Auf der oberen Schiene gratinieren.

PANCETTA, GORGONZOLA & MASCARPONE DUETTO (ROSSA)

Ludis Liebling. Den Boden mit Tomatensauce bestreichen (1 cm Rand lassen). 10 dünne Scheiben ungeräucherte Pancetta darauflegen. Sie bedeckt den Boden vollständig, wird aber schrumpfen und sollte deshalb großzügig bemessen sein, wenn die Scheiben klein sind. Darauf 8–9 kleine halbierte Scheiben Salamino piccante (scharfe Salami) hier und da verteilen (etwa 20 g). Auf der unteren Schiene im Ofen etwa 8 Minuten goldgelb backen, bis die Pancetta knusprig ist. Mit 80 g in kleine Stücke gezupftem Mozzarella sowie 60 g Mascarpone & Gorgonzola Duetto hier und da bestreuen. Auf der oberen Schiene einige Minuten gratinieren. Aufschneiden, einige große Minzeblätter daraufgeben und genießen.

HÄHNCHENSCHNITZEL MIT MARSALA UND PROSCIUTTO CRUDO

6 Scheiben Hähnchenbrust, 5 mm dick, nicht geklopft (à etwa 75 g)

6 dünne Scheiben Prosciutto crudo

2 EL Olivenöl

35 g Mehl, Type 405

Salz

frisch gemahlener schwarzer Pfeffer

9 Salbeiblätter

3 Knoblauchzehen, abgezogen

50 g Butter, in grobe Stücke geschnitten

125 ml süßer oder trockener Marsala

Für 3 Personen

Dies ist ein köstlicher *secondo* – kurz angebratenes Hähnchenfleisch mit Prosciutto und Marsala. Ich mag es gern mit süßem Marsala, der aber durch trockenen ersetzt werden kann. Als Beilage passt dazu einfach sautiertes Blattgemüse.

Die Hähnchenscheiben flach nebeneinanderlegen und jeweils mit 1 Scheibe Prosciutto belegen. Mit 1–2 Zahnstochern fixieren, dabei das Fleisch so flach wie möglich drücken, damit es gleichmäßig bräunt.

Das Öl recht kräftig in einer großen beschichteten Pfanne erhitzen. Das Hähnchenfleisch von beiden Seiten leicht im Mehl wenden, den Überschuss abschütteln und das Fleisch mit der Prosciutto-Seite nach unten in die heiße Pfanne legen. Etwas Salz (Prosciutto ist im Allgemeinen schon salzig) und 1 Prise schwarzen Pfeffer darüberstreuen. Den Salbei und den Knoblauch überall in der Pfanne verteilen. Das Fleisch wenden, sobald der Prosciutto knusprig und goldgelb ist. Etwas schwarzen Pfeffer darübermahlen (kein Salz auf dieser Seite) und einige Minuten weitergaren, bis die Unterseite schön goldgelb, der Salbei knusprig und das Fleisch durchgebraten ist. Falls der Knoblauch zu stark bräunt, kann man ihn auf die Schnitzel legen.

Die Butterstücke hinzufügen und durch Schwenken in der Pfanne verteilen, während sie schmelzen. Einige der knusprigen Salbeiblätter herausnehmen und zum Servieren auf einen Teller legen, einige in der Pfanne belassen. Wenn es brutzelt, den Marsala angießen und die Temperatur ein wenig reduzieren. Weitergaren, bis die Sauce leicht eindickt, glänzt und sirupartig ist. Die Pfanne aus dem Handgelenk vorsichtig schwenken und kippen, sodass alles mit der reichhaltigen Sauce überzogen wird. Dann sofort servieren.

KALBSKOTELETTS MIT ZITRONE, SARDELLENFILETS UND KAPERN

2 EL Olivenöl, plus mehr zum Braten

1 TL Speisestärke

1 guter EL in Essig eingelegte Kapern, abgetropft und trockengetupft

2 Kalbskoteletts am Knochen (à etwa 290 g)

2 Knoblauchzehen, abgezogen

etwa 8 Salbeiblätter

45 g Butter

2 lange unbehandelte Zitronenzesten (ohne das Weiße)

etwa 5 hochwertige, in Öl eingelegte Sardellen, abgetropft

Salz

frisch gemahlener schwarzer Pfeffer

3 EL Weißwein

4 EL Zitronensaft

2 TL gehackte Petersilie

Für 2 Personen

In Italien schmeckt mir jedes gebratene Fleisch aus der Pfanne gut. Man kann auch dünne *scaloppine* (kleine Schnitzel) verwenden, die schneller gar sind. Köstlich mit Parmesankartoffeln (S. 159) und sautiertem Spinat oder grünen Bohnen.

In einer kleinen Pfanne 1 Schuss Olivenöl erhitzen. Die Speisestärke auf einen kleinen Teller streuen, die Kapern darin wenden. Überschüssige Stärke abschütteln, dann die Kapern in dem Öl braten, dabei die Pfanne schwenken, bis die Kapern rundum knusprig sind. Vom Herd nehmen und die Kapern auf einem kleinen Teller beiseitestellen.

Das meiste Fett von den Koteletts abschneiden, nur wenig dranlassen. Die Koteletts mit einem Fleischhammer etwa 1 cm dick flach klopfen, dann den Fettrand der Koteletts mit einer Schere einschneiden – an einer oder zwei Stellen und nur einige Millimeter tief – damit sich das Fleisch in der Pfanne nicht wölbt. Das Fleisch sorgfältig mit feuchtem Küchenpapier abreiben, um kleine Knochenstücke zu entfernen.

Öl, Knoblauch, Salbei und die Hälfte der Butter in einer großen Pfanne, die alle Koteletts aufnehmen kann, erhitzen. Wenn die Salbeiblätter anfangen zu knistern, den Großteil der Blätter an den Rand schieben und die Koteletts auf die wenigen in der Mitte geben. Die Zitronenzesten einlegen. Die Sardellen im buttrigen Öl zergehen lassen. Die Oberseiten mit Salz und Pfeffer bestreuen (Achtung, die Sardellen sind bereits salzig) und sehr kräftig braten, bis sie auf den Unterseiten goldbraun sind. Die Koteletts schnell wenden, den Knoblauch und die Salbeiblätter zu den Kapern auf den Teller setzen (oder auf das Fleisch legen) und die Oberseiten salzen und pfeffern. Wenn die Unterseiten schön goldbraun sind, den Wein angießen. Die Pfanne schwenken, um den Bratsatz zu lösen. Den Wein einkochen lassen.

Die restliche Butter (22,5 g) mit dem Zitronensaft in die Pfanne mischen, die Sauce köcheln und andicken lassen. Wenn die Kalbskoteletts goldbraun und durchgegart sind, diese aus der Pfanne nehmen und auf einen Teller legen, während die Sauce eindickt (falls sie länger brauchen, in der Pfanne belassen). Das Fleisch mit Petersilie bestreuen und mit reichlich Sauce, Salbeiblättern und Kapern sowie mit schwarzem Pfeffer servieren. (Die Zitronenzesten schmecken sehr gut, wenn sie goldbraun geworden sind.)

ARROSTO MISTO – BRATENMIX

1,6 kg Schweinelende (am Rückgrat)

etwa 900 g Lammkeule oder -schulter, überschüssiges Fett entfernt

1 Hähnchen (1,2 kg)

4 italienische Würste (Salsicce), halbiert (etwa 360 g Gesamtgewicht)

Salz

frisch gemahlener Pfeffer

jeweils 30 g Salbeiblätter und Rosmarinnadeln, klein gehackt

4 Knoblauchzehen, fein gehackt

140 ml Olivenöl

Salz

frisch gemahlener Pfeffer

>>

Wenn eine italienische Nonna zum Mittagessen einlädt, durchzieht häufig ein herrlicher Duft von gebratenem Fleisch das Haus. In Italien kann man diese gemischten Fleischgerichte so wunderbar zubereiten. Dies hier ist für mich ein Meisterwerk und ein echtes Festmahl.

Ich habe hier eine einfache Kombination gewählt. Sie können auch Perlhuhn verwenden, ein Stück Rindfleisch, in große Stücke geschnittenes Kaninchenfleisch, Rippchen – jedes beliebige Fleisch. Da die Stücke unterschiedlich lange Garzeiten haben können, die fertigen Stücke herausnehmen und auf einen Teller legen. Bitten Sie in der Metzgerei darum, die Schweinelende vollständig vom Knochen zu lösen (garen und servieren Sie diesen aber unbedingt mit dem weiteren Fleisch). Das Lammstück sollte an einigen Stellen bis zum Knochen eingeschnitten werden, dann kann man es leichter servieren. Hierzu passen sehr gut separat geröstete Kartoffeln und gemischtes sautiertes Blattgemüse.

Den Backofen auf 200 °C (Umluft) vorheizen. Einen großen beschichteten Bräter bereitstellen (meiner misst 27 × 35 cm).

Falls nicht schon beim Kauf geschehen, die Schweinelende vollständig vom Knochen lösen und beiseitelegen.

Das Fleisch säubern und das Hähnchen trockentupfen. Alles (nicht die Salsicce) rundherum großzügig mit Salz und Pfeffer bestreuen.

Salbei, Rosmarin, Knoblauch und 6 EL des Olivenöls mit etwas Salz und Pfeffer in einer Schüssel sorgfältig vermischen.

Das Fleisch, auch die Seiten, rundherum mit diesem Kräuteröl bestreichen. Das Hähnchen auch von innen damit einreiben.

Das restliche Olivenöl (etwa 3 EL) im Bräter verteilen.

Fortsetzung folgende Seite >>

250 ml Weißwein

4 dicke Scheiben Weißbrot mit Kruste (150 g), in 4 cm große Stücke geschnitten

AUSSERDEM

4 Holzspieße (15 cm lang)

Für 8–10 Personen

Das Hähnchen mit der Brustseite nach unten zusammen mit Schweinelende, Rückenknochen und Lammfleisch in den Bräter legen. Das Ganze etwa 30 Minuten im Ofen rösten, bis das Fleisch goldgelb ist. Alle Fleischstücke vorsichtig wenden (die Brustseite ist jetzt oben) und den Wein in die Bratform gießen. Die Backofentemperatur des Hähnchens auf 180 °C (Umluft) reduzieren. Das Fleisch weitere 15 Minuten garen, bis es schön goldbraun ist.

Das Brot auf die Holzspieße (4–5 Stücke pro Spieß) schieben. Den Bräter aus dem Ofen nehmen, die Brotspieße in der Sauce wenden und auf den Rückenknochen legen, damit sie nicht den gesamten Bratensaft aufnehmen. Die Salsicce auf dem Boden des Bräters verteilen und alles gemeinsam weitere 30–40 Minuten rösten. Prüfen, ob etwas trocken wird oder anbrennt – dann 1 Schuss Wasser angießen. Die Spieße auf einen Teller legen, wenn sie goldgelb sind (nach etwa 20 Minuten) und die Würste samt Fleisch weitergaren, bis sie durchgegart sind. Das sollte je nach Ofen und verwendeten Fleischsorten etwa 80 Minuten in Anspruch nehmen. Das fertig gegarte Fleisch jeweils aus dem Bräter nehmen und zum Warmhalten mit Alufolie abdecken, während der Rest weitergart. Mit einem Spieß prüfen, ob die Schweinelende fertig ist – der austretende Fleischsaft sollte klar sein. (Falls erforderlich, das Hähnchen und die Salsicce länger im Ofen belassen.)

Das gesamte Fleisch aus dem Bräter nehmen und auf einer Servierplatte ruhen lassen. Die Bratform auf den Herd stellen und heiß werden lassen, dann 3–4 EL frisch aufgekochtes Wasser hinzufügen, bei niedriger Temperatur mit einem Holzlöffel oder einem Schneebesen den Bratsatz zu einer Sauce verrühren. Mit einem Löffel in eine Schüssel schöpfen.

Zum Servieren das Schweinefleisch in dünne Scheiben und das Lammfleisch in Stücke schneiden. Das Hähnchen in Portionen aufteilen. Alles auf einer warmen Servierplatte anrichten und mit der Schüssel mit Bratensauce sowie jeweils einigen gerösteten Brotstücken servieren.

Yasmines
PARMESANKARTOFFELN

1 kg vorwiegend festkochende Kartoffeln, geschält und in mittelgroße Stücke geschnitten

Salz

3 EL Olivenöl

4 Knoblauchzehen, fein gehackt

frisch gemahlener Pfeffer

1 kleine Handvoll Thymian

40 g frisch geriebener Parmesan

20 g Butter

Fleur de Sel

Für 6–8 Personen

Madame Flamingo erhält ihr kleidsames Pink, weil sie sich von Algen und Salzwasserkrebsen ernährt. Noch jemand? Guten Appetit!

Ich liebe es, wenn meine Tochter Yasmine in der Küche werkelt. Sie ist großartig und wild entschlossen. Sie zeigt mir oft neue Gerichte und Aromen, die sie interessant findet. Diese knusprigen Kartoffeln mit Knoblauch hat Yasmine für ein Mittagessen an Weihnachten zubereitet. Sie sind mittlerweile Tradition.

Den Backofen auf 200 °C vorheizen. Ein Backblech mit Backpapier auslegen. Die Kartoffeln in reichlich gesalzenem Wasser 5–6 Minuten kochen, bis sie gerade eben weich sind, dann abgießen.

Olivenöl, Knoblauch und einige Prisen Pfeffer in einer großen Schüssel vermischen. Reichlich Thymianblätter und einige ganze Zweige hinzufügen. Die Kartoffeln darin gründlich wenden. Alles in einer Lage auf dem Backblech verteilen. Den Parmesan darüberstreuen, alles mit etwas Salz bestreuen und vorsichtig vermischen. Die Kartoffeln etwa 15 Minuten im Ofen rösten, dann die Butter in Flöckchen darauf verteilen und alles vorsichtig vermengen.

Den Ofen auf Umluft umstellen, falls vorhanden. Dann die Kartoffeln 20–25 Minuten rösten – oder länger, falls erforderlich –, bis die Kartoffeln goldbraun sowie hier und da knusprig sind. Dann mit Fleur de Sel bestreut servieren.

PANNACOTTA MIT ERDBEEREN UND VANILLE

PANNACOTTA

2½ Blätter Gelatine, (12 g insg.)

500 g Sahne

200 ml Milch

65 g Zucker

1 EL Brandy

½ Vanilleschote, der Länge nach aufgeschlitzt (oder ½ TL Vanilleextrakt)

ERDBEEREN

250 g reife süße Erdbeeren

2 EL Zitronensaft

15 g Butter

30 g Zucker

Für 6 Personen

Eine meiner Lieblingsspeisen – so einfach und pur. Ich mag sie sogar ohne Früchte. Oder mit Karamellsauce (S. 365). Die Pannacotta muss einige Stunden im Kühlschrank fest werden. Die erforderliche Menge an Gelatine ist kompliziert. Ich mag meine Pannacotta, wenn sie nicht zu fest, nur gerade eben geliert ist. Zu wenig – und sie fällt in sich zusammen. Zu viel – und sie verliert ihre fragile Schönheit. Manchmal verwende ich nur 10 g, aber mit 12 g ist man auf der sicheren Seite. Im Sommer auf gekühlten Tellern servieren (und wenn es zu heiß ist, nicht im Freien!).

Die Gelatineblätter in einer Schüssel mit kaltem Wasser 10–15 Minuten einweichen lassen.

Inzwischen die Sahne mit Milch, Zucker und Brandy in einem Topf vermischen. Das Vanillemark auskratzen, in die Sahne rühren, auch die Schote einlegen. Alles sanft zum Köcheln bringen. Den Topf vom Herd nehmen.

Die Gelatine mit den Händen ausdrücken, die Blätter unter Rühren in der heißen Sahne auflösen. Diese abkühlen lassen, dabei mit dem Schneebesen umrühren.

Die Vanilleschote entsorgen, die Sahnemasse auf sechs Förmchen (à 150 ml) verteilen. Die abgekühlte Pannacotta abdecken und vor dem Servieren 6 Stunden (oder über Nacht) in den Kühlschrank stellen.

Die Erdbeeren samt Grün waschen, dann in einem Geschirrtuch trockentupfen. Die Stiele und Kelchblätter abschneiden, die Erdbeeren vierteln und jedes Viertel in drei Scheiben schneiden (oder mehr, wenn die Erdbeeren groß sind). In einer Schüssel mit dem Zitronensaft vermengen.

Die Butter rasch in einer Pfanne zerlassen, den Zucker und die Erdbeeren darin unter Rühren einige Minuten zu einer sämigen, wohlriechenden Fruchtsauce köcheln lassen. Vom Herd nehmen und abkühlen lassen.

Zum Servieren die Pannacottaförmchen aus dem Kühlschrank nehmen, mit den Fingern an die Ränder klopfen. Die Pannacotta jeweils in eine Servierschale stürzen. Die Form und die Schüssel ziemlich kräftig schütteln, bis die Pannacotta aus der Form in die Schüssel gleitet. (Gegebenenfalls müssen die Böden der Formen zum Lösen einige Sekunden lang – nicht länger – in eine Schüssel mit heißem Wasser getaucht werden.) Je 1 guten EL Fruchtsauce um die Pannacotta anrichten, sofort servieren.

LIQUEUR

Giovannis CROSTATA

125 g kalte Butter, gewürfelt

250 g Mehl, Type 405, plus mehr zum Arbeiten

100 g Zucker

Salz

1 TL unbehandelte fein abgeriebene Zitronenschale

1 Ei (Größe M), leicht verquirlt

220 g Pflaumenkonfitüre (S. 163) oder eine andere Sorte (nicht zu süß)

1 Eigelb, mit etwas Milch verquirlt, als Eistreiche zum Glasieren

Ergibt 1 Crostata (24 cm Ø)

Giovanni mag seine Crostata genau so: mit einem rundum dicken Rand aus Teig. Er backt diesen Kuchen, seit ich ihn kenne. Er hat das Rezept in seinem Rezeptkasten, in dem er insgesamt etwa 15 Rezepte aufbewahrt. Er hat ihn als Kind von Giovanna bekommen, die manchmal auf die Kinder aufgepasst hat.

Die Butter in eine große Schüssel füllen. Mehl, Zucker und Salz (etwa ½ TL) hinzufügen, dann alles mit den Händen vermengen und die Butter dabei zu kleinen sandigen Klumpen in das Mehl einarbeiten. Die Zitronenschale und das verquirlte Ei hinzufügen. Vorsichtig von unten nach oben arbeiten und alles zu einem Teig vermengen. Diesen leicht flach drücken, in Frischhaltefolie wickeln und etwa 1 Stunde in den Kühlschrank stellen.

Den Backofen auf 180 °C vorheizen. Eine Kuchen- oder Springform (24 cm Ø) bereitstellen.

Zwei Drittel des Teigs für den Boden verwenden. Auf einer bemehlten Arbeitsfläche diesen größeren Anteil rund ausrollen, etwas größer als die Form (also 26 cm Ø). Den Teig über ein Nudelholz hängen und so in die Form gleiten lassen, dass er den gesamten Boden und die Ränder etwa 1 cm hoch bedeckt. Dann die Seiten mit den Fingern nach unten drücken, um einen dickeren Rand (etwa 5 mm) zu erhalten.

Die Konfitüre mit einem Teigspatel bis zu den Rändern gleichmäßig auf dem Boden verstreichen. Den restlichen Teig ausrollen und daraus 12 dünnen Streifen unterschiedlicher Länge formen. Die Streifen diagonal als Gitter über die Konfitüre legen: sechs Streifen in die eine und sechs in die andere Richtung. Dabei die längeren in die Mitte legen und passend abschneiden. (Aus Teigresten können ein oder zwei Kekse für die Köchin oder den Koch gebacken werden.) Die Teigstreifen und die Ränder sehr vorsichtig mit der Eistreiche betupfen. Dabei darauf achten, die Streifen nicht in die Konfitüre zu drücken.

Die Crostata etwa 30 Minuten im Ofen goldgelb backen. Der Boden sollte fest sein, die Konfitüre schön blubbern und ein wenig dickflüssig erscheinen. Vor dem Aufschneiden in der Form abkühlen lassen.

PFLAUMENKONFITÜRE MIT VIN SANTO UND VANILLE

1,5 kg Pflaumen (vorwiegend rot)

1 Vanilleschote, längs halbiert

etwa 600 g Zucker

Saft und fein abgeriebene Schale (ohne weiße Haut) von 1 kleinen Zitrone

5 EL Vin Santo

Ergibt 1,3 kg oder 2 Gläser à 650 g

Pflaumenkonfitüre gehört wegen ihrer Farbe und ihres Geschmacks zu meinen Favoriten. Sie eignet sich fantastisch für eine Crostata. Da ich sie leicht säuerlich mag, geize ich beim Zucker. Die Menge kann aber abhängig von den verwendeten Pflaumen angepasst werden.

Die Pflaumen abspülen und in Stücke schneiden, von den Steinen befreien. Mit den weiteren Zutaten in einem großen hohen (um Spritzer zu vermeiden) Topf zum Kochen bringen, dann sofort die Temperatur reduzieren und offen unter häufigem Rühren etwa 1 Stunde köcheln lassen.

Die Konsistenz prüfen, kräftig durchrühren und bei niedriger Temperatur 15 Minuten weiterköcheln lassen, bis die Konfitüre breiig-stückig, dunkel und auf der Oberfläche klebrig ist. Große Stücke können mit einem Kartoffelstampfer zerstampft werden, aber ich mag sie leicht stückig sehr gern. Darauf achten, dass nichts am Boden haftet und anbrennt, vor allem gegen Ende des Kochvorgangs, wenn sie dickflüssiger wird (beim Garen auf Gas einen Hitzeverteiler verwenden).

Mit einem Löffel eine kleine Menge auf einen Teller setzen, um zu prüfen, ob sie fertig ist. Den Teller leicht kippen – wenn die Konfitüre geliert ist, sollte sie nicht sofort verlaufen. Gegebenenfalls länger kochen, bis sie fertig ist, dann heiß in sterilisierte Gläser füllen und mit Deckeln verschließen. Die Gläser auf den Kopf stellen, mit einem Geschirrtuch zudecken und abkühlen lassen. Die erkalteten Gläser umdrehen und prüfen, ob sich unter dem Deckel ein Vakuum gebildet hat. An einem kühlen dunklen Ort aufbewahren. Das geöffnete Glas in den Kühlschrank stellen und die Konfitüre innerhalb 1 Monats verbrauchen.

In Italien ist die beste Zeit für Pflaumen Ende Juli.

BABA AU RHUM MIT AMALFI-ZITRONE

BABA

12 g frische Hefe oder
1 ¼ TL Trockenhefe

45 g Zucker

3 EL lauwarme Milch

4 Eier (Größe M)

100 g weiche Butter, plus mehr für die Förmchen

300 g Mehl, Type 550, plus mehr für die Förmchen

Salz

Diese herrlich fluffigen, in süßem Rumsirup getränkten Baba sorgen den ganzen Nachmittag über für gute Laune. Dies ist das Rezept von Cristian aus Sant'Antonio Abate. Wenn er zu uns kommt, hat er immer einen Korb voller Zitronen aus dem Garten seines Großvaters dabei. Diese Küchlein schmecken sogar ohne Sirup gut – mit einem Cappuccino oder längs halbiert, auf der Innenseite leicht geröstet und mit Butter und Konfitüre bestrichen.

Man benötigt 10 Baba-Backförmchen oder ähnliche Formen (oben 6 cm Ø, unten 4 cm Ø, 6 cm hoch).

Für die Baba die Hefe in einer kleinen Schüssel mit etwa 1 EL des Zuckers und Milch vermischen. Etwa 10 Minuten bei Zimmertemperatur gehen lassen.

Die Eier mit einem elektrischen Rührgerät (Schneebesen) in einer Schüssel cremig rühren. Die Hefemischung vorsichtig einquirlen. Butter, Mehl, restlichen Zucker (etwa 30 g) und 2 kräftige Prisen Salz hinzufügen. Alles vorsichtig verrühren, bis der Teig an den Rührbesen hochklettert (alternativ einen Flachrührer verwenden). Den Teig mit einem Teigspatel von den Wänden nach unten schaben und weiter gründlich rühren. Der Teig wird sehr locker und feucht sein. Mit einem Teigspatel den Teig von den Rührbesen und den Händen in die Schüssel abstreifen.

Die Schüssel mit einem Geschirrtuch abdecken und den Teig an einem warmen Ort 1 ½ Stunden, nach Bedarf auch länger, ruhen lassen, bis er schön sichtbar aufgegangen ist.

Die Baba-Förmchen bis zum oberen Rand buttern und bemehlen. Mit einem Teelöffel einen großen Haufen Teig aus der Schüssel nehmen, dann den Teig mit einem anderen Teelöffel in die Form schieben. Noch 1 TL in die Form setzen. Mit dem restlichen Teig und den Förmchen ebenso verfahren – jedes Förmchen sollte also 2–3 TL Teig erhalten. Die Förmchen auf die Arbeitsfläche klopfen, damit sich der Teig gleichmäßig setzt. Bis zum oberen Rand sollten 2 cm frei bleiben. Die Förmchen auf ein Backblech stellen und locker mit einem Geschirrtuch zudecken. Die Babas an einem warmen Ort 1 Stunde ruhen lassen, bis der Teig leicht über den Rand der Förmchen hinaus aufgegangen ist.

SIRUP

3 lange unbehandelte Amalfi-Zitronenzesten (oder Zesten anderer hochwertiger Zitronen), plus 2 EL Saft von dieser Zitrone

300 g Zucker

2 EL Zitronenblütenhonig oder Blütenhonig

250 ml weißer Rum

Ergibt 10 Stück

Sfusato Amalfitano (Amalfi-Zitrone) ist eine typische spitz zulaufende Form der Frucht.

Blassgelb, intensiver Duft, cremeweiße Blüten und reich an ätherischen Ölen. Die perfekte Zitrone!

Inzwischen den Backofen auf 180 °C vorheizen. Das Blech mit den Babas auf der mittleren Schiene einschieben und die Babas 20–25 Minuten im Ofen backen, bis sie schön aufgegangen und goldbraun sind. (Gegen Ende im Auge behalten, damit die Oberseiten nicht verbrennen. Die Seiten müssen goldgelb und durchgebacken sein.) In den Förmchen abkühlen lassen.

Für den Sirup 300 ml Wasser, Zitronenzesten, Zitronensaft sowie Zucker in einem Topf 5 Minuten köcheln lassen. Vom Herd nehmen, dann den Honig und den Rum einrühren. Etwa 250 ml des Sirups mit einem Löffel in einen kleinen Krug füllen, um ihn später zu servieren.

Die abgekühlten Babas portionsweise mit dem Kopf nach unten in den restlichen heißen Sirup tauchen, darin wenden und einige Minuten einweichen lassen, damit sie den Sirup aufnehmen können. Vorsichtig mit einem Schaumlöffel herausheben, kopfüber auf eine Servierplatte setzen und bis zum Servieren etwas Sirup darübergeben.

Die Babas auf individuellen Tellern servieren. Zum zusätzlichen Beträufeln zu jeder Portion 1 kleines Glas Rumsirup reichen – für mich sind 2 EL pro Portion die perfekte Menge (manche mögen auch ein wenig ungesüßte Schlagsahne darüber). Sirupreste können in ein kleines Glas abgeseiht und getrunken werden.

4

Mississippi, Gumbo, Wäscheleinen, Sazerac-Cocktails & Pfirsiche, Satchmo, Fats Domino, Neville Brothers, Glyzinien, Jambalaya

Station in New Orleans

WAHRE GESCHICHTEN: Wir fuhren durch North und South Carolina, durch Georgia, nach Jacksonville. Vorbei an dampfenden Kneipen mit Budweiser-Werbung, durch Obstplantagen, am Mississippi entlang, vorbei an schlammigen Lagunen, Bächen und weiter nach Louisiana. In der Ferne konnte ich vage die Pfirsichbäume erkennen.

Nicci D. und ich kamen mit dem Greyhound-Bus in New Orleans an. Das war 1991. Ich war 23, ungefähr so alt, wie meine Töchter heute, während ich dies schreibe. In New Orleans war es für diese Jahreszeit schon heiß, und eine feuchte Brise umwirbelte uns mit Blättern im Hof eines kleinen B & B. Während wir darauf warteten, unser Zimmer zu beziehen, fragten wir die Eigentümerin an der Rezeption, die unsere Anmeldung ausfüllte, was sie am Wochenende machte. Wenn ich es nicht falsch verstanden habe, sagte sie: Manchmal ging sie mit ihrer Tochter auf Alligatorenjagd. Anscheinend banden sie ihren Hund (einen Chihuahua) an das Ende eines Mopps und hängten ihn über den Fluss. Das unaufhörliche Kläffen des Hundes lockte bald einen Alligator hervor, dem sie dann mit dem Mopp auf den Kopf schlugen – zack. Es folgten Grillabende, Alligatoreintöpfe und -pies!

Wir konnten uns nur schwer vorstellen, woher die kleine, vergnügte Dame die Kraft für solche Wochenendaktivitäten nahm. Wir schlichen in unser Zimmer – und fragten uns, ob das alles real war. Wir hatten Angst zu fragen, was ihr Mann an den Wochenenden wohl trieb.

Als ich herausfand, dass das Jazzfestival gerade begann, blieb ich. Ein paar Tage später war ich in einem Café, mit einem Vanille-Milchkaffee in der Hand, und suchte einen Sitzplatz. Ein junger Mann, David, las gerade die Sternzeichen und fragte nach einer Waage. Obwohl ich keine war, bat ich um den Platz neben ihm. Ich erzählte, dass ich wegen des Festivals bleiben, gerne hier arbeiten wollte. Er stand auf und ging. Zwanzig Minuten darauf rief mich die Dame an der Theke zum Telefon. Ich sagte, das könnte nicht sein – niemand in der Welt wusste, dass ich dort war, auch Nicci D. nicht. »Bist du Tessa?«, fragte sie. Es war David, der anrief, um mir die Nummer von Brenda MacB. zu geben. Am nächsten Tag begann ich, für einen japanischen Kabelsender zu arbeiten, der das Jazzfestival aufnahm. Ich liebe es, wenn sich auf diese Weise die Dinge ergeben – das Glück des richtigen Moments. Los ging's!

Die Arbeit war spannend. Manchmal tippte ich bei Kaffee und Gebäck Memos ab, erstellte Broschüren, dazwischen filmte ich und half bei allem, was so anfiel. Die Ohren und Seele erfüllenden Klänge kamen überhallher. Man sagt, man könne zwischen zwei Zelten Blues und gleichzeitig Jazz lauschen.

Eines Tages hörte ich in einer Pause Michael McDonald auf einer Wiese. Es gab viele Größen. B. B. King. Wynton Marsalis. The Meters. Ich pfiff mich durch Country, Cajun, Rhythm 'n' Blues und trabte im Takt. Im Gospelzelt stoppte ich wie angewurzelt, denn die Tonlage der vielen Stimmen hallte ganz oben von meinem Kopf tief in meinen Körper hinein und ließ mir die Haare zu Berge stehen. Oft hatte ich den Impuls, aufzustehen und »Danke!«

zu rufen, richtig laut zu singen und einen eigenen Beifallschor anzustimmen.

Eines Abends holte ich in einem kleinen Truck das Essen für die Neville Brothers. Po'boys (Louisiana-Sandwich), Brathuhn und Blätterteigteilchen – ein Höhepunkt in meinem Lebenslauf.

Häufig holte ich mir abends auf dem Heimweg von der Arbeit einen Frozen Strawberry Daiquiri zum Mitnehmen und lief durch das wundervolle French Quarter nach Hause. Ich konnte nicht umhin und ging jedes Mal in die Bar, wenn ich die ältere griechische Dame Piano spielen sah. Mit einem Paillettenschal oder einer -jacke über ihren Schultern. Auf dem Klavier stand ein großes, einem Aquarium ähnliches Glas zum Sammeln der Dollars. Sie war eine Schönheit, die mich in einen entspannten Zustand versetzte – ganz im Augenblick – und irgendwie ordneten sich so meine Gedanken und Ereignisse des Tages.

Meine Tage waren ausgefüllt – intensive und einmalige, wundervolle Momente, wie Lichterketten aneinandergereiht durch die außergewöhnlichen Beats und das allgegenwärtige Summen der Musik. Eines Abends war ich nach der Arbeit zum Abendessen bei Keith K. eingeladen. Viele vom Filmteam waren dort. Das Abendessen wurde auf einer aufgebockten roten Tür serviert. Unvergesslich: Krebs. Kartoffeln. Zwiebeln. Mais. Knoblauch. Meersalz.

An einem regnerischen Samstagnachmittag saß ich in einer Bar an der Theke. Der Mann neben mir trank Bier mit Tabasco. Halb und halb, erklärte er mir. Okay, ich konnte sehen, dass es nicht genau die Hälfte war. Aber in jedes kalte Bier kam, wenn es hingestellt wurde, eine gesunde Dosis davon – viel mehr, als irgendjemand bei einer Mahlzeit vertragen hätte. Er erzählte mir, er sei Bob Dylan. Vielleicht war er das auch wirklich.

Von meinem Balkon aus konnte ich den Fluss sehen. Ich schlief zu den Melodien ein, die in meinem Kopf herumschwirrten. Ich träumte von *Yellow Moon* der Neville Brothers und Gumbo. Von Südstaatengrün, Pekannüssen, Magnolien und dem dunklen, saftigen Kuchen, den wir eines Abends am Mississippi aßen.

Die Luft war dick und voller Feuchtigkeit, Stürmen und Melodien. Ein Kochtopf mit allem, was dazugehört – raffinierte klassisch französische Küche bis hin zu großen, dampfenden Töpfen mit Ouélélé (»Mischmasch«), italienischen Feinkost-Sandwiches und frittierten Butterkrebsen oder Garnelen. Kekse mit Schokostückchen, Crystal Hot Sauce, die man über Austern-Po'boys und Pies gießt, sowie Tony Chachere's Creole Seasoning – ein Gewürz, das immer auf dem Tisch steht.

Eines Tages aßen wir in einem hübschen Restaurant zu Mittag, wo es rot-weiß karierte Tischdecken gab, die mit Papier abgedeckt waren. Alle aßen Krebs und warfen die Schalen auf einen Haufen auf den Boden. Auch ich.

Als es Zeit war zu gehen, schenkte David mir ein Buch mit einer wunderschönen Widmung, samt Postfachadresse. So konnten wir all die Jahre in Kontakt bleiben. Auch nach dem Hurrikan, der so viele verstreut und entwurzelt hat. Das Postfach gab es immer noch. Erstaunlich, welche Dinge bleiben – selbst wenn so vieles um einen herum weggespült wird.

Ich wusste, dass dies eine der besten Erfahrungen war, die ich jemals machen würde. Eines Tages werde ich wieder dorthin zurückkehren – komme, was wolle – in die üppigen Sümpfe. Um zu sehen, ob all das wahr ist ..

Station in New Orleans

Frozen Strawberry Daiquiri 176

Gegrillte Austern 179

Flusskrebs-Teigtaschen 180

Buttermilk biscuits – Kleine Buttermilchbrötchen 182

Frittiertes Buttermilch-Hähnchen 183

Hähnchen-Gumbo mit Würstchen 186

Judys Erdbeer-Shortcake 188

Pekannusskuchen 191

Mississippi Mudpie 192

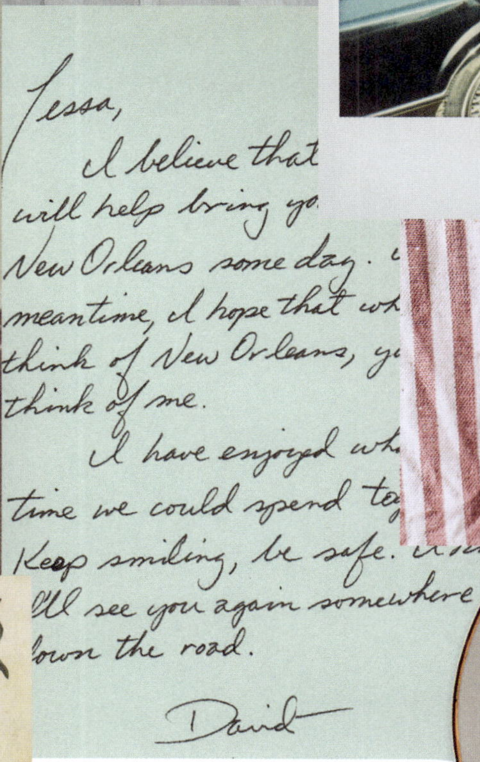
Tessa,
I believe that
will help bring yo
New Orleans some day.
meantime, I hope that wh
think of New Orleans, yo
think of me.
I have enjoyed wh
time we could spend tog
Keep smiling, be safe.
I'll see you again somewhere
down the road.

David

Ο ΑΟΡΑΤΟΣ ΚΟΣΜΟΣ
ΧΑΡΤΗΣ
ΧΕΔΙΟΥ ΠΟΛΕΩΣ
ΘΕΣΣΑΛΟΝΙΚΗΣ
VERO

SOUTH SEA ISLES
PAN AMERICAN

FROZEN STRAWBERRY DAIQUIRI

250 g reife Erdbeeren

3 EL Limettensaft

4 EL weißer Rum (nach Belieben auch mehr oder weniger)

ZUCKERSIRUP

3 EL Vollrohrzucker

Für 1–2 Personen

In New Orleans habe ich an vielen Abenden nach der Arbeit Frozen Strawberry Daiquiri in einem großen Becher – zum Mitnehmen – getrunken. Was für ein Spaß! Passen Sie die Menge des Rums an Ihren Geschmack an – es schmeckt sogar auch ohne wunderbar!

Für den Sirup den Zucker mit 3 EL Wasser in einem kleinen Topf zum Kochen bringen. Etwa 1 Minute köcheln lassen, bis sich der Zucker auflöst. Dann vom Herd nehmen und abkühlen lassen.

Die Erdbeeren waschen, von Kelch und Stielen befreien. In einem Metallbecher (gefriertauglich) glatt pürieren. Limettensaft, Rum und Zuckersirup unterrühren. Einfrieren, bis die Masse dickflüssig ist und getrunken werden kann. Oder bis sie ziemlich fest ist, dann ungefähr 10 Minuten vor dem Servieren aus dem Gefrierfach nehmen und antauen lassen. Die fertige Masse in die Gläser füllen. Sie schmilzt darin noch, daher nicht abwarten, bis sie ganz weich ist. Cheers!

Erdbeeren sind gut gegen Sonnenbrand.

Die offizielle Frucht des US-Bundesstaates Louisiana ist die Erdbeere.

GEGRILLTE AUSTERN

etwa 20 mittelgroße Austern (gut 1 kg)

35 g altbackenes Brot ohne Rinde, in Stücke gezupft

Olivenöl, zum Braten

80 g weiche Butter

4–5 EL gehackte Petersilie

3 Knoblauchzehen, fein gehackt

2 EL fein gehackte Frühlingszwiebeln, die weißen und grünen Teile

frisch gemahlener Pfeffer

ZUM SERVIEREN

Zitronenviertel

Tabasco

Für 2–4 Personen

Dies hier sind weiche, butterzarte gratinierte Häppchen mit viel Knoblauch. Ich mag sie mit einem Tropfen Tabasco beträufelt.

Die Austernschalen unter fließendem Wasser abschrubben. Das Austernfleisch herauslösen: Die Auster mit einem gefalteten Geschirrtuch in einer Hand halten und ein Austernmesser oder ein kleines Messer mit breiter Klinge zwischen die Schalen schieben. Das Messer drehen und so die Schale anheben, an der Unterseite den Muskel durchtrennen und das Fleisch herauslösen. Dann das Austernfleisch einschließlich Wasser in die untere Schale legen. Kleine feste Bestandteile entfernen.

Den Backofen auf 220 °C vorheizen. Ein paar Stücke Alufolie locker zerknüllen und auf ein tiefes Backblech legen (zum Fixieren der Austernschalen).

Das Brot in einer Küchenmaschine kurz stoßweise in kleine, ungleich große Stückchen zerkleinern (stückiger als normale gekaufte Semmelbrösel).

Ein paar Tropfen Öl in einer beschichteten Pfanne erhitzen und die Croûtons darin bei sanfter Temperatur unter Rühren rösten, bis sie getrocknet und gerade goldgelb sind (sie kommen noch in den Ofen, daher jetzt noch nicht braun werden lassen). Die Pfanne vom Herd nehmen.

Die Butter in einer Schale mit Petersilie, Knoblauch und Frühlingszwiebeln vermischen. Mit etwas frisch gemahlenem Pfeffer würzen.

Die Austern in das Alufolienbett auf dem Backblech setzen und leicht hineindrücken, damit sie nicht umkippen. Auf jeder Auster etwa 1 TL Knoblauch-Petersilien-Butter verteilen und dann mit Croûtons bestreuen (je nach Anzahl an Austern können Reste der Butter und Semmelbrösel anderweitig verwendet werden). Die Austern etwa 15 Minuten im Ofen (obere Schiene) goldbraun überbacken. Die Butter sollte brutzeln, die Croûtons knusprig und an den Rändern dunkel-goldbraun werden (fertige Austern herausnehmen und die anderen zu Ende backen). Nur leicht abkühlen lassen, dann mit etwas ausgepresster Zitrone und 1 Tropfen Tabasco über jeder Auster servieren.

FLUSSKREBS-TEIGTASCHEN

TEIG

125 g kalte Butter, gewürfelt

170 g Mehl, Type 405, plus mehr zum Arbeiten

¼ TL Salz

80 g saure Sahne

½ Ei (Größe M), verquirlt, zum Bestreichen (den Rest für das Rührei am nächsten Tag aufbewahren)

FÜLLUNG

50 g Butter

½ Zwiebel, gehackt

30 g Staudensellerie, entfädelt und klein gehackt

30 g grüne Paprikaschote, von Samen und Trennwänden befreit, klein gehackt

300 g Flusskrebsschwänze (frisch oder TK), Scampi oder geschälte Garnelen (etwa 20 Garnelen), entdarmt und in Stücke geschnitten

ein paar Thymianzweige

1 EL Cognac

2 EL Mehl

2 EL Passata (Glas)

5 EL Sahne

Salz

frisch gemahlener Pfeffer

Tabasco

Ergibt 14–15 Stück

Diese kleinen Teigtaschen sind köstliche Pies mit einer wunderbaren Füllung, sie eignen sich prima für Partys. Die Füllung schmeckt auch mit heißem Reis köstlich. Flusskrebsschwänze sind nicht leicht erhältlich – stattdessen können Sie auch dicke Garnelen oder Scampi verwenden.

Für den Teig die Butter mit Mehl und Salz in einer weiten Schüssel mit den Fingern zu einem krümeligen Teig vermischen. Dann die saure Sahne hinzufügen. Alles zu einem glatten Teig vermengen. Er ist nun ziemlich feucht. Den Teig etwas flach drücken, abdecken und etwa 1 Stunde kalt stellen.

Inzwischen für die Füllung die Butter in einer beschichteten Pfanne zerlassen. Zwiebel, Sellerie und Paprikaschote darin bei mittlerer Temperatur goldbraun braten. Die Flusskrebsschwänze oder Garnelenstücke mitbraten, bis sie goldgelb werden. Dann ein paar Thymianblätter einstreuen. Den Cognac angießen und alles kochen, bis der Alkohol verdampft ist. Die Flusskrebsschwänze oder Garnelen auf einen Teller heben (damit sie nicht zu lange garen).

Das Mehl in die Pfanne streuen, mit dem Bratsaft klümpchenfrei verrühren und goldgelb anschwitzen. Passata, Sahne und 5 EL Wasser untermischen, die Sauce mit Salz und Pfeffer abschmecken. Ein paar Spritzer Tabasco hinzufügen. Aufkochen lassen und unter Rühren einige Minuten köcheln, damit sich die Aromen verbinden. (Nicht zu stark einkochen, die Sauce sollte jedoch dicklich werden.) Die Flusskrebsschwänze oder Garnelen wieder untermischen und dann die Pfanne vom Herd nehmen. Alles abkühlen lassen.

Den Backofen auf 190 °C vorheizen. Ein Backblech mit Backpapier auslegen.

Den Teig halbieren. Auf einer mit Mehl bestäubten Arbeitsfläche eine Hälfte zu einem etwa 26 × 30 cm großen und 3 mm dünnen Rechteck ausrollen. Mit einem Glas oder Keksausstecher daraus Taler (etwa 10 cm Ø) ausstechen (Teigreste erneut verkneten und ausrollen). Auf jeden 1–2 EL Füllung setzen, dabei darauf achten, dass jeweils auch dickflüssige Sauce dabei ist. Die inneren Ränder mit verquirltem Ei bestreichen und den Teig über der Füllung zu Halbmonden zusammenklappen. Zum Verschließen die Ränder mit einer Gabel vorsichtig festdrücken. Die Halbmonde auf das vorbereitete Backblech legen, mit Ei bestreichen und den Vorgang mit dem restlichen Teig wiederholen.

Sämtliche Teigtaschen etwa 20 Minuten im Ofen backen, bis sie schön goldgelb sind. Herausnehmen und vor dem Servieren unbedingt leicht abkühlen lassen.

Zichorienkaffee, Beignets, das ist New Orleans, plus ein paar Pekannüsse aus Louisiana in der Tasche und Vergissmeinnichtse.

BUTTERMILK BISCUITS – KLEINE BUTTERMILCHBRÖTCHEN

300 g Mehl, Type 405, plus mehr zum Arbeiten

¼ TL Salz

2 TL Backpulver

¼ TL Backnatron

2 kräftige Prisen Zucker

125 g kalte Butter, gewürfelt, plus 20 g zerlassene Butter, zum Bestreichen und Servieren

170 ml Buttermilch

Ergibt 9 Stück

Diese Brötchen schmecken köstlich, wenn sie noch warm aus dem Ofen kommen und außen knusprig und innen weich sind – zum Frühstück mit etwas kalter Butter und Eiern! Sie passen auch mittags oder abends toll, mit mediterranem Blattgemüse und gebratenem Hähnchen.

Den Backofen auf 190 °C vorheizen. Ein Backblech mit Backpapier auslegen.

Mehl, Salz, Backpulver, Natron, Zucker und Butter in einer großen Schüssel vermischen. Die Butter mit den Fingerspitzen darin zerkrümeln. Dann die Buttermilch hinzufügen und alles zu einem weichen, glatten Teig vermischen, aber nicht zu sehr kneten.

Dann den Teig auf einer leicht mit Mehl bestäubten Arbeitsfläche zu einem großen Rechteck (etwa 16 × 18 cm) und etwa 2 cm dick ausrollen.

Die Innenseite eines Keksausstechers oder Glases mit etwa 6,5 cm Ø mit Mehl bestäuben und fest in den Teig drücken. So daraus Taler ausstechen. Diese auf das Backblech legen. Dabei Teigreste umdrehen und auf den ausgerollten Teig drücken, damit er nicht noch einmal ausgerollt werden muss. (Diese Brötchen sehen dann etwas gröber aus, aber das ist in Ordnung.)

Die Oberfläche der Taler mit der zerlassenen Butter bestreichen. Dann etwa 25 Minuten im Ofen backen, bis sie oben und unten goldgelb sind – die Brötchen sollten außen knusprig und in der Mitte weich, aber schön durchgebacken sein. Noch warm aufgeschnitten, mit etwas Butter servieren.

FRITTIERTES BUTTERMILCH-HÄHNCHEN

1 Hähnchen (1,2 kg), in 12 Stücke geschnitten (mit Haut und Knochen)

250 ml Buttermilch

1 TL getrockneter Oregano

½ TL Knoblauchpulver

2–3 kräftige Prisen Cayennepfeffer

3 TL Salz

frisch gemahlener Pfeffer

ein paar Thymianzweige

250 g Mehl, Type 405

3 TL edelsüßes Paprikapulver

Sonnenblumenöl, zum Frittieren

Louisiana Hot Sauce (Chilisauce), etwa Crystal Hot Sauce oder Tabasco, zum Servieren

Für 4–6 Personen

Frittiertes Hähnchen ist immer ein Genuss! Dank dieser Buttermilchmarinade (die idealerweise mehrere Stunden oder sogar über Nacht einziehen sollte) bleibt es innen saftig und nach dem Frittieren noch eine ganze Zeit knusprig, sodass man es auch bei Zimmertemperatur servieren kann. Ich liebe dazu Buttermilchbrötchen (S. 182), Okraschoten (S. 97) oder grüne Bohnen und Kartoffelpüree (S. 29).

Die Hähnchenstücke trockentupfen und in eine zum Marinieren geeignete Schale legen. Buttermilch, Oregano, Knoblauchpulver, Cayennepfeffer, 1 TL Salz und etwas frisch gemahlenen Pfeffer hinzufügen. Reichlich Thymianblätter darüberstreuen und alles gründlich vermengen. Abdecken und ein paar Stunden, am besten über Nacht, im Kühlschrank ruhen lassen.

Das Fleisch mindestens 1 Stunde vor dem Frittieren herausnehmen. Das Mehl in eine Ofenform füllen. Paprikapulver, restliches Salz (2 TL) und etwas Pfeffer hinzufügen. Alles gründlich vermischen.

Eine große breite Pfanne ein paar Zentimeter hoch mit Öl füllen und bei mittlerer Temperatur erhitzen. (Ich nehme so wenig Öl wie möglich, aber es muss ein paar Zentimeter hoch stehen.) Die Hähnchenstücke nacheinander aus der Marinade nehmen und diese abschütteln, dann im Mehl wälzen, sodass sie rundum damit bedeckt sind. Von allen Seiten sehr gründlich mit Mehl bedecken. Dann vorsichtig in das heiße Öl legen. Die Stücke jeweils langsam frittieren, bis sie knusprig sind, und wenden, wenn sie dunkelgelb werden. Aber nicht zu oft wenden, damit die Panade nicht aufbricht. Das Hähnchen muss gar werden, daher darf die Öltemperatur nicht zu hoch sein – andernfalls wird es zu schnell dunkel. (Man kann für einen Augenblick einen Deckel auflegen, damit es besser gart. Dann den Deckel wieder abnehmen und weiter frittieren.)

Wenn das Hähnchen überall dunkelgelb und gar ist, auf einen mit Küchenpapier belegten Teller oder auf ein Gitter legen. Warm servieren und etwas scharfe Sauce dazu reichen.

real New Orleans
SHUCKED TO ORDER
ALLIGATOR
LOUISIANA
MOLAS
TABAS
BRAND
PEPPER SA

HÄHNCHEN-GUMBO MIT WÜRSTCHEN

420 g kleine feste Okraschoten

6 rohe Schweinswürste (etwa 500 g insg.)

75 g gepökelte oder geräucherte scharfe Wurst (zum Beispiel Andouille)

6 Hähnchen-Unterschenkel

Gumbo ist ein herrliches, sättigendes und die Seele füllendes Gericht, das auf viele Arten und mit unterschiedlichen Zutaten zubereitet wird. Krabben, Krebs, Okraschoten, Würstchen und Austern, so oder so angedickt – doch manche haben ihre eigenen, unabdingbaren Regeln. Jeder scheint sein eigenes Gumbo-Rezept zu haben, und dies hier ist meines. Ich mag eine gute Portion Okraschoten in meinem Gumbo sowie etwas Mehlschwitze zum Andicken. Mein Freund David sagt, dass für ihn das Wort »Gumbo« bedeutet, dass alles hineingemischt wird, was verfügbar ist und dem Koch schmeckt. Aber er versucht, sich an die traditionellen Zutaten zu halten.

Ich habe gelesen, dass manche Köche ihre Mehlschwitze bis zu 1 Stunde lang rühren, um die gewünschte dunkle Farbe zu erhalten, und es gibt ein paar wunderbare Beschreibungen, die als Richtschnur dienen können – zum Beispiel Hauttöne, Mahagoni, Erdnussbutter, Karamell ... Welchen Farbton auch immer Sie bevorzugen, passen Sie auf, dass nichts anbrennt. Cassia sagt, es schmeckt wie eine Pie-Füllung! Servieren Sie das Gumbo mit heißem Reis.

Die Okraschoten unter kaltem Wasser abspülen, dann mit einem kleinen, abgerundeten Messer die oberen Stielansätze abschneiden, ohne die Schoten zu verletzen. Auf ein Küchentuch legen und in der Sonne trocknen lassen.

Zwei der Schweinswürste vom Darm befreien und das Brät in Stücke schneiden. Die anderen ein paar Mal mit einer Gabel einstechen. Die gepökelten oder geräucherten Würste pellen und in 2–3 mm dicke Stücke schneiden, dann diese halbieren.

Eine große, unbeschichtete Pfanne mit hohem Rand erhitzen. Die ganzen und klein geschnittenen Würste sowie die Hähnchen-Unterschenkel darin bei hoher Temperatur (Öl ist nicht nötig) von allen Seiten goldbraun anbraten. Die Würstchen auf einen Teller legen, wenn sie fertig sind, und falls nötig das Hähnchenfleisch weiter braten, bis es goldbraun ist, dann ebenfalls auf den Teller legen. Den Bratsatz abkratzen und zu dem Fleisch mischen.

50 g Butter

50 g Mehl, Type 405

1 große Zwiebel (180 g), fein gehackt

140 g Staudensellerie, entfädelt und klein gehackt

je 2 kleine grüne und rote Paprikaschoten, von Samen und Trennwänden befreit, klein gehackt (60 g insg.)

125 ml stückige Tomaten (Dose)

frisch geriebene Muskatnuss

¾ TL gemahlener Piment

1 EL Worcestershiresauce

2 große getrocknete Lorbeerblätter

½ TL Salz

frisch gemahlener Pfeffer

ein paar Spritzer Tabasco

750 ml Gemüsebrühe oder 1 Brühwürfel, in heißem Wasser aufgelöst

1 TL Weißweinessig

3 EL gehackte Petersilie

gegarter Reis, zum Servieren

3 EL Schnittlauchröllchen

Louisiana Hot Sauce (Chilisauce), etwa Crystal Hot Sauce, zum Servieren

Für 4–6 Personen

Etwa 280 g der ganzen Okraschoten nebeneinander in die Pfanne legen (es sollte noch ausreichend Fett darin sein). Die Temperatur leicht reduzieren und die Schoten etwa 10 Minuten weich garen, bis sie rundum goldgelb und etwas knusprig sind. Auf einen Teller legen.

Die Butter in der Pfanne zerlassen (diese muss zuvor nicht ausgewischt werden). Wenn sie geschmolzen ist, das Mehl einrühren, die Temperatur reduzieren. Den Pfanneninhalt je nach Hitze etwa 25 Minuten unter Rühren langsam zu einer flüssigen, karamellfarbenen Mehlschwitze rösten. (Dabei gut aufpassen und stetig rühren, damit sie nicht anbrennt. Falls nötig, die Temperatur reduzieren.)

Das gehackte Gemüse unterrühren, dann unter Rühren alles etwa 10 Minuten sanft köcheln lassen, bis es goldbraun und weich ist. Die Tomaten einrühren, dann das gebratene Hähnchenfleisch und sämtliche Würstchen, etwas Muskatnuss, Piment, Worcestershiresauce, Lorbeerblätter, etwa ½ TL Salz und frisch gemahlenen Pfeffer hinzufügen. Tabasco sowie die Brühe hinzufügen, den Topfdeckel auflegen und alles zum Kochen bringen. Bei niedriger Temperatur 40 Minuten köcheln lassen, dabei von Zeit zu Zeit umrühren.

Die restlichen rohen Okraschoten in etwa 1,5 cm große Stücke schneiden und mit 125 ml Wasser hinzufügen. Den Essig hineinträufeln und alles zugedeckt noch 10 Minuten köcheln lassen. Dabei die Pfanne ab und zu schwenken, bis die Okraschoten gar sind. Die ganzen bereits gegarten Okraschoten einlegen, alles noch ein paar Mal schwenken und kurz weiterkochen. Die Petersilie einstreuen und den Gumbo abschmecken.

Den Reis auf Teller verteilen, den Gumbo darübergeben und mit Schnittlauch bestreuen. Nach Belieben scharfe Sauce dazu reichen.

Judys
ERDBEER-SHORTCAKE

250 g Mehl, Type 405, plus mehr zum Arbeiten

1 EL Backpulver

25 g Zucker

Salz

75 g kalte Butter, gewürfelt, plus mehr für die Form

2 Eigelb, verquirlt

150 g Sahne

ZUM SERVIEREN

etwa 250 g Erdbeeren

2 EL Zucker

200 g Sahne

¼ TL Vanilleextrakt

Für 8–10 Personen (1 Kuchen, 20 cm Ø)

Dies ist einer meiner absoluten Lieblingskuchen – ich kenne ihn schon seit meiner Kindheit. Ich liebe seine unebene Oberfläche. Das fühlt sich wie zu Hause an. Manchmal serviere ich ihn noch warm, innen mit Butter bestrichen und mit Erdbeerscheiben belegt. Die Erdbeeren in Louisiana sind etwas Besonderes.

Den Backofen auf 200 °C vorheizen und eine Springform (20 cm Ø) einfetten.

Mehl, Backpulver, Zucker und 2 kräftige Prisen Salz in einer großen Schüssel vermischen. Die Butter hinzufügen und mit den Fingerspitzen mit dem Mehl verkneten, bis kleine Krümel entstehen. Die Eigelbe und die Sahne kurz untermengen. Den Teig vorsichtig in der Schüssel kneten und dabei das Mehl einarbeiten, bis der Teig weich ist. In die vorbereitete Form legen und sanft an den Seiten andrücken, aber nicht zu fest. (Wenn er an den Händen klebt, diese mit etwas Mehl bestäuben.)

Den Shortcake etwa 25 Minuten im Ofen backen, bis er schön goldgelb und aufgegangen ist. Aus dem Ofen nehmen und vollständig abkühlen lassen.

Vor dem Servieren den Kuchen vorsichtig mit einem Brotmesser quer halbieren. Die Erdbeeren waschen, gründlich trockentupfen und von den Stielansätzen befreien. Die Beeren in etwa 4 mm dünne Scheiben schneiden. Mit 1 EL Zucker vermengen. Die Sahne mit einem elektrischen Rührgerät steif schlagen. Wenn sie beginnt, fest zu werden, das Vanilleextrakt und den restlichen Zucker (1 EL) hinzufügen und weiter schlagen, bis die Sahne Spitzen bildet. Die Erdbeeren auf der unteren Kuchenschicht verteilen. Die Sahne darauf verteilen. Die obere Kuchenschicht vorsichtig auflegen.

Den Kuchen mit einem Brotmesser in dicke Stücke schneiden – dabei vorsichtig mit sägenden Bewegungen arbeiten und keinen Druck auf das Messer ausüben, damit nichts verrutscht – nach Belieben mit weiteren Erdbeerscheiben servieren.

PEKANNUSSKUCHEN

TEIG

250 g Mehl, Type 405, plus mehr zum Arbeiten

125 g kalte Butter, gewürfelt, plus mehr für die Form

25 g Zucker

Salz

1 Ei, verquirlt

FÜLLUNG

225 g Zucker

150 g Sahne, plus mehr zum Servieren, nach Belieben

70 g Butter

325 g Pekannusskerne, halbiert

feine Meersalzflocken (etwa Maldon Sea Salt), zum Bestreuen

Ergibt 1 Kuchen (26 cm Ø)

Hiervon kann ich nie genug bekommen. Wir essen ihn auch gerne in der Weihnachtszeit. Lassen Sie sich nicht von der Zubereitung des Karamells abschrecken – das geht ganz einfach. Hier verwende ich eine Springform, aber eine andere Form derselben Größe eignet sich ebenso.

Für den Teig das Mehl und die Butter in einer Schüssel mit den Fingern zerkrümeln. Den Zucker und 2 kräftige Prisen Salz untermengen. Das Ei hinzufügen. Eiskaltes Wasser (etwa 2 EL) untermischen, sodass sich der Teig zu einer weichen Kugel formen lässt. Dann abdecken und etwa 45 Minuten im Kühlschrank ruhen lassen.

Den Backofen auf 180 °C vorheizen. Eine Springform (26 cm Ø) ausbuttern.

Den Teig auf einer mit Mehl bestäubten Arbeitsfläche rund (32 cm Ø) und ein paar Millimeter dünn ausrollen. Die Platte vorsichtig locker um das Nudelholz legen und in die Form gleiten lassen. Andrücken, die Seiten doppelt umklappen, sodass ein 3 cm dicker Rand entsteht. Diesen mit einem Löffel oben glätten. Den Boden mehrmals mit einer Gabel einstechen, dann 30 Minuten kühlen.

Für die Füllung den Zucker in einem kleinen Topf in 125 ml Wasser bei hoher Temperatur auflösen, nicht umrühren. Wenn sich nach etwa 10 Minuten an den Rändern Karamell bildet, die Temperatur reduzieren und die Masse im Blick behalten. Inzwischen separat in einem kleinen Topf die Sahne erhitzen. Nach einige Minuten, wenn der Karamell Farbe angenommen hat, aber nicht zu dunkel ist (er kommt noch in den Backofen), die warme Sahne zügig unterrühren. Achtung, die Masse spritzt. Die Sahne unter Rühren nach und nach hinzufügen, bis alles glatt ist. Die Butter einrühren, den Topf vom Herd nehmen.

Die Pekannusskerne gleichmäßig auf dem Teigboden verteilen und den Karamell vorsichtig darübergießen. Kräftig mit Salzflocken bestreuen, diese mit den Fingerspitzen zerdrücken. Den Kuchen im Ofen backen; ein Backblech darunterschieben, um eventuell austretenden Karamell aufzufangen. Nach 35–40 Minuten sollte die Masse dunkelbraun sein, Blasen werfen und der Teig schön goldgelb sein. Der Boden muss fest werden, bei Bedarf länger backen. Dann aus dem Ofen nehmen und abkühlen lassen.

In Stücke schneiden und pur oder mit ungesüßter Schlagsahne servieren.

MISSISSIPPI MUDPIE

BODEN

250 g Schokoladenkekse

100 g Butter, zerlassen, plus mehr für die Form

BROWNIE-SCHICHT

100 g Butter

40 g Zartbitterschokolade (70 % Kakaoanteil), gehackt

20 g ungesüßtes Kakaopulver

2 Eier

100 g Zucker

½ TL Vanilleextrakt

30 g Mehl, Type 405

Salz

SCHOKOLADENCREME

2 Eigelb

50 g Zucker

½ TL Vanilleextrakt

2 EL Speisestärke

375 ml Milch

35 g ungesüßtes Kakaopulver

Salz

1 EL Bourbon (Whiskey)

35 g Zartbitterschokolade (70 % Kakaoanteil), gehackt

Diese Pie ist das höchste der Gefühle. Sie hat vier Schichten: einen Boden, eine Brownie-Schicht, eine Schicht aus Schokoladencreme und darauf reichlich Schlagsahne. Ich habe sie mit meiner Freundin Lisa McG. an einem heißen Sommertag gebacken. Manchmal mache ich auch nur die Schokoladencreme mit Schlagsahne. Herrlich!

Den Backofen auf 150 °C vorheizen. Eine Spring- oder Tarteform (24 cm Ø) ausbuttern.

Für den Boden die Kekse fein und gleichmäßig zerkrümeln. In einer Schüssel mit der Butter gründlich vermengen, dabei die Kekskrümel von Hand in die Butter drücken, bis alles gut vermischt ist. Die Masse in die Spring- oder Tarteform drücken, dabei die Ränder etwa 3,5 cm hochziehen. Wird eine Springform verwendet, diese im Ofen auf ein Backblech stellen, falls Butter ausläuft. Den Boden knapp 10 Minuten im Ofen backen, bis er fest und trocken ist, dann aus dem Ofen nehmen.

Die Ofentemperatur auf 175 °C erhöhen.

Für die Brownie-Schicht die Butter in einem kleinen Topf zerlassen, dann die gehackte Schokolade und das Kakaopulver unterrühren. Vom Herd nehmen und weiterrühren, bis die Schokolade geschmolzen ist. Dann leicht abkühlen lassen. Die Eier trennen und das Eiweiß in einer kleinen Schüssel nicht zu steif schlagen. Die Quirle nicht abwaschen und damit die Eigelbe in einer großen Schüssel mit dem Zucker und dem Vanilleextrakt hell aufschlagen. Das Mehl und 2 kräftige Prisen Salz hinzufügen, ebenso die Schokoladenbutter. Alles gründlich vermengen, dann den Eischnee unterheben. Die Masse auf dem Kuchenboden verteilen und knapp 20 Minuten backen, bis sie fest, aber nicht trocken wird. Dann aus dem Ofen nehmen und vollständig abkühlen lassen.

Für die Schokoladencreme die Eigelbe, den Zucker und das Vanilleextrakt mit einem elektrischen Rührgerät in einer Schüssel aufschlagen. Wenn die Masse dicklich und cremig ist, die Speisestärke unterrühren. Die Milch in einem mittelgroßen Topf erwärmen. Das Kakaopulver und 2 Prisen Salz auf die Eimasse streuen, dann etwas warme Milch hinzufügen und alles

20 g Butter

SAHNE

375 g Sahne

1 TL Zucker

¼ TL Vanilleextrakt

Ergibt 1 Pie (24 cm Ø)

verrühren. Dabei darauf achten, dass das Kakaopulver glatt gerührt wird. Dann noch etwas Milch dazugeben und alles vermengen. Die Masse in den Topf füllen und unter Rühren bei niedriger Temperatur dicklich einkochen. Den Whiskey hinzufügen, dann die Schokolade unterrühren. Kurz blubbernd aufkochen, den Topf vom Herd nehmen und weiterrühren, bis die Schokolade geschmolzen ist. Die Butter einrühren und die Masse abkühlen lassen. Dabei immer wieder umrühren, damit sich keine Klümpchen bilden.

Zum Fertigstellen den Kuchen aus der Springform nehmen (oder in der Tarteform lassen). Die Creme noch einmal kräftig umrühren und gleichmäßig auf der Brownie-Schicht verteilen, mit einem Metallspatel glatt verstreichen. Zum Abkühlen in den Kühlschrank stellen.

Zum Servieren die Sahne halbfest anschlagen, dann den Zucker und das Vanilleextrakt hinzufügen. Weiterschlagen, bis sie steif ist. Die Pie dick mit Schlagsahne bestreichen, dann zum Servieren in Stücke schneiden. Reste abgedeckt im Kühlschrank aufbewahren.

Jeden Tag eine Pie
So eine Pie geht immer –
himmlisch:
Pfirsich
Kirsche
Zitrus
Pekannuss
Heidelbeere

Pie des Tages

FAMOUS
MISSISSIPPI
BOAT SONG.
River Song and Chorus
AS SUNG BY
WORDS BY
WELCOME
Guest Check
CHECK
01240
meantime,
think of
Keep
I'll see you
down the
GLOBE TICKET COMPANY
495

5

Buenos dias
¡Hola! ¿Cómo te va?
Claro que sí –
Michelada

Die Blumen Mexikos

Bei den meisten Reisen sind es die nicht die greifbaren Details, an die ich mich am besten erinnere. In Mexiko fallen mir da außergewöhnliche Tortas ein, die ich regelmäßig bei einem Straßenverkäufer an der Ecke kaufte – ein Hombre, der damit seinen Lebensunterhalt verdiente.

Wie sich die Säfte des heißen gegrillten Fleischs mit Limette und Chili vermischten und aus dem knusprigen Sandwich wunderbar saftig auf den Boden der an diesen lauen Abenden so sorgfältig gewickelten Verpackung tropften. Ich erinnere mich gut an diese kleinen Dinge – vielleicht liegt das alles auch an Rosa.

Ich kam drei Stunden später als vorgesehen in Mexiko-Stadt an, weil ich meinen Flug verpasst (und eine Freundin gewonnen) hatte und mein Gepäck verloren gegangen war. Nachdem ich wild gestikulierend am Schalter für verlorenes Gepäck gestanden und meine neue Adresse auf ein Stück Papier gekritzelt hatte, fuhren wir in einem mit Menschen und allen möglichen Dingen vollgestopften Bus Richtung Süden. Ich stand noch auf Latzhosen und trotzdem war ich hier, in einer verrückten Hauptstadt mit Feuerschluckern an den Straßenecken und fragte mich, wo ich eine Zahnbürste kaufen könnte. Ich hatte sofort das Gefühl, dass hier alles lauter war als normal. Leuchtende Farben, geschäftige Menschen – lebendig, mit offenen Armen, großzügig und mit Hitze in den Adern.

Nach einer kurzen holprigen Fahrt erreichten wir mein Ziel, La Puerta Negra. Ich stieg aus, bedankte mich bei allen und ließ meinen Blick über die Skyline mit ihren bunten Häusern in meiner neuen Nachbarschaft schweifen. Mir fielen die Blumen überall auf, in Dosen und Töpfen auf den Fenstersimsen, und der klare blaue Himmel.

Rosa erwartete mich. Sie wischte ihre mehligen Hände an ihrer Schürze ab, nahm mich in ihre großen Arme und hieß mich in ihrer Küche willkommen. Sie zeigte mir alle Gerätschaften, die sie in ihrem Reich brauchte, und redete mit mir, als würde ich ihre Muttersprache fließend sprechen. Diese Glucke würde mich im kommenden Monat unter ihre Flügel nehmen. Sie zeigte mir mein Zimmer im Obergeschoss. Der Ausblick ging auf das Leben und die Hinterhöfe anderer Leute und auf Wäscheleinen. In weiter Ferne konnte ich viele Bäume erkennen und Menschen, die Fußball spielten.

Ich holte tief Luft, um das plötzliche Gefühl von Heimat festzuhalten, das mich in seine warme, kuschelige Decke hüllte. Rosa war wieder in die Küche gegangen, um das Mittagessen weiter zuzubereiten, und ich gesellte mich zu ihr, während sich die Familie nach und nach einfand. Der Herr des Hauses – weltmännisch im hellbraunen Anzug und mit Wachs gebändigten Locken – betrat mit seinen polierten Schuhen die Küche und warf seine weiche, alte Lederaktentasche in eine Ecke.

Danach kam die Mutter, mit baumelnden Ohrringen und auffälligem Lippenrot, sie umarmte mich. Die Jugendlichen Lalo und Mica tauchten wenige Augenblicke später auf und schenkten mir ein Lächeln. Rosa rollte inzwischen ihre Tortillas aus, als gäbe es kein Morgen. Sie wendete sie in der Pfanne und stapelte sie schließlich zum Warmhalten in einem Korb, der mit Stoff ausgelegt war.

Die Tortilla-Suppe war fantastisch. Rosa servierte große Schalen mit in Stücke gerissenen Tortillas vom Vortag, während ein Papagei auf seiner Stange im Käfig kreischte. Löffel klirrten und kratzten, und schon gab es den nächsten Gang. Das Fleisch war wunderbar gegrillt und zart und passte gut zu unseren frischen Tortillas und den unterschiedlichen Salsas, Avocados und einem herrlichen Kaktussalat. Es wurde viel und angeregt geredet und gescherzt und dann, so plötzlich, wie alles angefangen hatte, löste sich die ganze Szene wieder auf, und Rosa und ich standen wieder allein in der Küche.

So spielte sich ein ziemlich typischer Tag in dieser Familie ab. Highlights für mich waren Ereignisse wie Rosas Zubereitung von Agua de Jamaica in einem speziellen rubinroten Topf. Sie kochte die Hibiskusblüten mit Zucker und Wasser auf und hielt immer einen Vorrat in gekühlten Glaskrügen bereit, um den Durst der Familie zu stillen. Später an diesem Abend saß ich auf der Terrasse und nahm den Puls meiner Umgebung in mich auf, während die Wäsche ins Haus getragen wurde und der Abend langsam ausklang. Ich sog dieses wunderbare Leben und die Gerüche, die von den Terrassen und aus den offenen Fenstern herüberwehten, in mich auf.

Am Tag nach meiner Ankunft tauchte mein Koffer auf. Ich war irgendwie mit Lalo und Mica im Kino gelandet und fragte mich weniger, wo mein Gepäck war, als vielmehr, ob ich mein Popcorn mit oder ohne Chili essen sollte. Ich zögerte nur eine Sekunde und war hocherfreut, als sich eine gehörige Portion Chilisauce auf meinem Popcorn ausbreitete – und ich muss sagen, ich fand diese Abwechslung toll.

Die wunderbaren Tage vergingen wie im Flug. Abends saßen wir oft um den Tisch herum, tranken dampfend heißen Kakao und spielten Karten. Der Papagei kreischte besonders laut, wenn Rosa die Runde gewann.

Nach dem morgendlichen Tonkrug mit Kaffee und Zimt, den Rosa gekocht hatte, gingen wir meistens in die Tortilleria, um *masa* (Mehl) für unsere täglichen Tortillas abzuholen. Wir machten oft auf dem Markt halt, um andere Kleinigkeiten einzukaufen, die für die Zubereitung der Mahlzeiten vielleicht noch fehlten. Begleitet von den Farben des frühen Morgens und den läutenden Glocken gingen wir auf den geschäftigen Markt. Beim ersten Mal dort war ich von den vielen Chilisorten überrascht. Es gab scharfe Chilis in unglaublich vielen unterschiedlichen Formen und Farben, die aussahen wie bunte Bonbons in unzähligen Körben.

Manchmal gönnten wir uns einen kleinen Imbiss wie Chicharròn mit Guacamole. Oder wir saßen zwischen Erwachsenen, Kindern, Hunden und Paketen in einer der Taquerías und tranken Limonade oder cremige Horchata (einige tranken fermentierten Pulque) und aßen erstaunliche kleine Snacks wie Tacos de barbacoa, Chilaquiles, Molletes und Quesadilla, zu denen es immer Salsa roja und Salsa verde gab. Dann besorgten wir Koriandergrün, Limetten, Avocados, Chilischoten, Papayas, Yambohnenwurzeln, Tomatillos, Guaven, Mangos und viele andere Zutaten, die hier aus dem alltäglichen Leben nicht wegzudenken sind. Später bahnten wir uns erneut einen Weg durch das Gedränge zurück nach Hause.

Die Gerüche der Nacht waren völlig andere. Die feuchte Luft des langen Tages lastete auf ihnen und intensivierte sie noch, ein bisschen, wie ein Topf mit Frijoles negros, die besser werden, je länger sie stehen.

Und dann dieser Junge, der spät in der Nacht Vanille-Flan verkaufte: Er schwenkte seinen Glaskasten mit Desserts so lässig hin und her, dass ich mich fragte, ob irgendwann welche herausfallen. Seine für meine Ohren zarte Stimme ließ mich aufhorchen, und so kaufte ich auf meinem abendlichen *paseo* meist ein Stück.

Bei vielen Dingen hier traute man kaum seinen Augen – zum Beispiel gab es eine Señora, die in ihrer Garage Maiskolben verkaufte. Ich brauchte einige Minuten, bis ich verstand, was hier vor sich ging. Sie grillte die Maiskolben, bestrich sie mit Crema espesa und gab einen Spritzer Limettensaft, etwas Chilipulver und geriebenen Käse darüber. Bevor man sich versah, ging man weiter und knabberte genussvoll an dieser Köstlichkeit. War es möglich, dass dieser verwegene Aromenmix auf einem Maiskolben aus einer Garage kam? Oh, es gab noch viele andere, die Tacos, Suppen, Enchiladas und Empanadas verkauften. An manchen

Abenden gab es die beliebten, dampfenden Schalen mit Pozole, in der Maiskolbenstücke und andere Köstlichkeiten schwammen.

An vielen Tagen kam ich nach Hause und wurde schon vor der Puerta Negra vom Duft langsam köchelnder schwarzer Bohnen und gebratener Chilischoten empfangen. Rosa liebte es, pralle Chilischoten auf offenem Feuer zu grillen. Oft kamen dann alle in die Küche, setzten sich an den Tisch und halfen ihr dabei, die mit Blasen überzogene Schale abzuziehen. Während ich am Küchentisch spanische Verben lernte, habe ich vieles mitbekommen. Zum Beispiel, dass sie es manchmal vorzog, die von ihr vorher mit Minze und Käse gefüllten Chilis nicht zu grillen, sondern mit ein wenig Salsa darauf im Ofen zu rösten. Dann wieder mahlte sie Gewürze in ihrer *molcajete* und summte dazu eine Melodie.

Rosa war der Mittelpunkt dieser Familie, obwohl sie es nicht wusste. Für sie war es einfach ihr Leben, aber wenn man es aus einiger Entfernung betrachtete, konnte man sehen, dass sie mit ihren geschickten Händen, ihrem hellen Lachen und ihrer Lebensfreude alles zusammenhielt.

Einmal waren wir an einem Samstagnachmittag zur Geburtstagsfeier der Nachbarin eingeladen. Rosa hatte sich sehr schick gemacht, und ich saß zwischen zahlreichen Tanten und Cousinen, schälte die Hüllblätter von Maiskolben ab, in denen die Tamales gedämpft werden, und trank Erdbeer-Atole. Wir sahen den Kindern dabei zu, wie sie auf die Piñata einschlugen und sich dann auf die heruntergefallenen Schätze stürzten.

So vieles passierte in diesem Monat, dass ich das Gefühl hatte, jemand hätte einen geheimen Plan aufgestellt, damit ich wirklich alles sehen und erleben konnte, was Mexiko zu bieten hatte. Oder war das schlicht das ganz normale Leben hier? So überschäumend, voller Leben und Feierlaune?

Kurz darauf kehrte ich zurück. Und dann – meine kostbaren Erinnerungen, verloren, in einem Londoner Taxi an einem ganz gewöhnlichen Tag. Einfach so. Als ich bemerkte, dass ich mein Buch liegen gelassen hatte und losrannte, während meine Tränen flossen, war es schon zu spät. Ich sah zu, wie das Auto zu einem schwarzen Punkt in der Ferne wurde und dann wartete ich. Das war eine komische Sache. Wie ein Kreislauf. Von meinem verloren gegangenen Gepäck in Mexiko bis zum Warten auf eine Meldung vom Fundbüro. Aber dieses Mal rief niemand an. Niemand brachte etwas zum Depot. Aber man kann Dinge weder in einem Buch einsperren noch kann Mexiko mir genommen werden.

Ich hoffe, dass jemand, der es vielleicht gefunden hat, Freude daran haben wird. Die Zubereitung von Rosas Mole. Ihre gefüllten Chilischoten. Die Garagen-Maiskolben der Señora. Und dass auch die Finder dieses wohlige Gefühl spüren, von dem ich dort erfüllt war.

Was mich betrifft – ich trage alles im Herzen. Die Farben, den kleinen Flan-Jungen mit seinen Schlappen. Rosa und die hibiskusfarbene Hoffnung, die sie mir mit auf den Weg gab.

Queso de

Die Blumen Mexikos

Agua de Jamaica – Hibiskuswasser 204

Popcorn mit Chili – Polomitas 206

Salsa roja 207

Salsa verde, Salsa de chiles asado 209

Pico de gallo, Crema espesa 210

Guacamole, Crema de aguacate 211

Gegrillte Maiskolben mit Limette, Chili und Käse – Elotes Asados 213

Esquites 214

Tortillas: Mais-Tortillas, Tortillas aus Weizenmehl 215–218

Sopa de Tortillas 219

Nahomis Chilaquiles, Salsa roja für Chilaquiles 222

Bolillos – Mexikanische Brötchen 224

Tortas – Mexikanische Sandwiches mit gegrilltem Fleisch und Salsa 225

Hähnchen-Tinga-Tacos 226

Angelas Schwarze Bohnen 227

Tacos mit schwarzen Bohnen 229

Dimitris Cochinita Pibil 231

Flan 233

Oaxaca
Chamoy
Tamales
VIVA NUESTRA
MADRE
MEXICO
MEXIKO
Madre Mexico Tamales
Guacamole Mole

AGUA DE JAMAICA – HIBISKUSWASSER

35 g Flores de Jamaica (herrlich leuchtende, getrocknete Hibiskusblüten)

3 gute EL geschmacksneutraler Honig oder Süße (ich verwende Akazienhonig)

Ergibt knapp 1,5 l

Dieses Getränk ist in mexikanischen Taquerías (Imbisslokalen) sehr beliebt. Es schmeckt ausgezeichnet zum Mittagessen und ist mit seiner süß-säuerlichen Note an heißen Sommertagen immer willkommen. Die benötigte Menge an getrockneten Blüten hängt von deren Intensität ab. Ich verwende hier Akazienhonig, aber wer mag, süßt mit Zucker. Ich bevorzuge dieses Getränk mit säuerlicher Note, es kann aber nach Belieben auch süßer zubereitet werden.

Die Blüten in einem Topf mit 1,5 l kaltem Wasser bedecken und zum Kochen bringen. Die Temperatur reduzieren und den Sud 5 Minuten köcheln lassen, dann den Topf vom Herd nehmen.

Einige Minuten abkühlen lassen, dann den Akazienhonig einrühren, bis er sich vollständig aufgelöst hat. Zugedeckt einige Stunden bei Zimmertemperatur ruhen lassen, damit das Agua de Jamaica abkühlen und gut ziehen kann. Ist der Geschmack zu intensiv, noch ein wenig Wasser untermischen. Dann in eine Glasflasche abseihen und im Kühlschrank aufbewahren.

Die abgeseihten Hibiskusblüten können für einen zweiten Aufguss verwendet werden. Dafür etwa 1 l Wasser in einem Topf einige Minuten köcheln lassen. Den verdünnten Aufguss warm mit ein wenig Akazienhonig gesüßt genießen.

Aguas Frescas
Limón (Zitrone)
Jamaica (Hibiskus)
Tamarindo (Tamarinde)
Sandia (Wassermelone)
Naranja (Orange)
Horchata (Erfrischungsgetränk aus Erdmandeln)

POPCORN MIT CHILI – POLOMITAS

3 EL Sonnenblumenöl

150 g Popcorn-Mais

etwa 4 EL Chilisauce (Salsa Valentina)

Für 1 gesellige Runde (6–8 Personen)

Dieses Popcorn ist ein köstlich pikanter Snack. Richtig schön scharf, ich liebe es. Vorsicht, es macht süchtig. Die scharfe Valentina-Sauce kommt in Mexiko über Popcorn – und Speisen jeder Art, aber hier kann jede andere scharfe Chilisauce zum Einsatz kommen. Ich habe auch Leute erlebt, die Scheiben von Limetten und rohen Zwiebeln mit der Chilisauce auf ihr Popcorn gegeben haben.

Das Öl in einen breiten hochwandigen Topf gießen (meiner hat 24 cm Ø und ist 12 cm hoch). Die Maiskörner bei hoher Temperatur einfüllen, den Deckel auflegen und abwarten, bis sie aufpoppen. Wenn das Poppgeräusch nachlässt, die Temperatur leicht reduzieren und den Topf rütteln. Sobald das Poppgeräusch nahezu verstummt ist, den Herd ausschalten, aber den Deckel auf dem Topf lassen, falls einige Körner noch aufpoppen.

Etwa die Hälfte des Popcorns in eine sehr große Schüssel füllen. Das Popcorn im Topf und das in der Schüssel salzen. Beides separat vermischen. Etwa 2 EL der Chilisauce in langen Linien über das Popcorn in der Schüssel träufeln. Das restliche Popcorn aus dem Topf in die Schüssel füllen und die restliche Chilisauce (2 EL) in langen Linien darüberträufeln. Das Popcorn nicht durchmischen (weiße Stellen zwischen den Linien sehen hübsch aus, und man braucht beim Genuss Platz zum Verschnaufen – wie ein Floß auf dem Meer –, da die Sauce sehr scharf ist). Warm verzehren.

SALSA ROJA

3–4 reife Tomaten (etwa 400 g)

½ weiße Zwiebel, abgezogen

2 Knoblauchzehen, abgezogen

1 große getrocknete rote Chilischote

3–4 kleine getrocknete scharfe Chilischoten (Piri Piri oder Vogelaugen)

1 TL Salz

1 EL Sonnenblumenöl

1 kleine Handvoll Korianderblätter

1 EL Limettensaft

Ergibt etwa 310 ml

Diese Sauce steht in Mexiko einfach immer und überall auf dem Tisch. Die Schärfe der Sauce hängt von den verwendeten Chilischoten ab. Hier kann man selbst entscheiden, wie scharf sie sein soll. Wer die verwendete Chilisorte nicht kennt, sollte mit einer kleinen Menge beginnen. In der Regel werden hierfür getrocknete Guajillo-Chilischoten oder Anchos, Chiles de Arbol oder Pasilla verwendet, aber nehmen Sie, was verfügbar ist. Ich habe mich hier auf eine große getrocknete rote Chilischote (die ziemlich scharf ist) und ein paar getrocknete Piri-Piri-Chilis beschränkt, die nicht aus Mexiko kommen, die ich aber immer zu Hause habe. Diese Sauce sollte so scharf sein, dass nicht nachgewürzt werden muss.

Die Tomaten von oben nach unten in 6 Spalten schneiden, dabei vom Stielansatz befreien. Die Zwiebel genauso in 4 Spalten schneiden.

Eine große beschichtete Pfanne erhitzen, dann die Tomaten- und Zwiebelspalten auf ihren Seitenflächen hineinlegen. Den Knoblauch und die große Chilischote einschichten (die kleinen Chilis noch zurückbehalten) und in der Pfanne ohne Fett rösten, bis die Unterseiten schön gebräunt, aber nicht zu dunkel sind (die Pfanne sieht vielleicht besorgniserregend dunkel aus, wird aber beim Einweichen wieder sauber). Vorsichtig wenden und alles von allen Seiten bräunen.

Den Herd ausschalten. Das Gemüse vorsichtig mit einer Gabel in einen mittelgroßen hohen Topf heben. Vorher nur den Stielansatz der großen Chilischote abschneiden, alles andere, einschließlich der Kerne, ganz lassen. Die kleinen scharfen getrockneten Chilischoten und 125 ml heißes Wasser hinzufügen. Dann alles mit einem Stabmixer glatt pürieren (einige kleine Stückchen sind in Ordnung). Noch das Salz und das Öl untermixen. Bei schräg aufgelegtem Deckel 5–6 Minuten von einer schaumigen Konsistenz zu einer stückigeren Sauce köcheln lassen.

Die Korianderblätter klein hacken und mit dem Limettensaft in den Topf rühren, dann diesen vom Herd nehmen. Die Sauce abschmecken. Saucenreste können in einem Glaskrug im Kühlschrank aufbewahrt werden.

SALSA VERDE

20 g Zwiebel

20 g Stangensellerie, nur die innere Stange

2 Knoblauchzehen

2 oder 3 kleine grüne Chilischoten

30 g Korianderblätter

5 g Petersilienblätter

3 EL Limettensaft

2 EL Sonnenblumenöl

½ TL Salz

Ergibt 170 ml

Salsa verde kann man wunderbar über Tacos oder Ähnliches träufeln. Üblicherweise wird sie mit Tomatillos und Serrano-Chilis zubereitet. Sie kommt zusammen mit Salsa roja oder auch allein daher – ein schöner grüner Hingucker und eine wahre Geschmacksexplosion. Da Geschmack und Schärfe von den verwendeten Chilischoten abhängen, entscheiden Sie über finale Menge und Sorte selbst.

Die Zwiebel grob hacken. Den Sellerie entfädeln und grob zerkleinern. Den Knoblauch abziehen, die Chilischoten auskratzen, beides grob hacken. Alles in einem Standmixer zerkleinern. Die Masse mit einem Spatel von den Wänden nach unten schieben. Mit Korianderblättern, Petersilie und Limettensaft stückig pürieren. Mit Öl, 4 EL Eiswasser und Salz fast glatt pürieren, mit noch etwas Textur. Abschmecken und gegebenenfalls mit Limettensaft oder Salz finalisieren.

SALSA DE CHILES ASADO

2 kleine grüne Paprikaschoten (50 g), z. B. Pimientos de Padrón

1 scharfe orangefarbene Habanero-Chilischote, Aji de Amarillo oder ein paar Serrano-Chilischoten (35 g)

1 gelbe Paprikaschote (etwa 170 g)

30 g Zwiebel, fein gehackt

5 EL Limettensaft

½ TL Salz

Ergibt etwa 250 g

Beim Grillen auf Holzkohle bietet sich diese Salsa an (ansonsten die rohe Version unten ausprobieren). Da sie reichlich Limettensaft und Salz enthält, muss dies einem Gericht nicht extra hinzugefügt werden. Ich verwende gern wirklich scharfe orangefarbene Chilis, die für einen kräftigen Kick sorgen. Alternativ einige kleine extrascharfe Chilischoten mitrösten oder gehackte eingelegte Jalapeños unter die Salsa mischen.

Sämtliche Schoten auf einem Holzkohlegrill (oder in einer Grillpfanne auf der Herdplatte) rösten, dabei ein- oder zweimal wenden, bis sie Blasen werfen. In einer Schüssel mit Frischhaltefolie abdecken. Dann die abgekühlten Schoten häuten und von Samen sowie Trennwänden befreien. Das Fruchtfleisch grob zerkleinern, dann mit Zwiebel, Limettensaft und Salz in einer Schüssel mischen. Sehr kräftig abschmecken.

ROHE SALSA DE CHILES

Sämtliche Schoten von Samen sowie Trennwänden befreien. Das Fruchtfleisch in kleine Stücke schneiden und in einer Schüssel mit Zwiebel, Limettensaft und Salz verrühren. Würzig abschmecken.

PICO DE GALLO

200 g reife feste Kirschtomaten, in kleine Stücke geschnitten

40 g Zwiebel, gehackt

1 kleine grüne Paprikaschote (20 g), z. B. Pimientos de Padrón, klein geschnitten

3 Radieschen, in feine Scheiben geschnitten

1–2 EL fein gehackte Korianderblätter

2 EL Limettensaft

2 eingelegte Jalapeño-Scheiben, ausgekratzt und fein gehackt (oder 1 kleine grüne Serrano-Chilischote)

2 TL Lake aus dem Jalapeño-Glas

½ TL Salz

Ergibt etwa 300 g

Diese Sauce passt zu allem. Ein Löffelvoll verleiht jedem Gericht einen tollen Pep und einen Frischekick.

Tomaten, Zwiebel, Paprikaschote und Radieschen mit Korianderblättern, Limettensaft, Jalapeños und etwas von ihrer Lake in einer Schüssel vermischen. Das Salz darüberstreuen, alles vermengen und abschmecken. Diese Sauce muss einen ordentlichen Wumms haben.

MOLLETES

Ein Stück Brot mit Butter oder Olivenöl bestreichen, darauf Bohnenmus verteilen, mit Käse bestreuen und im Ofen rösten, bis der Käse geschmolzen ist. Mit Pico de gallo servieren.

CREMA ESPESA

375 g Sahne

4 EL Buttermilch

Ergibt etwa 310 ml

Diese dickflüssige mexikanische Sahne kann für fast alles verwendet werden: für Tacos, auf gegrillten Maiskolben, in Torten oder zum Verfeinern von Suppen (Schmand ist hier ein guter Ersatz). Ich mag diese Crema auch gern zu Desserts.

Die Sahne in einen kleinen Topf gießen und sehr vorsichtig erhitzen, sodass sie gerade eben warm ist (zu starke Hitze ruiniert sie). Vom Herd nehmen. Die Buttermilch einrühren.

In ein Glasgefäß füllen, mit einem Stück Küchenpapier abdecken und dieses mit einem Gummiband sichern. Zum Eindicken 1–2 Tage an einem warmen Ort stehen lassen, dann mit dem Deckel verschließen und in den Kühlschrank stellen. Die Crema espesa wird im Kühlschrank weiter eindicken und hält sich dort 1 knappe Woche.

GUACAMOLE

2 reife Avocados

2 EL sehr fein gehackte Zwiebel

4 kleine Kirschtomaten (35 g), in kleine Stücke geschnitten

2 eingelegte Jalapeño-Scheiben, fein gehackt

3 EL Limettensaft

Salz

frisch gemahlener Pfeffer

1 ½ EL klein gezupfte Korianderblätter

Ergibt etwa 450 g

Ich mache häufig Guacamole ohne Chilis, da meistens Salsa roja und verde sowie Rajas (eingelegte Chilis) auf dem Tisch stehen, die man über sein Gericht geben kann. Ansonsten füge ich meiner Guacamole gern ein wenig gehackte Jalapeño oder ähnliche Chilis hinzu.

Die Avocados in einer großen Servierschüssel fein zerdrücken, teilweise jedoch ein wenig stückiger lassen. Zwiebel, Tomaten, Jalapeños und Limettensaft untermischen, mit Pfeffer und reichlich Salz – etwa 1 TL – abschmecken. Dann die gezupften Korianderblätter vorsichtig unterrühren, alles erneut abschmecken.

CREMA DE AGUACATE

2 reife Avocados

4 EL Limettensaft

1–2 eingelegte Jalapeño-Scheiben, sehr fein gehackt

½ EL klein gezupfte Korianderblätter

Salz

frisch gemahlener Pfeffer

Ergibt etwa 400 g

Dies ist eine schnelle glatt pürierte Alternative zur Guacamole. Sie schmeckt zu Totopos (Tortilla-Chips) und kann auf Tacos oder in Tortas gegeben werden.

Die Avocados in einem Mixbecher mit Limettensaft per Stabmixer cremig pürieren. Die Jalapeños und den Koriander unterrühren, alles kräftig salzen. Ein wenig Pfeffer hinzufügen und verrühren.

GEGRILLTE MAISKOLBEN MIT LIMETTE, CHILI UND KÄSE – ELOTES ASADOS

4 rohe Maiskolben

Crema espesa (S. 210), Schmand oder Mayo

geriebener Cotija-Käse oder Parmesan (oder Ähnliches)

Meersalzflocken

rotes Chilipulver (z. B. Chile de Árbol, Ancho oder andere Sorte)

Limettenviertel, zum Beträufeln

Für 4 Personen (oder 8, wenn die Kolben geteilt werden)

Muchas gracias, Nahomi, *para todos*, für Crema und Eier, Elotes asados und Tortillas mit dem richtigen Maismehl!

In Mexiko werden sie an jeder Straßenecke angeboten. Gegrillte Maiskolben mit herrlicher Crema espesa (S. 210 oder Mayonnaise), Chilipulver, geriebenem Käse und nicht zu wenig Limettensaft. Eine köstliche Überraschung.

Diese Maiskolben können als eigenständige Mahlzeit oder als Beilage gereicht werden, wenn zusätzlich sowieso etwas anderes gegrillt wird. Jeder kann seinen eigenen Maiskolben zubereiten.

Den Holzkohle- oder den Gasgrill anheizen. Die Hüllblätter sowie sämtliche Fasern von den Maiskolben abziehen. Die Maiskolben auf einen Grillrost etwa 12 cm hoch über den Kohlen oder der Flamme legen. Unter häufigem Wenden grillen, bis sie gar und an einigen Stellen schön gebräunt sind. (Sie sollten nicht verbrennen.)

Die Maiskolben auf einen Teller legen, jeweils 1 großzügige Schicht Crema espesa, Schmand oder Mayonnaise darauf verstreichen und großzügig mit Käse bestreuen. Einige Salzflocken und 1 kräftige Prise Chilipulver darüberstreuen und zum Schluss ganz nach Geschmack mit Limettensaft beträufeln und genießen.

ESQUITES

2 TL Salz

3 rohe Maiskolben

4 EL Limettensaft, plus 4 unbehandelte Limettenscheiben

2 EL warme Caldo (Maisbrühe) pro Becher

Meersalzflocken

1–2 TL Mayo oder Crema espesa (S. 210) pro Becher

2–3 EL Cotija-Käse oder geriebener Parmesan pro Becher

1 Prise rotes Chilipulver (z. B. Chile de Árbol, Ancho oder eine andere Sorte)

Für 4 Personen

Esquites werden mit den gleichen Zutaten zubereitet wie Elotes asados, nur werden die Maiskörner hier gekocht und dann mit Crema espesa oder Mayonnaise, Limettensaft, Chili und Käse in einem Becher serviert. Köstlich – und so einfach und schnell gemacht. An den Straßenständen in Mexiko kann man die Sorte des Chilipulvers oder der -flocken wählen. *¿Uno que pica? ¿O uno que non pica?* Scharf, mit caldo (Maisbrühe) oder ohne? Jeder mag es anders.

Die hier verwendete Kochmethode für den Mais stammt vom lieben Jo, überliefert via Neil – er wuchs in Südafrika auf und lernte sie von seiner Mutter, die sie von Cookie lernte. Cookie sagte, es sei wichtig, den Mais am Kolben nur 2–3 Minuten zu kochen, damit er weich wird und trotzdem knackig bleibt. (Danach wird er hart und dann wieder weich, wenn man ihn weiterkocht.) Danke an alle!

Einen großen Topf mit Wasser und dem Salz zum Kochen bringen. Die Maiskolben darin aufkochen lassen, 2–3 Minuten garen. Den Herd ausschalten. Die Maiskolben aus dem Topf nehmen, mit einem Küchenpapier in einer Hand halten und mit einem scharfen Messer in der anderen Hand die Maiskörner auf ein Schneidebrett abstreifen. Die Kolben können für die Brühe der Tortilla-Suppe (S. 219) aufbewahrt werden.

In jeden der großen Servierbecher ein Viertel der Maiskörner geben, gefolgt von 1 EL Limettensaft und 2 EL warmer Caldo, 1 kleinen Prise Meersalzflocken, Mayo oder Crema und etwas Käse. Jeden Becher mit einigen Prisen Chiliflocken und 1 Scheibe Limette toppen. Kosten und von dem, was für Ihren Geschmack noch fehlt, noch etwas hinzufügen.

TORTILLAS

In Mexiko bin ich jeden Morgen mit Rosa in die Tortilleria gegangen, um *masa* zu holen. Dort gibt es auch *cal* (gelöschten Kalk) zu kaufen, den man braucht, wenn man seinen eigenen Mais für Tortillas mahlt. Hier bereite ich sie mit fertig gemahlenem, nixtamalisiertem Maismehl (erhältlich in Feinkostläden) oder normalem Weizenmehl zu. Die aus Maismehl können in einer Tortillapresse (ich habe meine aus Mexiko mitgebracht), geformt werden. Die Tortillas aus anderem Mehl gelingen am besten, wenn sie von Hand ausgerollt werden. Zum Ausbacken benötigt man eine große beschichtete Crêpe-Pfanne und einen mit Stoff ausgeschlagenen Korb zum Warmhalten der heißen Tortillas.

MAIS-TORTILLAS

200 g weißes *masa harina* (Tortilla-Maismehl)

etwa ½ TL Salz

Ergibt 10 Stück

Diese Tortillas aus Maismehl sind elastischer als die aus Weizenmehl und können gerollt, geformt und dann wie Boote aneinander gelehnt werden. Häufig werden zwei Tortillas gefüllt, vor allem, wenn die Füllung reichhaltig ist.

Das Mehl und das Salz in einer Schüssel mit 375 ml frisch gekochtem Wasser übergießen, vorsichtig mit einem Holzlöffel verrühren. Die Mischung nicht mit den Händen berühren, bevor sie abgekühlt ist. Die abgekühlte Masse mit den Händen zu einem weichen Teig verkneten, dabei nach Bedarf etwas mehr Wasser oder *masa* zugeben. Mit einem feuchten Tuch zudecken. Den Teig 10 Minuten bei Zimmertemperatur ruhen lassen, dann 10 Stücke (à etwa 50 g) abwiegen und kräftig zwischen den Handflächen zu Kugeln rollen. Diese mit einem feuchten Tuch bedecken.

Falls eine Tortillapresse vorhanden ist, 2 Blätter Trennpapier hineinlegen (damit der Teig nicht an der Presse haften bleibt). Jede Kugel leicht flach drücken und zwischen die Trennblätter legen. Den Hebel der Presse nach unten drücken – aber nicht zu stark, da der Teig aus der Presse laufen kann –, dann die Tortilla in den Trennblättern wenden und vorsichtig erneut nach unten drücken. Sie sollten 16 cm Ø haben und werden während des Ausbackens leicht schrumpfen.

Fortsetzung folgende Seite >>

MEXICO
HECHO

Falls keine Tortillapresse vorhanden ist, jede Kugel auf einem Stück Backpapier rund (16 cm Ø) ausrollen. Die Ränder können mit einem Messer begradigt werden. Sollten sich die Fladen zu trocken anfühlen, die Hände vor der Weiterverarbeitung der Teigkugeln in Wasser tauchen. Falls zu feucht, noch etwas Mehl einarbeiten. Die ausgerollten Tortillas mit einem Blatt Backpapier dazwischen stapeln.

Eine beschichtete Crêpe-Pfanne oder Ähnliches ohne Fett erhitzen. Einen Fladen (vorsichtig von dem Trennpapier abziehen und auf die Handfläche legen, wenn sie in der Presse gepresst wurden) in die heiße Pfanne legen. Etwa 30 Sekunden backen, bis die Tortilla langsam auf der Unterseite Farbe nimmt. Wenden und backen, bis die neue Unterseite stellenweise goldgelb ist. Erneut wenden – die Tortilla sollte sich jetzt leicht aufblähen. Etwa 30 Sekunden backen, bis sie stellenweise goldgelb ist, dann in einen mit Stoff ausgeschlagenen Korb legen – und den Korb mit dem Stoff zudecken –, während die restlichen Fladen gebacken werden.

TORTILLAS AUS WEIZENMEHL

300 g Mehl, Type 405, plus mehr zum Arbeiten

½ TL Salz

50 g Schweineschmalz

Ergibt 10 Stück

Dies sind weiche Tortillas, die leicht zuzubereiten sind und ohne Tortillapresse ausgerollt werden können. Das Schmalz im Teig sorgt für eine schöne Textur und einen guten Geschmack. Öl oder Butter können aber nach Belieben auch verwendet werden.

Das Mehl und das Salz in einer Schüssel vermischen. Das Schmalz mit den Fingerspitzen in das Mehl kneten. Wenn alles gleichmäßig verbunden ist, 150 ml Wasser vorsichtig in das Mehl einarbeiten, sodass ein Teig entsteht. In der Schüssel kurz zu einem glatten Teig kneten, bei Bedarf noch etwas Wasser hinzufügen. Den Teig in 10 Kugeln (à etwa 50 g) aufteilen. Mit einem Geschirrtuch zudecken.

Eine beschichtete Crêpe-Pfanne oder ein ähnliches Kochgeschirr trocken erhitzen.

Fortsetzung folgende Seite >>

Jede der Kugeln auf einer leicht mit Mehl bestäubten Arbeitsfläche rund (16 cm Ø) ausrollen. Da sie sich nach dem Ausrollen wieder etwas zusammenzieht, die Tortilla ausrollen und sofort backen, bevor die nächste ausgerollt wird. In der heißen Pfanne backen, bis die Unterseite gerade eben Farbe annimmt und Blasen zu sehen sind. Die Tortilla hochheben und prüfen. Wenden und backen, bis die zweite Unterseite stellenweise goldgelb ist, aber noch weich und geschmeidig. Erneut wenden – sie sollte sich aufgebläht haben – und backen, bis sie stellenweise goldgelb ist. In einen mit Stoff ausgeschlagenen Korb legen und zudecken, damit sie warm und weich bleibt. (Die Pfanne muss eventuell mit Küchenpapier ausgewischt werden, wenn sich dort gebräuntes Mehl gesammelt hat.)

GEBRATENE TORTILLAS

In Pflanzenöl knusprig gebratene Tortillastücke, die dann mit etwas Salz bestreut werden, sind das Beste. Sie werden häufig für die Sopa de Tortillas zubereitet. Der Aufwand lohnt sich immer.

SOPA DE TORTILLAS

CALDO DE POLLO (HÜHNERBRÜHE)

6 Hähnchenflügel (600 g), geputzt, falls erforderlich

2 TL grobes Salz

1 kleine Zwiebel, halbiert

2 Knoblauchzehen, abgezogen

1 Karotte, geschält

1 Stange Staudensellerie

1 kleines Bund Petersilie

2 Lorbeerblätter oder Epazote-Blätter

etwa 6 Pfefferkörner

falls 1–2 Maiskolben ohne Körner übrig sind (z. B. von Esquites), hier dazugeben

RESTLICHE ZUTATEN

2 EL Sonnenblumenöl

½ Zwiebel, grob gehackt

2 Knoblauchzehen, grob gehackt

4–5 reife Tomaten (etwa 550 g), gehäutet und klein geschnitten

1 Lorbeerblatt

2 Chipotle-Chilischoten in Adobo-Sauce (aus dem Glas), in 3–4 Stücke geschnitten

750 ml Caldo de Pollo (siehe oben)

>>

Diese köstliche, typisch mexikanische Suppe wird mit gebratenen und dann leicht gesalzenen Tortillastreifen serviert. Ganz ehrlich, die gebratenen Tortillas sind auch ohne die Suppe ein Traum. Epazote-Blätter mit ihrem unverwechselbaren Geschmack sind in vielen mexikanischen Gerichten zu finden. Ersatzweise können Lorbeerblätter verwendet werden.

Für die Brühe das Fleisch abspülen und mit 2,5 l Wasser und dem Salz in einem großen Topf zum Kochen bringen. Trübstoffe mit einem Schaumlöffel von der Oberfläche abschöpfen. Die Temperatur reduzieren, die restlichen Zutaten für die Brühe hinzufügen und diese bei schräg aufgelegtem Deckel etwa 2 Stunden köcheln lassen. Etwa 30 Minuten vor Ende der Garzeit 250 ml Wasser angießen. Die Suppe zu einer aromatischen Brühe abschmecken. Durch ein Sieb abseihen (das Hähnchenfleisch für Tacos zurückbehalten). Ein Rest der Brühe kann für andere Gerichte im Kühlschrank aufbewahrt werden.

Das Öl in einem großen Topf erhitzen und die Zwiebel darin anschwitzen. Sobald sie goldgelb ist, den Knoblauch mitgaren, bis es duftet, dann die Tomaten, das Lorbeerblatt und die Chipotle-Chilischoten einrühren. Zunächst nur wenig Salz (etwa ½ TL) einstreuen und zugedeckt etwa 10 Minuten köcheln lassen, dann das Lorbeerblatt entsorgen und alles glatt pürieren – einige kleine Stückchen sind in Ordnung. Die Hühnerbrühe angießen und alles aufkochen lassen. Dann die Temperatur reduzieren und offen 5–10 Minuten köcheln lassen, bis sie ein wenig eindickt. Final abschmecken.

Fortsetzung folgende Seite >>

ZUM SERVIEREN

6 Weizenmehl-Tortillas (S. 217 oder Fertigprodukt)

Sonnenblumenöl

1–2 TL Crema espesa (S. 210) oder Schmand, zum Servieren

etwa 1 EL zerkrümelter Queso fresco oder Feta, zum Servieren

1 reife Avocado, geschält, in Streifen geschnitten

1 Handvoll Korianderblätter

Chilipulver (z. B. Guajillo), zum Servieren (nach Belieben)

4 Limettenviertel

Für 4 Personen

Während die Suppe köchelt, die Tortillas braten. Zunächst die Tortillas in 2 cm große Streifen schneiden. Einige EL Öl in einer Pfanne erhitzen, dann die Streifen darin portionsweise braten. Mehrmals wenden, damit sie gleichmäßig bräunen. Wenn sie goldgelb sind, auf einen mit Küchenpapier ausgelegten Teller legen. Mit etwas Salz bestreuen und vermengen. Die restlichen Streifen braten, dabei noch etwas mehr Öl zugeben, falls erforderlich.

Die Suppe in Schalen servieren. Pro Portion einige Tortillastreifen in Stücke brechen und auf die Suppe legen. Mit Crema espesa oder Schmand, zerkrümeltem Käse, einigen Avocadostreifen und klein gezupften Korianderblättern toppen. Für Extraschärfe mit etwas Chilipulver bestreuen und als Beilage mit zusätzlichen Tortillastreifen sowie Limettenvierteln zum Auspressen am Tisch servieren.

Picante (richtig Feuer)
Habanero
Guajillo
Jalapeño
Chipotle
Serrano
Poblano
Arbol

Paloma
Brand

Nahomis
CHILAQUILES

etwa 100 g Totopos (Mais-Tortilla-Chips)

375 ml Nahomis Salsa roja (unten), warm

35 g Queso fresco, zerkrümelt (oder geriebener Parmesan)

¼ Zwiebel (25 g), in feine Halbmonde geschnitten

55 g Crema espesa (S. 210) oder Schmand

½ Avocado, in Streifen oder Stücke geschnitten (oder Guacamole)

Für 1–4 Personen

Unsere Freundin Nahomi bereitet oft Chilaquiles zu, die bei uns zu Hause heute zu den Standardgerichten gehören. Ein schöner Teller voller köstlicher Leckereien. Er wird in Mexiko häufig mit einem Glas Fruchtsaft zum Frühstück serviert, oder auch tagsüber mit schwarzen Bohnen als Beilage. Zu diesem Gericht gehören frittierte Tortillas, oder Totopos, die man in Mexiko abgepackt kaufen kann. In Italien verwende ich Tortilla-Chips. Die Salsa sollte warm, nicht kochend heiß sein. Als vollständige Mahlzeit oder zu mehreren als Snack/Vorspeise genießen.

Die Totopos auf einem Teller anrichten. Die Tomaten-Salsa hier und da darauf verteilen, dabei eine kleine Menge als Topping zurückbehalten. Zuerst den Käse, dann die Zwiebel darüberstreuen. Die Crema in 6 kleinen Klecksen darauf verteilen und mit einigen Streifen Avocado oder Guacamole abschließen. Mit zusätzlichen Klecksen von Nahomis Salsa toppen, bevor alles zu stark aufweicht. Genießen!

SALSA ROJA FÜR CHILAQUILES

5 reife Tomaten (etwa 550 g)

½ Zwiebel (70 g), abgezogen

1 große Knoblauchzehe, abgezogen

1–2 große getrocknete rote Chilischoten

2 EL Sonnenblumenöl

1½ TL Salz

Chilipulver, nach Belieben

Ergibt etwa 500 ml

Nahomis Salsa roja ist weniger fest und damit perfekt für Chilaquiles. Reste halten sich im Kühlschrank für die nächsten Chilaquiles, Enchiladas, Rühreier mexikanisch oder für alles, wozu auch Tomatensauce passt.

Die Tomaten von oben nach unten in 6 Spalten schneiden, dabei vom Stielansatz befreien. Die Zwiebel genauso in 4 Spalten schneiden.

Eine große beschichtete Pfanne erhitzen, dann die Tomaten- und die Zwiebelspalten auf ihren Seitenflächen hineinlegen. Den Knoblauch und die Chilischoten einschichten. In der Pfanne ohne Fett rösten, bis die Unterseiten braun, aber nicht zu dunkel sind (die Pfanne sieht vielleicht besorgniserregend dunkel aus, wird aber beim Einweichen wieder sauber). Die gebräunte Chili auf die Tomaten legen, damit sie nicht verbrennt.

Vom Herd nehmen. Das Gemüse vorsichtig mit einer Gabel aus der Pfanne in einen Topf heben. Die Stiele der großen Chilischote kappen. Dann 310 ml Wasser angießen und alles mit einem Stabmixer glatt pürieren. Das Öl und das Salz untermixen. Zum Kochen bringen, alles 10 Minuten schräg abgedeckt köcheln lassen, bis eine homogene dunklere Sauce entsteht. Abschmecken (für mehr Schärfe Chilipulver untermischen).

Mexico

BOLILLOS – MEXIKANISCHE BRÖTCHEN

12 g frische Hefe oder
1 ¼ TL Trockenhefe

1 TL Vollrohrzucker

500 g Mehl, Type 550, plus mehr zum Arbeiten

Ergibt 6 Stück

Diese köstlichen Brötchen sind knusprig, aber innen weich und groß genug für ein Stück Fleisch oder andere Torta-Füllungen. Sie schmecken auch ohne alles oder nur mit Butter herrlich und können nach dem Backen auch prima eingefroren werden.

Die Hefe in einer großen Schüssel zerkrümeln. Dann darin 310 ml warmes Wasser und den Zucker mit einer Gabel verquirlen, die Hefe dabei zerdrücken, damit sie sich auflöst. Noch 2 Handvoll des abgemessenen Mehls einstreuen, alles verquirlen und diesen Vorteig etwa 15 Minuten gehen lassen. Das restliche Mehl und 1 TL Salz untermischen. Es sollte ein lockerer Teig entstehen. Diesen auf der Arbeitsfläche zu einem kompakten, geschmeidigen Teig kneten. Die Hände leicht mit Mehl bestäuben, wenn der Teig zu feucht ist, oder anfeuchten, wenn er zu trocken ist. Den Teig abgedeckt an einem warmen Ort etwa 1 ½ Stunden gehen lassen, bis sich sein Volumen sichtlich vergrößert hat.

Ein sehr großes Backblech mit Backpapier auslegen (oder zwei kleinere).

Den Teig in sechs gleich große Teile teilen (à etwa 140 g). Jeden Teigling auf der Arbeitsfläche zu einer glatten Kugel rollen, diese leicht verlängern und an jedem Ende zwirbeln, dann mit der Handfläche ein wenig flach drücken. Die Teiglinge messen dann 9 × 12 cm und sind ungefähr 2 cm dick. (Sie ziehen sich fast sofort wieder zusammen, werden aber gut aufgehen.) Mit Abstand auf das Backblech legen, damit sie sich beim Aufgehen und Backen nicht berühren. Mit einem Geschirrtuch zudecken und 40 Minuten an einem warmen Ort ruhen lassen, bis sie erneut aufgegangen sind.

Den Backofen auf 200 °C (Umluft) vorheizen.

Eine kleine ofenfeste, mit heißem Wasser gefüllte Schale auf die untere Schiene des Backofens stellen. Die Oberseite der Teiglinge mit einem scharfen Messer einschneiden. Dabei nicht zu fest drücken, es sollten keine Gärgase entweichen. Alle leicht mit Wasser besprenkeln – oder mit einer Sprühflasche besprühen. Dann etwa 20 Minuten oder, falls erforderlich, einige Minuten länger im Ofen backen, bis die Brötchen goldgelb und knusprig, aber innen noch weich sind. (Sind die Teiglinge auf zwei Blechen, portionsweise arbeiten.) Zum Abkühlen auf ein Gitter legen.

TORTAS – MEXIKANISCHE SANDWICHES MIT GEGRILLTEM FLEISCH UND SALSA

2 Knoblauchzehen, abgezogen

¼ TL Salz

etwas frisch gemahlener Pfeffer

½ TL edelsüßes Paprikapulver

1 EL Weißweinessig

2 EL Olivenöl

4 Steaks (z. B. Rib-Eye-, Rump- oder Filetsteaks), 1 cm dick geschnitten, à 150 g

2 Lorbeerblätter

1 reife Avocado

1 EL Limettensaft

4 Bolillos (S. 224) oder andere knusprige Brötchen

Olivenöl, zum Servieren

ZUM SERVIEREN

Pico de gallo (S. 210)

Salsa roja (S. 207)

Salsa de Chiles asado (S. 209)

Mayonnaise, Crema espesa (S. 210) oder Schmand

Für 4 Personen

Ein Torta wie dieses in den Straßen zu essen, gehört zu meinen schönsten Erinnerung an Mexiko. Ein köstlich saftiges Sandwich mit gegrilltem Fleisch (oder Milanesa), Limette, Chili und anderen frischen Aromen. Gefüllte Bolillos (oder andere knusprige Brötchen), weiches gegrilltes Fleisch, Avocado, Pico de gallo, Salsa de Chiles, Salsa roja und ein Klecks Mayonnaise oder Crema espesa.

Diese Saucen enthalten schon ausreichend Limette und Chili. Wer mag, kann auch eine einfachere Version mit Fleisch, Brot, Salsa roja, Limette und Avocado zubereiten.

Den Knoblauch in einem Mörser zu einer Paste zermahlen. In einer großen Schüssel mit Salz, Pfeffer, Paprikapulver, Essig und Olivenöl verrühren. Die Steaks und die Lorbeerblätter in die Schüssel legen und rundum mit der Marinade einreiben. Etwa 1 Stunde bei Zimmertemperatur ziehen lassen.

Inzwischen die Saucen zubereiten und den Holzkohlegrill anheizen, darauf dann die Paprika- und die Chilischoten für die Salsa de Chiles grillen. Die Avocado halbieren, vom Kern befreien und in Streifen schneiden. Mit Limettensaft beträufeln und mit etwas Salz bestreuen.

Die Steaks auf einen Grillrost etwa 10 cm über den heißen Kohlen legen.* Zügig grillen, bis sie an einigen Stellen dunkel sind – einige Minuten von beiden Seiten –, darauf achten, sie nicht zu lange zu grillen. Wenn die Steaks fast fertig sind, die Bolillos halbieren und mit der Innenseite kurz auf den Grill legen. Die Steaks sofort auf die Unterseite jedes Brötchens legen, mit etwas Salz bestreuen und mit ein wenig Olivenöl beträufeln. Einige Minuten ruhen lassen, damit die Fleischsäfte das Brot tränken können.

Auf jedes Brötchen einige Streifen Avocado, etwas Pico de gallo, Salsa roja und Salsa de Chiles geben sowie 1 Klecks Mayonnaise, Crema espesa oder Schmand. Die Brötchen schließen, behutsam zusammendrücken und warm verzehren. Genuss pur!

*Sie können Ihre Steaks auch braten. Dann für die Marinade 2 EL Weißwein statt Essig verwenden. Die Grillaromen fehlen, aber dafür gibt es mehr Sauce. Eine Pfanne sehr stark erhitzen, die Steaks in 1 Schuss Olivenöl zügig von beiden Seiten darin braten. Restliche Marinade in die Pfanne gießen.

HÄHNCHEN-TINGA-TACOS

600 g dicke Hähnchenbrust, ohne Haut

3 EL Sonnenblumenöl

1 Zwiebel (140 g), gehackt

3 Knoblauchzehen, grob gehackt

375 ml Tomatenfruchtfleisch (Dose)

2 Lorbeerblätter

1 kleine Zimtstange

2 Chipotle-Chilischoten in Adobe aus dem Glas, klein geschnitten

½ TL getrockneter Oregano

ZUM SERVIEREN

10–12 Mais- oder Weizenmehl-Tortillas (Seiten 215–217 oder Fertigprodukt)

Salsa verde (S. 209)

Salsa de Chiles, roh oder asado (S. 209)

Crema espesa (S. 210) oder Schmand, Zimmertemperatur

3 Frühlingszwiebeln, der weiße und der grüne Teil, klein geschnitten

½ kleiner Eisbergsalat, geraspelt

2–3 Radieschen, in feine Ringe geschnitten

2 Limetten, in Spalten geschnitten

Für 5–6 Personen

Diese Tacos mit zerkleinertem Hähnchenfleisch gehören zu den Lieblingsgerichten meines Freundes Jorge, der sie häufig zubereitet. Sie schmecken köstlich. Jorge reicht dazu manchmal nur Reis. Ich liebe diesen Taco mit seinen üppigen vielen Schichten – würzige Salsa verde, knackiger Salat, Radieschen und ein kühlender Spritzer Crema espesa (oder Schmand) –, aber auch das Fleisch allein ist schon köstlich.

Das Fleisch von Sehnen und Fettstücken befreien. In lange Streifen (2 × 4 cm) schneiden. In einer großen beschichteten Pfanne 1 EL Öl erhitzen und das Fleisch darin bei ziemlich starker Hitze von allen Seiten goldbraun braten. Mit etwas Salz und Pfeffer bestreuen und auf einen Teller legen.

Das restliche Öl (2 EL) in die Pfanne gießen. Die Zwiebel darin goldgelb anbraten. Den Knoblauch einrühren. Sobald es gut duftet und der Knoblauch Farbe genommen hat, die Tomaten untermischen. Die Dose mit 125 ml Wasser ausschwenken und das Wasser in die Pfanne gießen. Dann etwa 1 TL Salz , einige Prisen schwarzen Pfeffer, die Lorbeerblätter und den Zimt unterrühren. Zudecken und 15 Minuten köcheln lassen.

Die Zimtstange und die Lorbeerblätter herausnehmen und beiseitelegen. Die Sauce in einen Mixbecher füllen und mit einem Stabmixer glatt pürieren. Zusammen mit der Zimtstange und den Lorbeerblättern zurück in die Pfanne geben. Chilischoten, Oregano und 125 ml Wasser untermischen. Jetzt das Hähnchenfleisch mit den Fingern direkt in die Pfanne zerpflücken. Zudecken und 15 Minuten köcheln lassen, bis das Hähnchenfleisch sich mit der köstlichen, eingedickten Sauce verbunden hat. (Falls erforderlich, ein wenig Wasser angießen – die Sauce muss fest genug sein, um nicht aus dem Taco herauszufließen.) Vom Herd nehmen und abschmecken.

Die Tortillas, falls nicht gerade frisch zubereitet, unter einem Grill oder in einer trockenen Pfanne erwärmen. Zum Servieren alle Beilagen sowie Saucen und Gewürze in separate Schüsseln füllen. So kann sich jeder bei Tisch seinen eigenen Taco zusammenstellen.

Angelas SCHWARZE BOHNEN

400 g schwarze Bohnen, über Nacht eingeweicht

4 EL Olivenöl

1 große Zwiebel (230 g), gehackt

4 Knoblauchzehen, gehackt

125 ml Weißwein

2–3 getrocknete rote Chilischoten (oder nach Belieben), geputzt, entkernt und fein gehackt, oder 3–4 Prisen Chiliflocken

1 mittelgroßes Bund Koriandergrün, die Blätter abgezupft und die Stängel gehackt

400 g stückige Tomaten (Dose)

2 Lorbeerblätter (oder ein paar Epazote-Blätter)

1 TL gemahlener Koriander

1 TL gemahlener Kreuzkümmel

875 ml Gemüsebrühe (S. 137) oder 1 Gemüsebrühwürfel, in heißem Wasser aufgelöst

frisch gemahlener Pfeffer

Ergibt 1 großen Topf

Dieses Gericht habe ich bei Angela Dwyer, meiner Freundin und Kochkönigin, gelernt. Sie ist eine unglaublich gute Köchin und Lehrerin, die mir zum ersten Mal die Chance gegeben hat, in der Küche mitzuarbeiten – das werde ich nie vergessen. Dies hier ist ihr Rezept für schwarze Bohnen. Eine wahre Schönheit. Ich bereite sie seit Jahren so zu.

Sie können ohne weitere Beilage, eher wie eine Suppe (dann mehr Wasser angießen) mit zerbröselten Köstlichkeiten wie Cotija-Käse (oder Feta), Koriandergrün, Limette und Salsa roja (S. 207) oder in Tacos (S. 229) serviert werden. Angela gibt zu ihren Bohnen während des Garens manchmal noch einen Schinkenknochen hinzu. Ich koche die Bohnen in einem Schnellkochtopf, wodurch sich die Garzeit verkürzt. In Mexiko gibt es zu den Bohnen häufig wie Zigarren aufgerollte Tortillas.

Die Bohnen abtropfen lassen und abspülen.

Das Olivenöl in einem Schnellkochtopf oder einer Pfanne mit Deckel erhitzen und die Zwiebel darin anschwitzen. Wenn sie goldgelb karamellisiert, den Knoblauch einrühren. Sobald dieser duftet, den Wein angießen. Einkochen lassen, dann getrocknete Chilischoten, gehackte Korianderstängel, Bohnen, Tomaten, Lorbeerblätter, gemahlenen Koriander und Kreuzkümmel untermischen. Die Brühe angießen und mit etwas Pfeffer würzen.

Den Schnellkochtopf verschließen. Nach dem ersten Pfeifen die Temperatur reduzieren und das Ganze etwa 40 Minuten garen. Vor dem Öffnen ein wenig abkühlen lassen, dann etwa 1 ½ TL Salz (je nach verwendeter Brühe) einrühren und offen etwa 10 Minuten zu einem dickflüssigen stückigen Eintopf mit ein wenig oben abgesetzter Flüssigkeit köcheln lassen. (Häufig umrühren, damit die Bohnen nicht anbrennen. Bei einem Gasherd gegen Ende der Garzeit, falls vorhanden, einen Hitzeverteiler verwenden.) Sind die Bohnen noch nicht weich genug, noch etwas Wasser angießen und weitergaren. Ohne Schnellkochtopf die Bohnen in einem großen Topf fast vollständig mit Wasser bedecken und 1¾–2 Stunden weich köcheln lassen. In der letzten Stunde der Garzeit zusätzlich etwa 750 ml Wasser und das Salz untermischen.

Eine großzügige Handvoll Korianderblätter klein zupfen (Rest zum Servieren zurückbehalten), auf die gegarten Bohnen streuen und den Topf vom Herd nehmen. Reste der schwarzen Bohnen können eingefroren werden.

TACOS MIT SCHWARZEN BOHNEN

10–12 Mais- oder Weizenmehl-Tortillas (Seiten 215–217 oder Fertigprodukte)

Schwarze Bohnen (S. 227) oder 3 Dosen (à 400 g) schwarze Bohnen, abgetropft und abgespült

ZUM SERVIEREN

Salsa roja (S. 207)

Pico de gallo (S. 210)

200 g Queso fresco, Cotija-Käse oder Feta, zerkrümelt

Guacamole (S. 211) oder Avocadoscheiben

2 Limetten, geviertelt

3 Radieschen, in feine Scheiben geschnitten

Korianderblätter

Für 5–6 Personen

Champurrado: dickflüssiges mexikanisches Heißgetränk aus Schokolade mit Zimt und Rohrzucker

Genau so liebe ich Tacos mit schwarzen Bohnen. Mit diesen Beilagen schmecken sie fantastisch. Aber es geht auch einfacher mit einigen Scheiben Avocado, zerkrümeltem Queso (oder Feta), gehackter Zwiebel, Koriandergrün, 1 Spritzer Limette und einer scharfen Sauce.

Alle Beilagen vorbereiten und bereitstellen.

Für die Tacos die Tortillas in einer trockenen Pfanne erwärmen und die schwarzen Bohnen erhitzen.

Alles in separate Schüsseln füllen, damit sich jeder selbst bedienen kann. Vor dem Servieren einige Korianderblätter klein zupfen und auf die Bohnen geben.

Dimitris

COCHINITA PIBIL

etwa 2,5 kg Schweineschulter oder Schweinshachse (auch ohne Knochen), etwa 8 × 20 × 28 cm, mit Fett und etwas Haut

2 Zwiebeln (400 g), grob gehackt

3 Knoblauchzehen, abgezogen

2 kleine lange süße rote Paprikaschoten, entkernt und grob gehackt (200 g)

2 kleine lange süße grüne Paprikaschoten, entkernt und grob gehackt (200 g)

2 große scharfe rote Chilischoten (oder Menge nach Belieben), entkernt und grob gehackt

90 g Achiote-(Annatto-) Paste

2 EL Tomatenmark

Saft von 2 Limetten

Saft von 2 kleinen Orangen

Saft von 2 kleinen Zitronen

Saft von 1 Pink Grapefruit

20 g (4 TL) grobes Salz (z. B. Sel de Guérande)

1 EL getrockneter Oregano

1 Bund Thymian

2 Lorbeerblätter

>>

Die Zubereitung dieses köstlichen Cochinita hat mein Freund Dimitri in Mexiko gelernt. Ein Festessen, das fantastisch schmeckt. Das Fleisch muss am Vorabend mariniert werden und dann 7 Stunden garen. Beim letzten Mal wollte ich es als Mittagessen servieren und habe es am Nachmittag des Vortages mariniert. Ich bin um 4 Uhr morgens aufgestanden, habe den Backofen eingeschaltet, das Fleisch in den Backofen geschoben und bin wieder ins Bett gegangen. Kurz vor dem Mittagessen kamen dann Tortillas und Guacamole dran. Das Mittagessen war ein Kinderspiel und hat jedem gut geschmeckt. Ich stelle dieses Gericht gern einfach so mit einem Korb mit Tortillas, gehackten Zwiebeln, Guacamole, Salsa roja und Limetten auf den Tisch.

Ich gare es in einem gusseisernen Topf mit den Maßen 23 x 28 x 10 cm. Sie können hierfür ein größeres oder ein kleineres Stück Schweinefleisch verwenden. Achten Sie nur darauf, dass es für das Rösten im Ofen in Ihren Topf passt. Achiote-Paste ist eine ziegelsteinrote sämige Paste, die Gerichten jede Menge Geschmack und Farbe verleiht. Sie ist in Feinkostläden erhältlich.

Das Fleisch abspülen, überschüssiges Fett abschneiden, den Großteil aber am Fleisch belassen. Mit Küchenpapier trockentupfen. In einen gusseisernen Topf mit Deckel legen.

In einer Küchenmaschine die Zwiebeln mit Knoblauch, Paprika- und Chilischoten sowie Achiote-Paste recht glatt pürieren (einige Stückchen sind in Ordnung). Das Tomatenmark und den Zitrussaft (etwa 375 ml) unterrühren. Salz, etwas Pfeffer und Oregano sowie viele Thymianblätter (einige Zweige bleiben ganz) hinzufügen. Die Mischung auf dem Fleisch verteilen, die Lorbeerblätter und die ganzen Thymianzweige darauflegen. Das Fleisch wenden, damit es rundum bedeckt ist. Den Deckel auflegen und zum Marinieren über Nacht in den Kühlschrank stellen.

Fortsetzung folgende Seite >>

ZUM SERVIEREN

Mais- oder Weizenmehl-Tortillas (S. 215–217 oder Fertigprodukt)

1 Zwiebel, abgezogen und gehackt

Guacamole (S. 211)

Salsa roja (S. 207) und/ oder Salsa verde (S. 209)

Korianderblätter, gerebelt

Limettenviertel

Für 10 Personen

Den Backofen auf 110 °C vorheizen.

Den Topf in den Backofen schieben und das Fleisch zugedeckt 7–8 Stunden im Ofen garen, dabei einige Male übergießen. Der fertige Braten sollte beim Einstechen mit einem Spieß sehr zart sein. Den Deckel abnehmen, die Temperatur auf 180 °C hochschalten und etwa 30 Minuten weitergaren, damit auch die Oberseite bräunt. Dann den Ofen ausschalten, den Deckel auf den Topf legen und den Inhalt im Ofen einige Minuten ruhen und abkühlen lassen.

Das Fleisch zerkleinert auf frisch gebackene Tortillas verteilen und etwas sämige Sauce vom Topfboden darüberträufeln. Gehackte Zwiebeln darüberstreuen, einige Kleckse Guacamole, 1 großzügige Portion Salsa roja und/oder verde, etwas Koriander und mit 1 Spritzer Limettensaft abrunden. Warm genießen!

Mit Kaktussalat (Nopales) als Beilage servieren. Auf stachelige Stückchen der Kaktusblätter in der Schüssel achten.

FLAN

625 ml Milch

310 g Sahne

1 Stück Zimtstange (4 cm)

je 1 lange unbehandelte Zitronenzeste und Orangenzeste (ohne das Weiße)

5 Eier (Größe M)

1 TL Vanilleextrakt

240 g Zucker

Für 8+ Personen

Diesen nicht zu süßen Flan mit seinem cognacfarbenen Karamell und seiner leichten Zitrusnote mag ich besonders gern. Er muss vor dem Servieren über Nacht oder mehrere Stunden im Kühlschrank stehen. Am nächsten Tag schmeckt er sogar noch besser. Manchmal esse ich dazu auch gern 1 Klecks Schlagsahne. Ich verwende eine Kastenform von 11 × 30 × 6 cm. Man kann auch eine runde Form wählen oder einzelne kleine Flans backen, wodurch sich die Backzeit verkürzt.

Serviert werden sollte der Flan auf einem leicht tiefen Teller, damit er mit Karamellsauce übergossen werden kann.

Für den Pudding die Milch mit Sahne, Zimt, Zitronen- und Orangenzeste in einem Topf erhitzen. Zum Kochen bringen, dann den Topf vom Herd nehmen und die Masse 15 Minuten bei Zimmertemperatur ziehen lassen.

Mit einem elektrischen Rührgerät die Eier in einer großen Schüssel mit der Vanille und der Hälfte des Zuckers cremig aufschlagen, allerdings nicht zu lange. Die warme Milchmischung unter ständigem Rühren nach und nach unter die Eier schlagen. Beiseitestellen und ruhen lassen, bis die Masse fester wird. (Mithilfe eines Teelöffels die Masse über die Blasen heben, dann geht es schneller.)

Den Backofen auf 160 °C vorheizen und eine Kastenform (11 × 30 × 6 cm) bereitstellen.

Inzwischen für die Karamellsauce mutig, aber vorsichtig ans Werk gehen. Den restlichen Zucker (120 g) in einem Topf mit einigen Tropfen Wasser beträufeln. Das Ganze erhitzen und den Zucker schmelzen lassen. Der Topf kann ab und zu hin und her geschwenkt werden, aber nicht umrühren. Mithilfe eines angefeuchteten Backpinsels kristallisierten Zucker von den Wänden nach unten streichen. Sobald der gesamte Zucker geschmolzen ist, die Temperatur erhöhen und den Karamell zu einer dunklen, goldbraunen Masse köcheln lassen. (Ich gebe einige Tropfen auf eine glänzende weiße Marmorplatte, um zu prüfen, ob er dunkel genug ist.) Wenn er fertig ist, den Topf zügig vom Herd nehmen – Karamell kann innerhalb 1 Sekunde anbrennen –, dann den Karamell in die Form gießen. Die Form vorsichtig mit zwei Topflappen festhalten und den Karamell durch Schwenken auf dem Boden und ein wenig an den Seiten verteilen.

Die mit Karamell ausgekleidete Form in eine große Auflaufform stellen. Den Pudding langsam in die Form gießen, damit keine neuen Blasen entstehen, dann kochendes Wasser in die große Auflaufform gießen, bis die Kastenform zur Hälfte im Wasser steht. Beide Formen in den Ofen schieben und den Flan 40–50 Minuten backen, bis die Oberseite stellenweise goldgelb und der Pudding fester geworden ist.

Die Kastenform aus der Auflaufform nehmen und abkühlen lassen. Abdecken und am besten über Nacht in den Kühlschrank stellen.

Kurz vor dem Anrichten mit den Fingerspitzen von außen auf den Flan klopfen, damit er sich leichter von der Form löst. Einen leicht tiefen Teller (der den Flan samt Karamellsauce aufnehmen kann) dicht auf die Kastenform legen, dann das Ganze mit Schwung umdrehen. Falls erforderlich, schütteln, damit der Flan auf den Teller rutscht. Die Form abnehmen und dabei darauf achten, die Sauce nicht zu verschütten. Falls noch eine größere Menge an Karamell auf dem Boden der Form ist, kann man es bei schwacher Hitze schmelzen und abgekühlt mit dem Flan servieren.

Die Nationalblume Mexikos ist die Dahlie.

6

Kamille, indisches Basilikum (Tulsi),
Chai, Rooibos, Darjeeling, griechischer Bergtee
(Tsai Tou Vounou), Oolong, Lapsang Souchong

S.GIOVANNI

SPIGOL

Jeder Tag ist besonders. Herzensmomente: Abenddämmerung. Ein Feuer im Winter. Pizza am Sonntagabend. Und ein Fenster, durch das ich auf die nächste Woche schauen kann.

TESSA KIROS
TOSKANA – ITALIEN

FLY SOUTH
Finnland, Helsinki,
Kambodscha, Bangkok, Ke
Tunesien, Azoren
Beautiful
June 2017

Was mir jeden Tag schmeckt

Garnelen-Avocado-Reis 244

Artischocken mit Sardellen-Aioli 245

Köfteteller mit Kreuzkümmel, Tomaten-Piri-Piri-Sauce (S. 249), Rind- und Lammfleisch-Köfte mit Kreuzkümmel, Gurken-Zwiebel-Salat mit Sumach, Gesalzener Joghurt 249–251

Fladenbrote 252

Mein neuestes Hähnchen-Souflaki, Hähnchenspieße, Tomaten-Zwiebel-Salat, Tahini-Sauce, Krautsalat mit Radicchio 253–254

Gegrillte Lammkoteletts mit Sumach und Minze-Relish 255–257

Fisch mit Zitronen und Orangen 259

Lachsteller mit schwarzem Reis, Limette und Soja 261–262

Marcos Mascarponekuchen 264

Zitronentarte 267

GARNELEN-AVOCADO-REIS

etwa 480 g Garnelen mit Schalen (etwa 20 Stück), ohne Kopf

3 EL Olivenöl

1 große Knoblauchzehe, in große Stücke geschnitten

einige Zweige Thymian

1,25 l Gemüsebrühe, oder 1 Gemüsebrühwürfel mit Wasser

1 Zwiebel (120 g), gehackt

300 g mittelkörniger Reis (oder Paellareis)

125 ml Weißwein

125 g stückige Tomaten (Dose)

½ TL edelsüßes Paprikapulver

2–3 TL unbehandelte fein abgeriebene Zitronenschale

30 g Butter

Salz

frisch gemahlener schwarzer Pfeffer

1 EL Brandy

1 Schuss Tabasco

1 ½ reife Avocados

2 EL Zitronensaft, plus einige unbehandelte Zitronenspalten zum Servieren

2 EL gehackte Petersilie

Chilisauce, zum Servieren

Für 4–5 Personen

Dieses Gericht ist einfach in der Zubereitung und wirkt doch sehr ausgefallen. Für eine kräftig-aromatische schnelle Brühe brate ich die Garnelenschalen kurz an und gebe dann die Gemüsebrühe hinzu. Man kann diesen Schritt auch auslassen und bereits geschälte und geputzte Garnelen kaufen, aber die Schalen sorgen für zusätzliches Aroma.

Die Garnelen schälen und entdarmen. Die Schalen abspülen und mit 1 EL Öl, Knoblauch und Thymian in einem eher kleinen Topf anbraten, bis die Schalen kräftig rosafarben sind. Die Brühe angießen und alles einige Minuten köcheln lassen. Vom Herd nehmen.

In einem großen Topf das restliche Öl (2 EL) erhitzen und die Zwiebel darin anbraten. Wenn sie schön goldgelb ist, den Reis einrühren und einige Minuten rösten. Dabei häufig umrühren, damit er nicht am Boden haftet. Den Wein angießen und unter Rühren garen, bis er aufgenommen ist. Die Tomaten einrühren, dann die Brühe abseihen und hineingießen. Das Paprikapulver und die Zitronenschale hinzufügen. Den Sud mit Salz und Pfeffer abschmecken. Die Temperatur reduzieren und alles offen 20 Minuten köcheln lassen, bis der Reis gar ist und einen Großteil der Brühe aufgenommen hat.

Inzwischen die Hälfte der Butter in einer Pfanne zerlassen. Die Garnelen darin kräftig braten. Wenden, wenn sie auf der Unterseite gebräunt sind. (Darauf achten, sie nicht zu lange zu braten.) Mit etwas Salz und Pfeffer bestreuen. Wenn sie schön goldgelb gebräunt und prall sind, den Brandy angießen und verdunsten lassen. Etwas Tabasco darüberträufeln, die restliche Butter (15 g) hinzufügen und die Pfanne vom Herd nehmen. Die Avocados halbieren, vom Kern befreien und das Fruchtfleisch in Stücken in eine Schüssel schneiden. Mit etwas Salz und Pfeffer bestreuen.

Den gegarten Reis vom Herd nehmen. Die Garnelen darauf verteilen und die Avocado dazu anrichten. Den Zitronensaft in die Garnelenpfanne gießen, dann die Pfanne schwenken, um die Aromen aufzunehmen. Den Reis damit beträufeln. Mit Petersilie bestreuen, den Topf zum Tisch tragen und sofort mit ein wenig schwarzem Pfeffer und Salzflocken bestreut sowie dazu Chilisauce als Beilage und einige Zitronenspalten servieren.

ARTISCHOCKEN MIT SARDELLEN-AIOLI

4 Knollen Rote Bete, geputzt (à etwa 100 g), abgebürstet

grobes Salz und Meersalzflocken

4 große Artischocken (Mamme) oder 8 kleinere

Saft von ¼ Zitrone, plus 1 unbehandelte Zitronenscheibe

800 g neue unbehandelte Kartoffeln, abgebürstet

4 mittelgroße Zucchini oder 8 kleine Zucchini

350 g grüne Bohnen, die Enden gekappt

>>

Ein Gericht wie dieses ist ein absoluter Festschmaus. Es besitzt kräftige Aromen, ist aber gleichzeitig wunderbar einfach. Warme Kartoffeln, eine riesige ganze Artischocke für jeden (Mamme in Italien, auf die ich für dieses Gericht immer schon warte), Rote Bete, grüne Bohnen und Zucchini. Ein Traum. Das Knoblauch-Sardellen-Öl (keine klassische Aioli) wird über das Gemüse auf dem Teller geträufelt oder für jeden zum Eintunken in kleinen Schüsseln serviert. Das schmeckt auch sehr gut zu Salat oder Nudeln und großartig über gegrilltem Fisch.

Die Rote Bete mit etwa 1 TL grobem Salz in einem Topf mit reichlich Wasser zum Kochen bringen. Dann den Deckel auflegen und etwa 1 Stunde weich köcheln (in einem Schnellkochtopf verkürzt sich die Garzeit auf 20 Minuten). Abgießen und beiseitestellen, bis sie ausreichend abgekühlt sind, dann vorsichtig mit einem Gemüseschäler schälen.

Für die Artischocken die Stielansätze abschneiden, sodass der Boden flach ist, dann die ersten beiden Lagen der Außenblätter abziehen. Die geputzten Artischocken, bis sie gekocht werden, in eine Schüssel mit kaltem Wasser und Zitronensaft legen.

In einen breiten Topf so viel Wasser gießen, dass es 1 cm hoch steht. Der Topf sollte alle Artischocken nebeneinander aufnehmen können. Dann 1 TL grobes Salz und die Zitronenscheibe hinzufügen, alles zum Kochen bringen. Die Artischocken darin abgedeckt etwa 20 Minuten köcheln lassen, bis sie weich, aber nicht verkocht sind (das hängt von der Größe der Artischocken ab, das Innere muss weich sein). Aus dem Topf und auf einen Teller legen.

Inzwischen die Kartoffeln weich dämpfen. Zuerst die Zucchini, dann die grünen Bohnen dünsten. (Sie können auch einzeln in einem Schnellkochtopf ohne Salz gegart werden.) Auf einen Teller legen und alles mit einigen Salzflocken bestreuen.

Fortsetzung folgende Seite >>

4 Eier (Größe M)

frisch gemahlener Pfeffer

KNOBLAUCH-SARDELLEN-ÖL

6 Knoblauchzehen, grob gehackt

etwa 10 hochwertige Sardellen in Öl (30 g), abgetropft, plus einige mehr

6 EL Zitronensaft

185 ml natives Olivenöl extra (nicht zu kräftig)

Für 4 Personen

Für das Knoblauch-Sardellen-Öl den Knoblauch mit Sardellen und Zitronensaft in einem Metallgefäß mit dem Stabmixer sehr glatt pürieren. Weiterpürieren, dabei das Öl wie für eine Mayonnaise langsam einträufeln. Langsam arbeiten, sodass die Mischung zu einer wunderbar sämigen Sauce wird. (Sie wird später an Volumen verlieren, was völlig in Ordnung ist.) Beiseitestellen.

Die Eier in einem kleinen Topf mit Wasser bedeckt aufkochen. Dann einen Deckel auflegen und den Herd unverzüglich ausschalten. Die abgedeckten Eier 2½ Minuten stehen lassen. Abgießen, dann unter kaltem Wasser abspülen, damit sie nicht weiterkochen, aber noch warm sind, wenn serviert wird. (Ich mag es, wenn sie wachsweich sind.)

Zum Servieren auf jeden Teller 1 Artischocke setzen. Die Eier mit einem Messer in der Mitte aufschlagen und mit einem Teelöffel servieren. Mit Salzflocken und 1 Prise Pfeffer bestreuen. Das Gemüse großzügig auf die Teller verteilen. (Nach Belieben noch ein paar zusätzliche Sardellen anbieten.) Separate Schüsseln mit dem Knoblauchöl verteilen, damit jeder sein Gemüse damit beträufeln oder es eintunken kann (die Artischocken Blatt für Blatt). Einige leere Schüsseln für die Artischockenblätter auf den Tisch stellen. Die Blätter in das Öl dippen. Die spitzen, stacheligen Blätter im Inneren der Artischocke entsorgen, den Bart mit einem kleinen scharfen Messer abschneiden, den Boden in dicke Stücke schneiden und mit dem Öl genießen.

Köstlichkeiten für jeden Tag

SUMAC

Alle Elemente

Tomaten-Piri-Piri-Sauce

Köfte aus einer Rind- und Lammfleischmischung mit Kreuzkümmel (S. 250)

Gurken-Zwiebel-Salat (S. 251)

Gesalzener Joghurt (S. 251)

Fladenbrote (S. 252)

Limettenviertel, natives Olivenöl extra, Sumach

Für 4–6 Personen

KÖFTETELLER MIT KREUZKÜMMEL

Meine Familie liebt diese herrliche Zusammenstellung: würzige gegrillte Fleischspieße mit Fladenbrot, pikante Tomatensauce, 1 Klecks Joghurt und ein Gurken-Zwiebel-Salat mit Sumach. Eine Mischung aus Lamm- und Rindfleisch mit etwas Fett auf den Spießen sorgt für einen saftigen Genuss. Für mich sind die Aromen hier so abgerundet und ausgewogen wie bei einer vollständigen Mahlzeit.

TOMATEN-PIRI-PIRI-SAUCE

4 Knoblauchzehen, grob gehackt

grobes Salz

etwa 8 sehr kleine getrocknete Piri-Piri-Chilischoten, gehackt

5 EL Olivenöl

850 g reife Tomaten (6–7 Stück), gehäutet und klein geschnitten

30 g Butter

½ TL Vollrohrzucker

frisch gemahlener Pfeffer

Ergibt 1 Glas à etwa 1 l

Ich verwende hier winzige Chilischoten und halte 8 Stück für genau richtig. Bleiben Sie je nach Geschmack und verwendeter Sorte flexibel. Die Tomaten auf der Unterseite kreuzweise einritzen und mit kochendem Wasser überbrühen. Nach etwa 5 Minuten lässt sich die Haut problemlos abziehen. Saucenreste in einem Glas im Kühlschrank aufbewahren – sie schmeckt auch gut zu Eiern, Chips (!) und vielem mehr.

Den Knoblauch mit sehr wenig grobem Salz in einem Mörser zerstoßen. Mit den Chilischoten zu einer Paste verarbeiten.

Das Öl in einem Topf erhitzen. Die Knoblauch-Chili-Paste darin kurz anbraten, bis sie duftet. Tomaten, Butter, Zucker, 1 TL Salz und ein wenig Pfeffer untermischen. Die Sauce bei aufgelegtem Deckel, falls es spritzt, etwa 20 Minuten köcheln lassen, bis sie stark eingekocht ist.

Für eine gemischte Konsistenz hier und da mit einem Stabmixer pürieren (oder in der Küchenmaschine arbeiten). Zurück auf den Herd stellen und bei schräg aufgelegtem Deckel, falls es spritzt, weitere 10 Minuten zu einer ziemlich dickflüssigen, köstlichen Sauce köcheln lassen. Häufig umrühren, vor allem gegen Ende. Abschmecken. Vom Herd nehmen. Zum Aufwärmen kann der Topf direkt auf den Grill neben das Fleisch gestellt werden (ich mag diese Sauce gern warm).

RIND- UND LAMMFLEISCH-KÖFTE MIT KREUZKÜMMEL

450 g Rinderhackfleisch (mit etwas Fett)

300 g Lammhackfleisch

1 rote Zwiebel (180 g), grob gerieben

70 g Petersilie, gehackt

2 TL gemahlener Kreuzkümmel

1 TL gemahlener Koriander

1 TL edelsüßes Paprikapulver

Salz

frisch gemahlener Pfeffer

Olivenöl, zum Beträufeln

AUSSERDEM

10 Metallspieße, etwa 26 cm lang

ZUM SERVIEREN

Meersalzflocken

Tomaten-Piri-Piri-Sauce (S. 249)

Gurken-Zwiebel-Salat (siehe rechts)

Gesalzener Joghurt (siehe rechts)

unbehandelte Limettenviertel, Olivenöl, Sumach

etwa 8 Fladenbrote (S. 252 oder Fertigprodukt)

Ergibt 10 Stück

Falls vorhanden, lange flache Metallspieße verwenden. Holzspieße alternativ vorher in Wasser einweichen. Wenn kein Fladenbrot dazu serviert wird, Beilagen auf dem Teller anrichten und etwas Sumach für das Fleisch dazugeben.

Einen Holzkohlegrill anheizen. Sämtliche Zutaten in einer Schüssel (nur ein wenig Petersilie zum Garnieren zurückbehalten) mit 1 TL Salz sowie etwas Pfeffer vermischen. Alles in der Schüssel sehr gut durchkneten, wie bei einer Brotzubereitung. Die Masse nach unten pressen und erneut kneten, bis das Hackfleisch sehr weich und fein ist und Luft eingearbeitet wurde.

Die Mischung in zehn gleich große Portionen aufteilen (à etwa 90 g). Eine Portion pro Spieß flach von der Spitze aus um den Spieß herum andrücken. Die Hände mit etwas Wasser befeuchten, damit das Fleisch besser haftet, dann den Spieß mit dem Fleisch vorsichtig auf einem Holzbrett rollen. Die fertig geformten Köftespieße auf eine Platte legen, dann etwas Olivenöl über das Fleisch träufeln.

Die Köfte auf einem Grillrost etwa 10 cm über den heißen Kohlen (oder der Flamme) etwa 10 Minuten grillen, bis sie goldbraun sind und gut duften. Die Spieße dabei häufig wenden. Hierfür die Spieße eher mit einer Grillzange über das Gitter rollen, als sie hochzuheben. Nicht zu lange grillen, da sie sonst trocken werden. Auf einem Teller mit Meersalzflocken bestreuen, etwas Olivenöl darüberträufeln und warm halten.

Zum Servieren die Beilagen anrichten: warme Piri-Piri-Sauce, Gurken-Zwiebel-Salat und Joghurt mit Limettenvierteln, Olivenöl und einer kleinen Schüssel mit Sumach und restlicher Petersilie. Die Fladenbrote zügig (damit sie nicht hart werden) von beiden Seiten auf dem Grill erhitzen und auf die Teller verteilen. Mit der Grillzange das Fleisch von den Spießen auf die Fladenbrote schieben. Dann jeweils einige Kleckse Tomatensauce, einige Kleckse Joghurt sowie 1 Portion Gurken-Zwiebel-Salat darauf verteilen. Mit einigen Tropfen Olivenöl und 1 großzügigen Spritzer Limettensaft abschließen.

GURKEN-ZWIEBEL-SALAT MIT SUMACH

1 lange dünne Salatgurke

½ rote Zwiebel, längs in Scheiben geschnitten

20 g grob gehackte Petersilie

1 EL Zitronensaft

1 TL Sumach, plus etwas mehr zum Servieren

Für 4 Personen

Die Gurke in Scheiben schneiden. Zu große Scheiben halbieren. In einer Schüssel mit Zwiebel, Petersilie, Zitronensaft und Sumach anmachen. Mit Salz und Pfeffer kräftig abschmecken, alles vermischen. Erneut abschmecken.

GESALZENER JOGHURT

200 g griechischer Joghurt (10 % Fettgehalt)

70 g Joghurt (3,5 % Fettgehalt)

Salz

frisch gemahlener Pfeffer

Beide Joghurts in der Servierschüssel großzügig mit Salz und Pfeffer abschmecken. Verrühren und erneut abschmecken.

Sumach wird aus den Steinfrüchten des Gerber-Sumachs gewonnen. Das Gewürz schmeckt säuerlich.

Wir lieben Sumach.

FLADENBROTE

300 g Mehl, Type 550, plus mehr zum Arbeiten

200 g Weizenvollkornmehl

12 g frische Hefe oder 1 ¼ TL Trockenhefe

1 TL Honig

2 EL Olivenöl

Ergibt 8 Stück

Ich bereite diese Brote aus einer Mischung von Weizenvollkorn- und hellem Weizenmehl zu und backe sie nur kurz, damit die Fladen weich und elastisch bleiben. (Für Wraps müssen sie weich sein, schmecken aber auch sehr gut länger gebacken und mit Butter bestrichen.) Sie können auf einem Grillrost oder in einem Feuer erhitzt werden, wenn Kebabs oder andere Fleischspieße gegrillt werden. Reste können eingefroren werden.

Beide Mehlsorten in eine Schüssel schütten. Die Hefe in einer separaten Schüssel zerkrümeln, mit 295 ml lauwarmem Wasser und dem Honig verquirlen. Dann 1 Handvoll Mehlmix mit dem Olivenöl hineinquirlen, zudecken und den Vorteig etwa 10 Minuten gehen lassen, bis Blasen auf der Oberfläche zu sehen sind. Das restliche Mehl und 1 TL Salz hinzufügen, alles mit einem Holzlöffel vermischen und schließlich mit den Händen zu einem groben Teig vermengen. Falls erforderlich, 1 Schuss Wasser oder etwas mehr Mehl zufügen. Den Teig auf einer Arbeitsfläche 5–6 Minuten kräftig kneten, bis er elastisch und weich ist – nicht trocken. (Die Hände mit etwas Mehl bestäuben, wenn er zu feucht erscheint.) Den Teig in der Schüssel mit einem Geschirrtuch abdecken und etwa 1 ½ Stunden an einem warmen Ort gehen lassen. Er sollte sich in dieser Zeit schön aufblähen.

Den Backofen auf 220 °C vorheizen und 2–3 Pizza- oder Backbleche bereitstellen. Den Teig in 8 gleich große Kugeln (à gut 100 g) aufteilen und mit einem Geschirrtuch abgedeckt auf der Arbeitsfläche liegen lassen. Eine Kugel mit einem Nudelholz auf einer leicht bemehlten Oberfläche rund (22 cm Ø) ausrollen. Kurz vor dem Backen die Oberfläche mit sehr wenig Wasser bepinseln, dann eine sehr kleine Menge feines Salz auf die Pizzableche streuen.

Die Fladen nacheinander auf einer der oberen Schienen im Backofen einige Minuten backen, bis durch das Sichtfenster einige Blasen auf der Oberfläche zu sehen sind. Die Brote wenden und backen, bis Blasen zu sehen sind, sie aber noch weich (nicht knusprig) sind. Anschließend jeweils aus dem Ofen nehmen und in ein Geschirrtuch wickeln. Die restlichen Fladen ebenso backen.

Alle Elemente

Hähnchenspieße (unten)

Tomaten-Zwiebel-Salat (S. 254)

Tahini-Sauce (S. 254)

Krautsalat mit Radicchio (S. 254)

Fladenbrote (siehe links)

Chilisauce (etwa Sriracha-Sauce) und Zitronenspalten, zum Servieren

MEIN NEUESTES HÄHNCHEN-SOUFLAKI

Gegrillte Hähnchenspieße mit grüner Paprikaschote, serviert in Fladenbrot. Mit einer reichlichen Portion Tomaten-Zwiebel-Salat, etwas Krautsalat gefüllt und großzügig beträufelt: Tahini-Sauce, Olivenöl, Chilisauce. Und, wer mag, mit Zitrone. Die Fladenbrote müssen feucht und saftig, fast durchgeweicht sein, wenn sie gefüllt und aufgerollt sind. Ich verwende hier Hähnchenfleisch oder manchmal auch Schweinelende mit etwas Fett daran. Die Marinierzeit muss eingeplant werden.

Für 4–6 Personen

HÄHNCHENSPIESSE

720 g dicke Hähnchenbrust ohne Haut, Gewicht nach dem Parieren

½ rote Zwiebel (90 g), in Stücke geschnitten

2 EL Zitronensaft

2 EL Olivenöl, plus mehr zum Beträufeln

2 TL Shawarma-Gewürzmischung

2 TL getrockneter griechischer Oregano

¾ TL Salz, plus Meersalzflocken zum Bestreuen

4–5 kleine grüne Paprikaschoten (insgesamt 170 g), von Samen und Trennwänden befreit und in 4 cm große Stücke geschnitten

AUSSERDEM

8–10 Metall- oder Holzspieße (26 cm lang)

Ergibt etwa 10 Stück

Der libanesische Shawarma-Gewürzmix ist in vielen Varianten erhältlich. Oder man stellt seine eigene Mischung zusammen. Meine enthält Piment, Sumach, Zimt, Kardamom und Gewürznelken.

Das Hähnchenfleisch längs halbieren, dann in 3–4 cm große Stücke schneiden. Mit einem Stabmixer die Zwiebel mit dem Zitronensaft in einem Metallbecher glatt pürieren, dann Öl, Gewürze, Oregano und ¾ TL Salz untermischen. Das Fleisch in einer Schüssel mit dieser Marinade übergießen. Zudecken und 4 Stunden (idealerweise) gekühlt ziehen lassen.

Holzspieße vor Gebrauch in Wasser einweichen. Abwechselnd auf jeden Spieß 1 Stück Hähnchenfleisch (etwa 5) und 1 Paprikaschote (etwa 4 Stück) stecken. Je 1 Stück mehr ist auch in Ordnung. Die Spieße auf einem Teller stapeln, abdecken. Die Beilagen (folgende Seite) zubereiten.

Einen Grill anfeuern. Die Spieße 10–12 cm hoch über den heißen Kohlen oder der Flamme grillen und dabei ein- oder zweimal wenden. Darauf achten, sie nicht zu lange zu grillen, damit sie nicht trocken werden. Die goldbraunen Spieße, die an einigen Stellen dunkel sind, auf einen Teller legen. Mit etwas Olivenöl beträufeln und einigen Salzflocken bestreuen.

Wenn die Spieße fast fertig sind, die Fladenbrote (nur kurz) auf dem Grill erwärmen. Dann in ein Geschirrtuch gewickelt zum Tisch tragen. Zum Servieren das Fleisch von den Spießen auf die Fladenbrote schieben. Tomaten-Zwiebel-Salat, ein wenig Kohl, 1 großzügige Portion Tahini-Sauce und etwas Zitronensaft darauf verteilen. Mit Chilisauce und Olivenöl beträufeln, würzen. Locker aufrollen – ein wunderbar saftiger Genuss.

TOMATEN-ZWIEBEL-SALAT

½ rote Zwiebel (90 g), abgezogen

1 Schuss Rotweinessig

Salz

1 lange Schlangengurke (etwa 200 g)

25 g Minzeblätter, klein gezupft

25 g Petersilienblätter, gehackt

220 g Kirschtomaten, klein geschnitten

1 EL Zitronensaft

1 TL Sumach

frisch gemahlener Pfeffer

Die Zwiebel längs in Scheiben schneiden. In einer kleinen Schüssel mit kaltem Wasser bedecken, dann den Essig und 1 kräftige Prise Salz einrühren. Etwa 30 Minuten ziehen lassen. Gut abtropfen lassen, mit Küchenpapier trockentupfen und in eine Schüssel füllen.

Die Gurke längs halbieren und die Kerne mit einem spitzen Teelöffel herausschaben. Das Gurkenfleisch in Stücke schneiden und in die Schüssel geben. Die Kräuter einrühren. Kurz vor dem Servieren Tomaten, Zitronensaft und Sumach hinzufügen, alles mit Salz und Pfeffer abschmecken.

TAHINI-SAUCE

6–7 EL glattes dunkles Tahini (Sesammus), auch etwas von seinem Öl

1 kleine Knoblauchzehe, abgezogen und in einem Mörser mit etwas grobem Salz zerstoßen

etwa 4 EL Zitronensaft

½ TL Salz

1–2 TL gehackte Petersilie

1 Prise edelsüßes Paprikapulver, zum Servieren

Ergibt etwa 310 ml

Das Tahini mit dem zerstoßenen Knoblauch in einer Schüssel mit 90 ml frisch aufgekochtem heißem Wasser verquirlen. Es sollte sich eine weiche Konsistenz ergeben. Den Zitronensaft, etwa ½ TL Salz und 60 ml kaltes Wasser mit dem Schneebesen glatt mit der Tahini-Mischung verschlagen.

Abschmecken, bei Bedarf noch 1 TL Wasser für eine cremige Konsistenz hinzufügen oder etwas mehr Salz oder Zitrone. Die Petersilie einrühren und zum Servieren etwas Paprikapulver darüberstreuen.

KRAUTSALAT MIT RADICCHIO

etwa 120 g Weißkohl

30 g Radicchio

Den Kohl und den Radicchio sehr fein raspeln und in einer Servierschüssel vermischen.

GEGRILLTE LAMMKOTELETTS MIT SUMACH UND MINZE-RELISH

1,2 kg dünne Lammkoteletts

½ Zwiebel (90 g), grob gehackt

3 Knoblauchzehen, grob gehackt

2 EL Zitronensaft

2–2½ TL fein abgeriebene unbehandelte Zitronenschale

1 TL gemahlener Kreuzkümmel

1 TL gemahlener Koriander

1 TL Sumach, plus mehr zum Servieren

1 TL Salz

frisch gemahlener Pfeffer

2 EL Olivenöl

4 Lorbeerblätter

12 ziemlich große Kirschtomaten

Meersalzflocken

Minze-Relish (S. 256), zum Servieren

geraspelter Salat (S. 256), zum Servieren

AUSSERDEM

3–4 Metall- oder Holzspieße (26 cm lang)

Für 3–4 Personen

Köstlich und nicht besonders kompliziert in der Zubereitung. Ich gönne mir dazu manchmal noch 1 EL Dattel-Aprikosen-Chutney (S. 23) zu meiner Portion.

Die Lammkoteletts müssen vor dem Grillen 2–3 Stunden mariniert werden. Sie müssen in der Nähe der heißen Kohlen gegart werden, damit das Fett schön knusprig wird und sie goldbraun, aber nicht trocken werden. Ich bitte in der Metzgerei um dünne Lammkoteletts, weniger als 1 cm dick. Die hier angegebene Menge kann also 16–22 Koteletts ergeben. Mir schmeckt säuerliches Sumach am besten.

Die Lammkoteletts unter kaltem Wasser abspülen, um Knochensplitter zu entfernen. Mit Küchenpapier trockentupfen. Die Lammkoteletts in eine große Schüssel legen.

Zwiebel, Knoblauch und Zitronensaft in einem Metallbecher mit einem Stabmixer glatt pürieren. Zitronenschale, Kreuzkümmel, Koriander, Sumach, Salz, Pfeffer und Olivenöl untermixen. Die Lammkoteletts damit bestreichen und die Lorbeerblätter rundherum feststecken. An einem kühlen Ort das Fleisch 2–3 Stunden in der Marinade ziehen lassen.

Einen Grill anfeuern. Die Kirschtomaten längs auf die Spieße stecken, 3–4 pro Spieß, je nachdem, wie viele Personen mitessen. Die Lammkoteletts und die Spieße auf den Grill legen und wenden, wenn sie goldbraun sind und das Fett schön knusprig ist. Auf einen Teller legen und mit ein paar Salzflocken bestreuen – auch die Tomaten.

Die Koteletts auf Teller verteilen und jeweils mit 1 Tomatenspieß, ein wenig geraspeltem Salat, 1 kleinen Prise Sumach und 1 großzügigen Portion Minze-Relish (oder die Beilagen in separaten Schalen) servieren.

MINZE-RELISH

1 Stück Ingwer (3 g), geschält und grob gehackt

½–1 kleine grüne Chilischote, ausgekratzt

2 EL Limettensaft

60 g Minzeblätter

¼ TL Salz

3–4 EL Joghurt (3,5 % Fettgehalt)

Ergibt etwa 150 g

Ich liebe dieses Relish zu fast allem – ich könnte es buchstäblich sogar aus einem Glas trinken. Für ein dickflüssigeres Relish am Anfang etwas weniger Wasser untermischen. Ich zumindest mag es ziemlich flüssig. Die Chilimenge kann hier nach Belieben gewählt werden.

Ingwer, Chilischote, Limettensaft und Minze mit einem Stabmixer gemeinsam mit 3–4 EL eiskaltem Wasser in einem Mixbecher glatt pürieren. Das Salz einrühren. Alles in einer Schüssel vermischen und bis zum Servieren im Kühlschrank (oder im Sommer im Gefrierschrank) aufbewahren. Vor dem Servieren den Joghurt einrühren und bei Bedarf mit Salz abschmecken.

GERASPELTER SALAT

Etwas Weißkohl, Fenchel und sehr wenig Radicchio und Zwiebel (insgesamt etwa 1 große Handvoll) raspeln und vermischen.

GARANTIE
SOLINGEN

FISCH MIT ZITRONEN UND ORANGEN

2 EL Olivenöl

40 g Butter

4 Knoblauchzehen, abgezogen

4 Doradenfilets (à 150 g) (oder Barsch, Rotbarbe), mit Haut, ohne Gräten

Salz

frisch gemahlener Pfeffer

1 Bund Thymian

je 12 grüne und schwarze Oliven, entsteint

60 ml Weißwein

4 EL Zitronensaft

Saft von 1 Orange

je 2 TL unbehandelte fein abgeriebene Zitronen- und Orangenschale

1 TL fein gehackte Petersilie

Für 4 Personen

Ein perfektes, wirklich köstliches Abendessen, wenn nur wenig Zeit bleibt. Ich mag besonders die Mischung aus grünen und schwarzen Oliven mit Zitrusaromen. Mir schmeckt der Fisch besonders gut mit einfach sautiertem Blattgemüse.

Das Olivenöl und die Butter in einer großen beschichteten Pfanne erhitzen und die Knoblauchzehen darin kräftig braten. Wenn sie anfangen zu knistern, die Fischfilets mit der Hautseite nach unten einlegen und bei hoher Temperatur etwa 5 Minuten braten, bis die Haut knusprig ist.

Die Filets wenden, die Hautseite mit etwas Salz und Pfeffer bestreuen, ziemlich viele Thymianblätter von den Zweigen (einige Zweige bleiben ganz) in die Pfanne abstreifen, die Temperatur reduzieren. Die Oliven und den Wein hinzufügen. Den Wein offen verdunsten lassen und alles etwa 10 Minuten garen.

Die Filets erneut wenden und die Oberseiten mit Salz und Pfeffer bestreuen. Den Zitronen- und Orangensaft angießen und alles offen etwa 10 Minuten köcheln lassen, bis die Sauce dickflüssig und leicht sirupartig, aber immer noch reichlich vorhanden ist. Die Schale von Zitrone und Orange über den Fisch streuen und 1 Thymianzweig auf jedes Filet legen. Die Pfanne schwenken, damit das Aroma in die Sauce zieht. Die Petersilie darüberstreuen und vom Herd nehmen. Heiß servieren.

Agrumi, die Zitrusfrüchte, köstlich und auch ein duftender Genuss. Petitgrain, Öl aus Blüten und Rinde der Bitterorange, wird bei Parfüms für Neroli verwendet. Bergamotte ist der Zitrusprinz und duftet wie Earl Grey.

LACHSTELLER MIT SCHWARZEM REIS, LIMETTE UND SOJA

REIS

250 g schwarzer Reis

Salz

2 EL Reisessig

1 TL Vollrohrzucker

SAUCE

6 EL Sojasauce

1 Stück Ingwer (5 g), geschält und halbiert

90 ml Limettensaft

1 Stück getrocknete rote Chilischote, ausgekratzt

2 EL Honig

>>

Dies ist eine köstliche Mischung. Ein wenig umständlich, aber einfach zuzubereiten. Mit schwarzem Reis, Granatapfelkernen, Padrón-Schoten, Avocado und Radieschen servieren. Zusätzlich mit Frühlingszwiebeln und Sesamsamen bestreuen. Mit reichlich Sauce übergießen.

Ich mag über Holz oder Kohlen gegrillten Lachs besonders gern, aber wenn ich ihn in der Küche zubereite, wickele ich ihn in Folie und gare ihn im Backofen – sauber und geruchsfrei.

Pro Person 3–4 Shishito- oder Padrón-Paprikaschoten einplanen, obwohl ich eine ganze Pfanne davon essen könnte. Sind diese Sorten nicht aufzutreiben, andere kleine Paprikaschoten verwenden.

Den Reis etwa 1 Stunde in kaltem Wasser einweichen.

Für die Sauce die Sojasauce und den Ingwer in einem kleinen Topf zum sanften Köcheln bringen. So 1 Minute köcheln lassen, dann den Limettensaft und die Chilischote einrühren. Alles 1 Minute weiterköcheln lassen, dann vom Herd nehmen und den Honig einrühren. Die Chilischote entsorgen, die Sauce abkühlen lassen.

Den eingeweichten Reis abgießen, dann in einen Topf mit 875 ml Wasser und 1 Prise Salz füllen. Zum Kochen bringen, die Temperatur reduzieren und den Reis bei schräg aufgelegtem Deckel etwa 30 Minuten köcheln lassen. Der Reis sollte gerade eben weich sein, dann unter häufigem, behutsamem Rühren einige Minuten oder länger weitergaren, bis das gesamte Wasser aufgenommen und der Reis weich ist (falls vorhanden, auf einem Gasherd einen Hitzeverteiler verwenden).

Den Reis auflockern, den Herd ausschalten und den Reis abgedeckt einige Minuten stehen lassen. Den Reisessig in einer Tasse mit Zucker und ½ TL Salz verrühren. Dann in den Reis rühren. Beiseitestellen.

Fortsetzung folgende Seite >>

RESTLICHE ELEMENTE

etwa 800 g Lachsfilet, mit Haut, in 1–2 Stücke geschnitten

Öl für den Grillrost

Salz

frisch gemahlener Pfeffer

2–3 Frühlingszwiebeln, geputzt (60 g), der weiße und der grüne Teil, klein geschnitten (die mittleren härteren Teile zurückbehalten, wenn im Ofen gegart wird)

16–20 Pimientos de Padrón- oder Shishito-Paprikaschoten (300 g)

1 EL geröstetes Sesamöl

1 reife Avocado

1 Spritzer Limettensaft

4–5 Radieschen, geputzt und in feine Scheiben geschnitten

185 g Granatapfelkerne (von etwa ½ Granatapfel)

1 TL helle Sesamsamen, ganz kurz in einer Pfanne ohne Fett geröstet

Sriracha-Sauce oder andere Chilisauce, zum Servieren (nach Belieben)

Für 4 Personen

Inzwischen einen Grill anfeuern oder den Backofen auf 200 °C vorheizen. Mit der Hand über den Lachs fahren, um Gräten aufzuspüren und diese dann sorgfältig mit einer Pinzette oder den Händen entfernen.

Den Grillrost mit Öl einpinseln. Den Lachs mit der Hautseite nach unten darauflegen, dann mit etwas Salz und Pfeffer bestreuen. Auf der Hautseite knusprig grillen, dann vorsichtig wenden. Die andere Seite grillen, bis sie goldbraun und knusprig, der Lachs jedoch im Inneren noch saftig ist. Auf einer Servierplatte abgedeckt warm halten.

Für den Ofen sollte der Fisch nebeneinander in die Ofenform passen. Diese mit zwei Lagen Alufolie – eine längs und eine quer – auskleiden. Ränder überhängen lassen. Darin wird der Fisch eingewickelt. Mit einem Gemüseschäler lange Streifen aus der Mitte der Frühlingszwiebeln schneiden und auf dem Boden der Form verteilen, darauf den Lachs legen. Den Rest der langen Frühlingszwiebelstreifen darauf verteilen und das Folienpaket sorgfältig verschließen (kein Salz oder Pfeffer an dieser Stelle). Das Päckchen etwa 20 Minuten in den Ofen schieben, bis der Fisch gar ist. Aus dem Ofen nehmen und warm halten.

Eine beschichtete Pfanne erhitzen und sämtliche Padrón-Paprikaschoten darin bei mittlerer Temperatur ohne Fett von allen Seiten braten, bis sie stellenweise geröstet sind und Blasen werfen. Wenn sie fertig sind, die Pfanne vom Herd nehmen. Mit Sesamöl und 1 Prise Salzflocken vermengen. Auf einer Servierplatte anrichten.

Die Avocado schälen, vom Kern befreien, das Fruchtfleisch in Scheiben schneiden. In einer Servierschüssel mit 1 Spritzer Limettensaft beträufeln.

Zum Servieren alles in separaten Schüsseln anrichten: Frühlingszwiebeln (der grüne Teil roh zum Garnieren), Radieschen, Granatapfelkerne und Sesamsamen. Dazu Sauce, Lachs, Paprikaschoten, Reis, Avocado und Sriracha-Sauce auf den Tisch stellen. Den Lachs portionieren und noch warm servieren, dann den Reis auf die Teller verteilen. Jetzt kann sich jeder Gast mit den weiteren Zutaten sowie einigen EL Sauce über dem Lachs, reichlich Frühlingszwiebeln und Sesamsamen versorgen. Saucenreste halten sich in einem Glasgefäß bis zu 1 Woche im Kühlschrank.

Journal
May 23, 1804 Complete Works of our day
Aug. All days were build pages
but more so when I journal

Marcos
MASCARPONEKUCHEN

200 g Vollkornkekse (oder Kekse Ihrer Wahl)

120 g Butter, zerlassen

150 g Sahne

500 g Mascarpone

160 g Joghurt (3,5 % Fettgehalt)

3–4 Tropfen Vanilleextrakt

65 g Puderzucker

ungesüßtes Kakaopulver, zum Servieren

Ergibt 1 Kuchen (24 cm Ø)

Unser Freund Marco hat immer interessante Leckereien im Gepäck, wenn er uns besucht – einmal kam er mit diesem Kuchen an. Wir schwärmen für dieses wolkenartige Dessert auf einem Boden aus zerkrümelten Keksen. Es ist nicht zu süß, wird mit Kakaopulver bestäubt serviert und ist schlichtweg köstlich. Der Kuchen muss einige Stunden im Kühlschrank ruhen, um fest zu werden und an Geschmack zu gewinnen.

Die Kekse in einer Küchenmaschine zu Bröseln zerkleinern. Mit der zerlassenen Butter in einer Schüssel vermengen.

Den Boden und die Seiten einer Springform (24 cm Ø) mit Backpapier auslegen, dabei die Falten so flach wie möglich an die Seiten drücken (oder eine feste Kuchenform verwenden). Die Keksmischung mit den Händen auf den Boden der Form drücken und dann mit der Rückseite eines Löffels glätten. Das Ganze 30 Minuten im Kühlschrank kalt werden lassen.

Die Sahne schlagen, bis sich leichte Spitzen bilden.

In einer zweiten großen Schüssel den Mascarpone (die eventuell abgesetzte Flüssigkeit entsorgen) mit Joghurt, Vanilleextrakt und Puderzucker mit dem elektrischen Rührgerät cremig aufschlagen. Die Schlagsahne vorsichtig unter die Mascarpone-Mischung heben, sodass sie nicht in sich zusammenfällt.

Die Mascarpone-Sahne-Mischung auf dem Keksboden mit einem Teigspatel oder der Rückseite eines Löffels glatt verstreichen. Mit Frischhaltefolie abdecken, die den Kuchen nicht berühren darf. Einige Stunden in den Kühlschrank stellen. Zum Servieren aufschneiden und mit Kakaopulver bestäubt servieren.

ZITRONENTARTE

BODEN

230 g Butter

280 g Mehl, Type 405

80 g Puderzucker

FÜLLUNG

2 Eier

5 EL Zitronensaft

40 g Mehl, Type 405

1 TL Backpulver

¼–½ TL Salz

280 g Zucker

einige Tropfen Vanilleextrakt

etwas Puderzucker, zum Bestäuben

Ergibt 2 Tartes (20 cm Ø)

Diese wundervolle Tarte meiner Freundin Rebecca ist einer meiner Lieblingskuchen. Sie backt herausragende Kuchen. Für diese beiden süßen Zitronentartes werden zwei Springformen (20 cm Ø) benötigt. Zwei Tartes sind prima, so kann man eine verschenken. Ich reiche dazu manchmal etwas aufgeschlagene Crème fraîche oder Crème double.

Den Backofen auf 180 °C vorheizen.

Für den Boden die Butter in einem mittelgroßen Topf sanft erhitzen. Vom Herd nehmen. Das Mehl und den Puderzucker zuerst mit einem Holzlöffel unterrühren. Dann die leicht abgekühlte Mischung mit den Händen verkneten. Die Masse halbieren und auf die Böden der beiden Springformen drücken (die Seiten müssen nicht bedeckt sein). Darauf achten, dass die Böden ziemlich fest und gleichmäßig sind. Die Böden 20 Minuten (nicht länger) im Ofen backen und die Formen nach der Hälfte der Backzeit um 180 Grad drehen, damit die Böden gleichmäßig goldgelb werden. Dann aus dem Ofen nehmen.

Inzwischen für die Füllung in einer großen Metallschüssel mit dem elektrischen Rührgerät die Eier etwa 5 Minuten cremig aufschlagen, dann den Zitronensaft einrühren. Mehl mit Backpulver und Salz in eine Schüssel sieben. Dann den Zucker mit dem Schneebesen einrühren. Mit dem Vanilleextrakt zu der Eiermasse schütten, kräftig aufschlagen. Gleichmäßig auf die beiden Böden streichen, dabei darauf achten, dass die Ränder bedeckt sind.

Die Backofentemperatur auf 175 °C reduzieren und die Tartes 20 Minuten im Ofen backen, bis die Masse fest und die Oberseite goldgelb ist. Auch hier die Formen nach der Hälfte der Backzeit um 180 Grad drehen. Aus dem Backofen nehmen und die Tartes noch heiß mit einem Hauch Puderzucker bestäuben.

Mit einem stumpfen Messer an den Seiten der Tarteform entlangfahren, damit kein karamellisierter Rand an den noch warmen Formen haften bleibt. Die Tartes in den Formen abkühlen lassen. Später bei Zimmertemperatur servieren. Sie schmecken auch am Folgetag noch gut, sollten aber nicht im Kühlschrank aufbewahrt werden.

7

Malachit, Rokushō, Grünspan, Seladon, Immergrün, Viridian,
Smaragd, Jade, Kadmium,
Minze, Waldgrün

Begegnungen mit Thailand

Wir fliegen über die Kardamomkette und Si Racha. Ich denke an unsere erste Reise hierher. Unsere Flitterwochen. Bei Ankunft per Boot und bei Flut raffte ich mein Kleid, Giovanni watete mit Gepäck auf dem Kopf durch das jadegrüne Wasser. Aus der Hitze stolperten wir in ein Café am Ufer und tranken zur Erholung salzig-süße Limettensodas.

Wie hätte ich mich nicht in einen solchen Ort verlieben können? Wo ich, schwanger mit Yasmine, von Thai-Frauen den Rat bekam, Tamarinde vom Baum zu pflücken und zu essen?

Thailand ist für mich ein Ausbruch aus dem Alltag – Inspiration. Dort begegne ich der Hälfte meiner Familie, die dort lebt. Bei Ankunft schalten Körper und Geist auf Entspannung.

Ich hatte vergessen, wie heiß es in Bangkok ist. Diese schwüle, drückend feuchte Luft. Man könnte meinen, Reis darin garen zu können. Suvarnabhumi Airport. Unmöglich, mir diesen Namen zu merken. Auch die Namen meiner Freunde klingen anders, lyrischer. Bell ist gar nicht Bell. Auch nicht Amy. Sie heißen Supawadee, Puripol und Wongchan. Ich ziehe eine Nummer fürs Taxi. Überraschend, wie gut sich alles fügt, wie leicht sich Wege finden, um mit diesem wunderbaren Land zu kommunizieren. Den Sonnenschein aufnehmen und offen sein.

Von der Straße aus, mitten im Verkehr, bewundere ich die Tempel, die Märkte, die Menschen. Die vollen Nudelschalen an jeder Ecke. Farbpracht: Perle, Smaragd, Pink, Seladon. Ich nehme mir vor, Bells Eltern im Nordosten zu besuchen, wo die Leute Bananenbäume vor die Häuser pflanzen. Ich werde im Mangohain sitzen und über die Reisfelder vor mir blicken. Mich an Papaya und fermentiertem Reis mit feinen Würstchen laben. Mich unter den Ananas- und Rosenapfelbäumen entspannen.

Mit dem Boot fahren wir über den Fluss zum Blumenmarkt. Ich mag es, mitten in den Trubel des Alltags einzutauchen. Ich steige vom Boot und lass mich ein auf dieses Wunder. Ich sauge all die betörenden Düfte und Farben in mich auf. Orchideen, Rosen, Ringelblumen – Paung Ma Lai – Lotus, Calendula und Blumenkränze. Jasmin als Tempelgabe. Es gibt wohl keinen anregenderen Ort für einen Spaziergang.

Zum Essen kehre ich in eine kleine Garküche in einer schmalen *soi* ein. In einem Verschlag seitlich davon öffnet der Großvater eine frische Kokosnuss zum Trinken. Draußen liegen neben dem Fisch Hähnchen-Satay auf dem Grill. Auf einem Rechaud mit Kerze wird ein kleiner Topf mit Tom Yam Gung serviert. Köstlich würzige, säuerliche Garnelen in reichlich Brühe.

Schüsselchen voller bunter Chilischoten, dazu grobe Knoblauchstücke und Fischsauce mit Limette. Vor der Küche erscheinen zwei stämmige Köche, die einen Mülleimer durch den Essbereich schleifen. Eine Frau schneidet Mangos und tröpfelt Kokossauce über Klebreis. Die Großmutter bringt mir eiskalten Blautee aus den Blüten der *Clitoria ternatea*, Schmetterlingserbse. Eine Frau mit einem Eimer Salat, der gewaschen werden muss, schlängelt sich durch.

Im Tempel dann umhüllt mich Ruhe und Stille. Überall begegnet mir Schönheit. Mönche in ihren Gewändern. Eine mystische, magische Stimmung. Ein Gefühl des Schwebens, des sich Treibenlassens. Ich schließe die Augen und atme den Duft der Frangipani-Bäume ein. Lantom. Die Regenwolken liegen jetzt tiefer und haben die altrosa Dämmerung verschluckt. Es ist immer noch sehr heiß.

Zurück am Fluss Chao Phraya drängen wir uns auf das laute Boot. Mit Qualm und Getöse lassen wir die knarrende Stegverbindung hinter uns zurück. Hier können wir die Schönheit des Alten Siam spüren, die Kontraste zwischen glitzernd und staubig. Zwischen dem Alten und dem Neuen. Auf einem kleinen *khlong* (Seitenkanal) ziehen wir an Hütten auf dem Wasser vorbei, Einrichtung, Wäsche, Töpfe, alles ist offen sichtbar. Kleine Schreine, Banyanbäume mit herunterwachsenden Wurzeln, Menschen, die Reis essen. Ein paar Jungen auf den Holzstegen lassen ihre Beine in den Fluss baumeln. Dann gleitet die Großstadtwerbung ins Blickfeld.

Zurück auf der Straße spaziere ich an den Straßenbuden und Düften dampfender roter und grüner Currys vorüber. Vorbei an Fisch und Hähnchen auf dem Kohlegrill und ganzen Eiern auf Spießen mit prickelnden Essig-Chili-Saucen. Vorbei an der Frau vom Granatapfelsaftstand, der ich jeden Morgen einen Besuch abstatte.

In Bangkok sitze ich gern nachts auf meinem Bett. Die Vorhänge schließe ich erst spät. Ich schwebe im Himmel wie auf einem Riesenrad mit Millionen anderer Menschen in einem Meer aus Hochhäusern. Von oben muss es so wirken, als seien wir alle eine Familie – alle miteinander verbunden. Ich kann sehen, wie die Frau an der Ecke ihren Karren mit Hähnchensuppe und Reis vor sich her schiebt. Der Pad-See-Ew-Verkäufer stellt auf dem schmalen Gehweg Stühle und Tische für seine Kundschaft auf.

Morgen das Meer. Den Sand spüren und die Blüten der Nacht riechen. Ich werde Som Tam essen, dazu gegrillte Meeresfrüchte und Kokoseis, während ich den Sand wie Rohrzucker über meine Füße rieseln lasse. Zum Frühstück Moo Ping und Klebreis, mit dem Meer verschmelzen. Mit dem Boot raus zu den Felsen und in tiefere Gewässer fahren. Auch hier werde ich die Vorhänge nachts nicht schließen. Um die glitzernden grünen Lichter der Fischerboote zu beobachten. Und das Morgenlicht zu genießen, wie es die Flut in hellgrünen Spiegelungen fortschiebt. Um mit allem zu verschmelzen.

Ich werde Thailand mit einigen Dingen verlassen, die ich liebe. Ein weiterer Flechtkorb. Zitronengras, Kaffir-Limetten (in Thailand »Makrut« genannt) samt Blättern. Perfekte Chilischoten und ein Keramikvogel. Gemahlener gerösteter Reis. Wir werden einige der Gerichte zubereiten und uns mit den restlichen Limetten im Mondlicht das Gesicht einreiben und von Thailand träumen. Ich werde mir einen Reiskocher anschaffen.

Begegnungen mit Thailand

Auf dem Tisch: Prik nam pla – Fischsauce mit Chili, In Essig eingelegte Chilischoten, Rote Chilisauce, Seafood-Sauce aus grünen Chilischoten, Yum som o – Pampelmusensalat	274–279
Amys Frittierte grüne Papaya	281
Moo ping – karamellisierte Schweinespieße	283
Tom yam gung – Fischsuppe mit Jasminreis	284
Hühnersuppe mit Reis und Gurken – Khao man gai	285
Moo nam tok – Grillfleisch mit Minze, Gurkensalat und Kokosreis, Geröstetes Reispulver	288–289
Bells Lieblingsreis – Khao pad krapow	290
Thailändischer gebratener Reis – Khao pad poo	292
Pad Thai	295
Kokos-Limetten-Hähnchen im Salatwrap	297
Grünes Hähnchencurry	300
Kokoseis	304
Mango-Klebreis	306
Nam-Manao-Soda	307

Glückszahlen 96 und 652

Sip Song (»12«)

AUF DEM TISCH

Auf einem Thai-Esstisch findet man anstelle von Salz, Pfeffer oder Öl zum Verfeinern der Gerichte verschiedene Würzmittel. Dazu zählen unter anderem: Fischsauce mit Chilistücken, Limette und Knoblauch (wird zu allem gereicht):

- Chiliringe in Reisessig (oft zu Schweinefleisch)
- mit Zucker geröstete gemahlene Chilischoten oder -flocken
- ... und häufig zerstoßene Erdnusskerne

PRIK NAM PLA – FISCHSAUCE MIT CHILI

2–3 rote Vogelaugen-Chilischoten, oder mehr nach Belieben

2–3 grüne Vogelaugen-Chilischoten, oder mehr nach Belieben

3 EL Fischsauce

1 TL Vollrohrzucker

½ unbehandelte Limette

1 kleine Knoblauchzehe, in grobe Stücke geschnitten

Ergibt etwa 80 g

Diese Sauce verleiht jedem Gericht den gewissen Salz- und Schärfekick. Normalerweise werden viel mehr Chilischoten verwendet als hier angegeben. Nach Belieben also ruhig auch mehr Schoten verwenden, ganz nach Geschmack. Die rot-grüne Mischung aus Chilischoten macht sich auch optisch gut.

Die Chilischoten in etwa 4 mm dicke Ringe schneiden. Nach Belieben auskratzen (die Schärfe liegt in den Trennwänden und den Samen). Die Schoten in eine Schüssel legen und Fischsauce sowie Zucker untermischen.

Von der Limette eine dünne Scheibe abschneiden, diese samt der Schale in kleine Segmente schneiden und ebenfalls in die Schüssel mischen. Von der restlichen Limette etwa 1 EL Saft in die Schüssel auspressen. Die Knoblauchstücke gut unterrühren, bis der Zucker sich aufgelöst hat. Das Prik nam pla eine Weile durchziehen lassen, dann abschmecken. Die Sauce in einem sterilisierten Glasgefäß im Kühlschrank aufbewahren, sie hält sich 1 gute Woche.

IN ESSIG EINGELEGTE CHILISCHOTEN

4 lange rote Chilischoten

1 Knoblauchzehe, abgezogen

1 kräftige Prise Salz

¼ TL Vollrohrzucker

4 EL Reisessig

Ergibt etwa 100 g

Mit diesem Mix verleihen Sie vielen Speisen eine gewisse Säure und Schärfe. Wunderbar zu Gerichten aus Schweinefleisch und Nudeln.

Die Chilischoten in dicke Ringe schneiden und in eine Schüssel legen. Je mehr von den Trennwänden und Samen drinbleiben, desto schärfer!

Den Knoblauch grob hacken und mit Salz, Zucker und Essig in die Schüssel rühren. Alles gut verrühren, bis sich der Zucker aufgelöst hat. Die Chilischoten können direkt serviert werden, dürfen aber auch einige Stunden durchziehen.

ROTE CHILISAUCE

5 rote Vogelaugen-Chilischoten, oder mehr nach Belieben

1 Knoblauchzehe, abgezogen

2 EL Limettensaft

2 TL Vollrohrzucker

1 ½ TL Fischsauce

Ergibt etwa 100 g

Ein unkompliziertes und wandelbares Würzmittel, das in den verschiedensten Gerichten für einen Farbtupfer und Schärfe sorgen wird. Wie viele Chilischoten hier verwendet werden, hängt ab von deren Schärfe und von Ihrer persönlichen Toleranz, daher heißt es abschmecken.

Von den Chilischoten 3–4 auskratzen (so mag ich es gern – wenn Sie es schärfer mögen, lassen Sie einfach alle Schoten ganz).

Die Chilischoten auf einem Brett in kleine Stücke hacken, dann den Knoblauch dazugeben und beides zusammen fein hacken – fast zu einer Paste. Diese in einer Schüssel mit Limettensaft, Zucker und Fischsauce verrühren.

Abschmecken: mit mehr Fischsauce, falls Salz fehlt, mit Zucker, falls es süßer werden soll. Restliche Sauce in einem kleinen sterilisierten Glasgefäß im Kühlschrank aufbewahren, sie hält sich 1 gute Woche.

SEAFOOD-SAUCE AUS GRÜNEN CHILISCHOTEN

etwa 5 grüne Chilischoten (oder nach Belieben)

3 Knoblauchzehen, abgezogen

2–3 EL fein gehackte Korianderstängel oder -wurzel

1 EL Vollrohrzucker

3 EL Limettensaft

1 EL Fischsauce

Ergibt etwa 130 g

Ein wundervoller Begleiter zu Fisch und Meeresfrüchten. Besonders gern mag ich die Sauce zu gegrilltem Fisch und Garnelen, aber ich bereite sie auch zu, um sie zu gebratenem Reis (S. 292) zu reichen. Meine Chilischoten sind etwa 6 cm lang. In einigen lasse ich die Trennwände und Samen drin, bei den anderen entferne ich sie. Wie scharf es werden soll, liegt ganz bei Ihnen. Besonders gut: richtig feurig.

Den Stielansatz der Chilischoten abschneiden und die Schoten auf einem Brett fein hacken. Entscheiden Sie selbst, ob Sie die Trennwände und Samen teilweise auskratzen. Den Knoblauch grob hacken. Mit den Chilischoten und dem Koriander in einem Mörser zu einer Paste zerstoßen. Die Paste in eine Schüssel umfüllen, am besten mit einem kleinen Schaber, und Zucker, Limettensaft und Fischsauce unterrühren. Reste der Sauce im Mörser mit 1 EL Wasser lösen und ebenfalls in die Schüssel rühren. Mit Limette, Zucker oder Fischsauce abschmecken.

Diese Sauce schmeckt am besten frisch, aber Reste können in einem sterilisierten Glasgefäß im Kühlschrank aufbewahrt werden. Die Sauce hält sich knapp 1 Woche.

Nam matoom (Bael-Frucht-Drink) – mit Holzapfel/Bengalischer Quitte: 2–3 Scheiben der getrockneten Frucht in Wasser geköchelt ergeben einen wunderbaren Willkommenstee zum Aufwärmen.

YUM SOM O – PAMPELMUSENSALAT

125 ml Pflanzenöl

120 g Schalotten, in feine Scheiben geschnitten

40 g Erdnusskerne

15 g getrocknete feine Kokosraspel

2 TL Vollrohrzucker

1 Pampelmuse (etwa 850 g)

5–6 feste rote, grüne oder gelbe Kirschtomaten (60 g), halbiert, größere geviertelt

je 10 g grob gehackte Minze- und Korianderblätter

DRESSING

1 ½ TL geriebener oder fein gehackter Palmzucker oder feuchter dunkler Rohrzucker wie Muscovado

4 EL Limettensaft

2 kleine rote oder grüne Chilischoten (oder nach Belieben)

1 ½ EL Fischsauce

Für 4 Personen

Mir war nicht klar, wie sehr ich Pampelmuse liebe, bis ich bei meinen Freunden Marion und Sanjay diesen Salat probiert habe. Er ist eine wahre Geschmacksexplosion, süß, sauer, frisch – und das alles auf einmal. Sollte es nicht gelingen, eine gelbe Pampelmuse aufzutreiben, geht ersatzweise auch eine rosa Grapefruit. Diese haben mehr Saft und sind meist etwas bitterer, daher lieber mehr Zucker hinzufügen.

Es lohnt sich, die gebratenen Schalotten gleich in größerer Menge zuzubereiten. Wenn das Öl nach dem Braten vollständig abgetropft ist, können sie in einem Einmachglas aufbewahrt werden. Sie sind eine leicht knusprige, sehr feine Ergänzung zu Salaten oder Nudelgerichten. Dieser Salat schmeckt wunderbar in Kombi mit vielen anderen Thai-Gerichten auf dem Tisch.

Den Backofen auf 180 °C vorheizen.

Das Öl in einem kleinen Wok erhitzen. Die Schalotten bei mittlerer Temperatur goldgelb braten, dann die Temperatur reduzieren und die Schalotten weiterbraten, bis sie knusprig und goldbraun sind. Dabei häufig mit einem Schaumlöffel wenden und vom Rand auch in die Mitte schieben, damit alle Stücke gleichmäßig braten. Auf einem mit Küchenpapier ausgelegten Teller entfetten und abkühlen. Das Küchenpapier wechseln, damit so viel Öl wie möglich aufgesogen wird.

Die Erdnusskerne in einer kleinen Bratform im Ofen einige Minuten rösten, bis sie stellenweise goldgelb sind. Auf einem Teller abkühlen lassen. Einige von ihnen durch leichtes Anschlagen halbieren.

Ein Stück Backpapier in die Bratform legen, die Kokosraspel mit dem Zucker darauf vermischen. Nur wenige Minuten im Ofen rösten, bis alles am Rand goldgelb wird, dann erneut mit einem Löffel umrühren. Nochmals einige Minuten in den Ofen schieben, bis alles schön goldgelb und knusprig ist (das geht schneller, als man denkt, man sollte also ein Auge darauf haben). Dann herausnehmen und abkühlen lassen.

Fortsetzung folgende Seite >>

Inzwischen für das Dressing in einer Schüssel den Palmzucker zum Auflösen gründlich mit dem Limettensaft verrühren. Die Chilischoten halbieren und auskratzen (für weniger Schärfe). Grob hacken, dann in einem Mörser zerreiben. Die breiige Masse in eine Schüssel kratzen. Die Fischsauce gut unterrühren. Wenn nötig, mit mehr Limette, Fischsauce oder Zucker abschmecken. Das Ganze eine Weile ziehen lassen.

Von der Pampelmuse Ober- und Unterseite abschneiden, dann seitlich etwa 8 Spalten einritzen. Die Schale abziehen, die Pampelmuse filetieren, sodass nur die glänzende Frucht übrig bleibt. Die Segmente zerkleinert in eine Schüssel legen, mit einigen größeren Stücken darunter.

Kirschtomaten, Minze- und Korianderblätter zusammen mit Erdnusskernen, Dressing und der Hälfte der karamellisierten Kokosraspel mit den Pampelmusenfilets gut vermengen. Auf Teller verteilen, die knusprigen Schalotten darüber versehen und mit restlichen Kokosraspeln bestreut sofort servieren.

Thailand

Amys
FRITTIERTE GRÜNE PAPAYA

1 kleine grüne Papaya (etwa 600 g)

85 g Reismehl

185 ml Sodawasser

Erdnuss- oder Sonnenblumenöl, zum Braten

SAUCE

30 g Erdnusskerne, ohne Haut

50 g hellgrüne Bohnen, Spitzen abgeschnitten

Salz

1 kleine Knoblauchzehe, in Stücke geschnitten

1 kleine rote Chilischote, ausgekratzt, gehackt

4 EL Limettensaft

2 EL Fischsauce

1 EL Vollrohrzucker

5 kleine Kirschtomaten, geviertelt

Ergibt etwa 18 Stück (für 4 Personen als Vorspeise)

Wenn ich diese Papaya-Nester mache, fragt sich jeder, warum wir sie nicht öfter essen. Jedes Mal meint man, es sei eigentlich unmöglich, dass sie beim Braten so schön zusammenhalten, aber es klappt. Und sie sind so köstlich!

Als Amy einmal keine Erdnusskerne hatte, nahm sie einfach Erdnusskrokant und ließ dafür den Zucker weg. Ich fand das klasse. Üblicherweise werden hier thailändische Schlangenbohnen verwendet, die auch roh gegessen werden können. Ersatzweise kann man grüne Bohnen verwenden und diese vorab blanchieren. Amy sagt, wenn es zu sauer schmeckt, einfach mehr Zucker untermischen. Sie reicht dieses Gericht gern als Vorspeise und danach Hähnchen oder Garnelen und Reis. Chilimenge nach Belieben anpassen.

Die Papaya halbieren, Samen und Fasern herauskratzen und die Schale mit einem Sparschäler abziehen. Das Fruchtfleisch mit einem Messer, einer Raspel oder einem Gemüsehobel in lange, dünne Streifen zerkleinern, ähnlich wie Rösti. (Ich habe einen speziellen kleinen Papaya-Schredder, den ich aus Thailand mitgebracht habe.)

Das Reismehl in einer Schüssel mit 125 ml des Sodawassers glatt verquirlen. Vom restlichen Sodawasser so viel untermischen, bis ein dünnflüssiger Teig entsteht.

Für die Sauce eine kleine Pfanne erhitzen und die Erdnusskerne darin einige Minuten rösten, bis sie stellenweise goldgelb gebräunt sind, dann vom Herd nehmen. Die Bohnen in kochendem Salzwasser 1 Minute blanchieren, abgießen und unter kaltem Wasser abschrecken. Dann halbieren.

Den Knoblauch im Mörser mit 1 Prise grobem Salz zu einem Brei zerstoßen. Die Chilischote mit dem Stößel einarbeiten. Einige der Erdnusskerne hinzufügen und mit dem Stößel andrücken, um ein paar davon zu zerkleinern (es sollte keine Paste entstehen). In eine kleine Schüssel umfüllen. Limettensaft, Fischsauce und Zucker unterrühren, bis der Zucker aufgelöst ist. Die restlichen Erdnusskerne im Mörser grob zerreiben, sodass einige

Fortsetzung folgende Seite >>

zerdrückt sind, aber auch noch gröbere Stückchen bleiben. Den Inhalt in einer Schüssel mit den Tomaten und den Bohnen beiseitestellen.

In einer Pfanne oder einem Wok den Boden ein paar Zentimeter hoch mit Öl bedecken und erhitzen. Mit etwas Reismehlmischung ausprobieren, ob es heiß genug ist – wenn es zischt, ist es gut.

Nun portionsweise jeweils 1 Handvoll Papaya (etwa 30 g) in eine Schüssel geben. Dann vom Boden der Teigschüssel jeweils etwa 1 EL Teig nehmen und über die Papaya gießen. Von Hand locker durchmischen – das Päckchen sollte nicht getränkt sein, nur gerade zusammenhalten.

Das Papaya-Päckchen in das heiße Öl setzen, je 2–3 Stück sollten gleichzeitig in der Pfanne Platz haben, ohne sich zu berühren. Am Ende sehen sie aus wie hübsche, chaotische Nester. Im Öl frittieren, bis sie unten goldgelb sind, dann mit zwei Gabeln wenden und von der anderen Seite braten. Die Temperatur dabei so regulieren, dass nichts anbrennt. Die fertigen Nester mithilfe der Gabeln herausheben, überschüssiges Öl zurück in den Topf tropfen lassen. Die Nester auf einem mit Küchenpapier ausgelegten Teller entfetten. Anschließend auf eine große Platte legen.

Die Sauce mit Tomaten, Bohnen und Erdnusskernen verrühren. Mit einem Löffel über die Papaya-Nester und den Salat klecksen. Sofort servieren, damit die frittierten Papaya möglichst noch knusprig sind – obwohl sie in jedem Fall köstlich schmecken.

Ananas
(Thai: Sapparot):
In Stücke geschnittene Ananas bestreut mit Salz und etwas Chilipulver sind soooo köstlich.

MOO PING –
KARAMELLISIERTE SCHWEINESPIESSE

5 Scheiben Schweinenacken, etwa 10 × 16 cm groß und 1 cm dick geschnitten (675 g insg.)

2 Knoblauchzehen, im Mörser zerstoßen

1–2 EL geriebener oder fein gehackter Palmzucker oder Vollrohrzucker

3 EL Sojasauce

3 EL Austernsauce

frisch gemahlener schwarzer Pfeffer

125 ml ungesüßte Kokoscreme (Dose)

AUSSERDEM

kleine Holzspieße, 15 cm lang

Ergibt etwa 22 Stück

Diese herrlich leckeren Spieße kommen zu jeder Tageszeit gut an. Ich habe sie zwei Wochen in Folge mit Klebreis zum Frühstück gegessen – einfach nur köstlich. Ideal als Zwischenmahlzeit, aber auch als volle Mahlzeit. Die Holzspieße vorab in Wasser einweichen, damit sie auf dem Grill nicht anbrennen.

Jede Fleischscheibe quer in fünf Streifen (à etwa 3 cm Breite) schneiden. Diese dann mit einem Fleischhammer auf etwa 12 cm Länge, 4 cm Breite und gerade einmal 5 mm Dicke klopfen.

Den zerstoßenen Knoblauch in eine weite Schüssel füllen. Mit Zucker, Soja- und Austernsauce verrühren, bis sich der Zucker aufgelöst hat. Großzügig frisch gemahlenen schwarzen Pfeffer darüberstreuen. Die Fleischstücke sorgfältig in der Marinade wenden und einige Stunden darin bei Zimmertemperatur ziehen lassen. (Man kann sie auch länger marinieren, aber dann sollten sie besser im Kühlschrank stehen.)

Einen Grill anfeuern. Die Fleischscheiben so auf den Spieß stecken, dass sie mehrfach von ihm durchstochen werden.

Die Spieße flach auf einen Rost legen, in etwa 12 cm Abstand zur Flamme. Die Oberseiten mit Kokosmilch einpinseln. Grillen, bis sich Streifen zeigen, dann umdrehen.

Erneut mit Kokosmilch bestreichen und wenden – dabei von allen Seiten großzügig einpinseln und weiter grillen, bis das Fleisch schön goldgelb ist. (Dabei verbrauche ich die gesamte Menge Kokosmilch.) Sie sollten nicht austrocknen beim Garen, aber schön gar und stellenweise stark geröstet sein. Heiß mit Klebreis servieren.

TOM YAM GUNG – FISCHSUPPE MIT JASMINREIS

2 Stängel Zitronengras

1 Stück (8 cm) Galgant, geschält und in dicke Scheiben geschnitten

6 Makrut-Limettenblätter (frisch oder TK)

10 Stängel Koriander oder 2 Stängel Langer Koriander (*Eryngium foetidum*)

2–3 rote Vogelaugen-Chilischoten

120 g Pilze (Shiitakes, Enoki oder Austernseitlinge oder ein Mix), in Stücke geschnitten

1 EL Passata

2 EL geröstete Thai-Chilipaste (Nam prik pao)

1 ½ EL Fischsauce

etwa 2 EL Limettensaft

6 mittelgroße geschälte Garnelen mit Schwänzen, entdarmt

etwa 12 g grüne Teile von Frühlingszwiebeln, grob zerkleinert

3 EL ungesüßte Kondensmilch, Zimmertemperatur

1 kleine Handvoll Korianderblätter, klein gezupft

½ Rezeptmenge Jasminreis (rechts), zum Servieren

Für 2 Personen

Dieses Rezept ergibt eine perfekte Fischsuppe – süßlich, säuerlich, würzig, salzig, milchig und auch nahrhaft. Dazu eine Schüssel mit gedämpftem Jasminreis, sodass man sich die Suppe über den Reis gießen oder den Löffel Reis in die Suppenschale tauchen kann.

Manchmal wird sie auch ohne Milch zubereitet. Mir schmeckt sie in beiden Varianten sehr gut. Am besten alles griffbereit hinstellen, denn die Zubereitung dauert nur wenige Minuten. Statt Chilipaste geben Sie etwas Zucker, mehr Fischsauce und nach Belieben mehr Chilistücke hinzu – die Suppe sollte säuerlich, süßlich und würzig schmecken. Die Würzmittel (Limettenblätter, Galgant und Chilis) können vor dem Servieren entsorgt werden, ich selbst lasse sie aber gern länger durchziehen.

Von den Zitronengrasstängeln die härteren Außenblätter entfernen und entsorgen. Die Stängel mit einem Messerrücken flach klopfen, dann längs in 4 Stücke schneiden. Mit Galgant, Limettenblättern, Korianderstängeln und 625 ml Wasser in einem Wok zum Kochen bringen. Einige Minuten köcheln lassen, bis das Wasser eine blassgrüne Färbung annimmt. Von den Chilischoten die Stielansätze kappen, an den Seiten leicht einritzen (so geben sie Schärfe ab). Dann mit Pilzen, Passata, Chilipaste und Fischsauce in den Wok rühren. Einige Minuten köcheln lassen.

Die Korianderstängel entsorgen. Den Limettensaft und die Garnelen einrühren. Letztere garen, bis sie glasig sind (sie sollten saftig bleiben).

Das Grün der Frühlingszwiebeln einrühren und bei niedriger Temperatur langsam unter Rühren die Kondensmilch angießen. Den Wok vom Herd nehmen. (Wichtig: Danach die Suppe nur durchwärmen, nicht mehr kochen, damit sie nicht gerinnt.) Die Korianderblätter darüberstreuen, alles abschmecken. In Suppenschalen mit dem Reis als Beilage servieren.

JASMINREIS

Etwa 200 g Jasminreis dreimal in frischem Wasser spülen. Mit 500 ml Wasser und Salz in einem Topf aufkochen lassen. Bei mittlerer Temperatur garen, bis sich an der Oberfläche Löcher zeigen. Dann bei stark reduzierter Temperatur den Deckel auflegen und den Reis weich garen. Auflockern, vom Herd nehmen und einige Minuten ausdampfen lassen. Diese Menge reicht für 4 Personen; Reste können 1–2 Tage gekühlt aufbewahrt werden.

HÜHNERSUPPE MIT REIS UND GURKEN – KHAO MAN GAI

1 ganzes Huhn (à 1,25 kg), ausgenommen

2 Frühlingszwiebeln, längs halbiert

2 Knoblauchzehen, abgezogen

2 Stücke Ingwer (à 7 g), geschält und halbiert

3 Makrut-Limettenblätter

½ Bund Koriandergrün, Blätter zum Servieren abgezupft, Stängel separat

½ TL Szechuanpfeffer

2 TL Salz

300 g Jasminreis

200 ml Kokosmilch (Dose)

2 EL Limettensaft

SOJASAUCE

1 scharfe rote Chilischote (oder mehr nach Belieben)

2 EL Sojasauce

1 EL Fischsauce

3 EL Limettensaft

1 EL Vollrohrzucker

ZUM SERVIEREN

Rote Chilisauce (S. 275)

>>

Meine Familie liebt diese Hühnersuppe. Sie ist unser Rundum-Wohlfühlgericht – ein Mix aus Thai-Suppe plus Thai- und Hainan-Hähnchenreis. Sie liefert von allem das Beste und viel Drumherum, köstlich, simpel und wunderbar. Wer mag, kann seine Portion mit den gereichten Saucen dann ganz nach Belieben aufpeppen. Man benötigt zum Servieren je einen flachen Teller für Reis und Huhn sowie eine Schale für die Suppe.

Das Huhn mit 2 l kaltem Wasser in einem großen Topf zum Kochen bringen. Den sich dabei an der Oberfläche bildenden Schaum mit einem Schaumlöffel abschöpfen. Frühlingszwiebeln, Knoblauch im Ganzen, Ingwer, Limettenblätter, Korianderstängel, Szechuanpfeffer und 2 TL Salz hinzufügen. Die Temperatur reduzieren und alles zusammen 1 Stunde und 20 Minuten köcheln lassen. Anschließend vom Herd nehmen und das Huhn in der Brühe leicht abkühlen lassen.

Inzwischen die Saucen vorbereiten. Die Rote Chilisauce nach Rezept (S. 275) zubereiten. Für die Sojasauce die Chilischote längs halbieren und größtenteils auskratzen. Die weiteren Zutaten mit 1 EL Wasser in einer Schüssel verrühren, bis sich der Zucker aufgelöst hat. Die Chilischote einlegen und alles beiseitestellen, damit die Sauce durchziehen kann.

Das Huhn vorsichtig mit einem Schaumlöffel auf einen Teller legen – es wird jetzt sehr weich sein. Die restlichen festen Bestandteile in der Brühe mit dem Schaumlöffel herausnehmen und entsorgen. Von der heißen Brühe 625 ml in einem kleineren Topf abmessen.

Den Reis dreimal in frischem Wasser spülen. Abgießen und zur abgemessenen Brühe schütten. Zum Kochen bringen und bei hoher Temperatur kochen lassen, bis der Reis die Brühe größtenteils aufgenommen hat und sich an der Oberfläche Löcher zeigen. Den Deckel auflegen, die Temperatur so niedrig wie möglich einstellten und den Reis 5 Minuten weich garen. (Wer auf Gas kocht, sollte hier einen Hitzeverteiler verwenden.) Den Reis leicht auflockern, den Deckel wieder auflegen und den Topf vom Herd nehmen. So den Reis noch etwa 5 Minuten ausdampfen lassen.

Fortsetzung folgende Seite >>

2 kleine, dünne Gurken

2 Frühlingszwiebeln, in Ringe geschnitten

Für 5 Personen

Inzwischen die restliche Brühe zum Kochen bringen. Die Kokosmilch und den Limettensaft einrühren, gemeinsam 5 Minuten köcheln lassen. Abschmecken (aber nicht zu stark salzen, da eine salzige Sauce dazu gereicht wird). Vom Herd nehmen.

Zum Anrichten die Gurken mit einem Papaya-Schredder schälen, sodass sie außen noch unregelmäßig Streifen von Schale aufweisen (alternativ mit einem Gemüseschäler arbeiten). Dann die Gurken leicht schräg in nicht zu dünne Scheiben schneiden.

Einige Korianderblätter klein zupfen, in kleine Portionsschalen füllen und mit der heißen Brühe übergießen. Eine Tasse oder kleine Schüssel mit 1 Portion Reis füllen und leicht mit dem Löffelrücken andrücken, dann auf den Teller stürzen. So für alle den Reis anrichten. Das Huhn in große Stücke teilen und neben den Reis auf den Teller legen (nach Belieben mit oder ohne Haut). Gurkenscheiben daneben anrichten und alles mit den klein geschnittenen Frühlingszwiebeln garnieren.

Heiß servieren und für jeden Gast eine kleine Schüssel von der Sojasauce und der Roten Chilisauce dazu reichen. Manche geben gern zerkleinertes Hähnchenfleisch in die Suppe, andere träufeln Brühe über den Reis und lassen das Huhn daneben.

»mai pen rai«

Alles in Ordnung – keine Sorge

MOO NAM TOK – GRILLFLEISCH MIT MINZE, GURKENSALAT UND KOKOSREIS

FLEISCH, MINZE & ZWIEBEL

4 Scheiben Schweinenacken (à 120 g), jeweils 1 cm dick geschnitten

2 Knoblauchzehen, im Mörser zerstoßen

2 TL Vollrohrzucker

3 EL Fischsauce

4 frische Schweinswürstchen (à etwa 90 g)

frisch gemahlener Pfeffer

etwa 3 EL warme Gemüsebrühe (S. 137) oder genug zum Anfeuchten

60 g Schalotten, längs in Scheiben geschnitten

60 g Frühlingszwiebeln, weiße und grüne Teile, gehackt

80 g Minzeblätter, klein gezupft

getrocknete rote Chilischote oder getrocknete Chiliflocken

4 EL Limettensaft

frisch gemahlener schwarzer Pfeffer

etwa 2 EL geröstetes Reispulver (siehe rechts)

SALAT AUS GURKE, WEISSKOHL UND AVOCADO

1 lange dünne Gurke (185 g), streifig geschält

170 g Weißkohl, in feine Streifen gehobelt

Dieses Gericht, irgendwie ein Mischmasch verschiedener Dinge, ist einer meiner absoluten Favoriten! Schweinefleisch mit viel Minze, Limette und Zwiebeln, gemischt mit geröstetem Reispulver und Chilistücken – einfach köstlich. Ich esse dies in Thailand oft mit gedämpftem Schweinebauch – zu Hause nehme ich Nackenkoteletts und Würstchen, die besonders gut vom Grill schmecken. Es ist gut, wenn das Fleisch etwas Fett enthält, dann trocknet es nicht so leicht aus. Ich reiche dazu gern Kokosreis und einen Salat aus Weißkohl, Gurke und Avocado.

Für das Fleisch zunächst die Schweinefleischscheiben etwa 1 Stunde in einer Mischung aus Knoblauch, Zucker und 2 EL Fischsauce marinieren. (Die Wurst muss nicht mariniert werden.)

Einen Grill rechtzeitig anfeuern.

Inzwischen für den Salat die Gurke längs halbieren und mit einem spitzen Teelöffel den Großteil der Samen herausschaben. Eine Hälfte in Scheiben und die andere in Stifte schneiden. Alles in einer Schüssel mit Weißkohl sowie Avocado vermengen. In einer kleinen Schüssel Limettensaft, Reisessig und Zucker mit getrockneten Chilistücken verrühren. Das Dressing über den Salat gießen, etwas grobes Salz untermengen. Abschmecken.

Für den Kokosreis den Reis dreimal mit frischem Wasser spülen. In einem Topf mit Kokosmilch sowie 500 ml Wasser, Salz und Zucker gut verrühren. Alles zum Kochen bringen und offen etwa 8 Minuten köcheln lassen, bis sich an der Oberfläche Löcher zeigen und die Flüssigkeit fast vollständig aufgenommen ist. Dann den Deckel auflegen, die Temperatur stark reduzieren und den Reis weitere 5–8 Minuten garen (bei einem Gasherd empfiehlt sich ein Hitzeverteiler). Den Topf vom Herd nehmen, den Reis auflockern und mit einem Geschirrtuch abdecken.

Die Würstchen auf einem Rost goldbraun grillen. Das Schweinefleisch ebenfalls grillen, bis es schöne Röstaromen hat und Streifen vom Grillen zeigt (es sollte nicht austrocknen). Wenn es fertig ist, auf einen Teller legen und einige Minuten ruhen lassen. Die Würstchen in Stücke und das Schweinefleisch in dünne Streifen schneiden. Lange Streifen eventuell halbieren.

1 reife Avocado, geschält, vom Kern befreit und in kleine Stücke geschnitten

1 EL Limettensaft

1 EL Reisessig

1 TL Vollrohrzucker

getrocknete rote Thai-Chilischoten, zerkrümelt, oder Chiliflocken

grobes Salz

KOKOSREIS

300 g Jasminreis

300 ml Kokosmilch (Dose)

1 TL Salz

2 TL Vollrohrzucker

Für 4 Personen

Beides (Fleisch und Würstchen) samt Bratsaft und etwas frisch gemahlenem schwarzem Pfeffer in einer Schüssel vermischen. Dann die Brühe sowie Schalotten, Frühlingszwiebeln, Minze, 1 kleine Prise Chili, Limettensaft und die restliche Fischsauce (1 EL) hinzufügen. Das geröstete Reispulver einstreuen und alles gut vermengen. Abschmecken.

Zum Servieren den Kokosreis kuppelförmig auf Tellern anrichten (wie auf S. 286 beschrieben). Auf die Teller reichlich Fleisch-Minze-Mischung häufeln und etwas Gurkensalat dazu reichen.

GERÖSTETES REISPULVER

Man kann geröstetes Reispulver in Thai-Läden kaufen – ich mache es einfach selbst, wenn ich keines bekomme. Es verleiht den Speisen den besonderen Crunch. Die hier angegebene Menge reicht für mehrere Mahlzeiten. Das Pulver kann in einem Einmachglas aufbewahrt werden.

In einer Schüssel mit Wasser 200 g Klebreis mehrere Stunden einweichen. Anschließend in einem feinen Sieb einige Stunden oder über Nacht abtropfen lassen.

Den Reis in einer großen beschichteten Pfanne ohne Fett auf niedriger Stufe geduldig (30–40 Minuten) rösten. Er sollte so gleichmäßig wie möglich geröstet und rundum schön honigfarben werden. An manchen Stellen wird sich am Boden eine goldgelbe Kruste gebildet haben – die Klumpen aufbrechen, damit keine Feuchtigkeit verbleibt, und weiter rösten. Den Reis vom Herd nehmen und zum Abkühlen beiseitestellen. Dann in einem Mixer in kleinste Stückchen zerkleinern – so klein, dass sie angenehm zu essen sind. Zurück in die Pfanne füllen und noch etwas länger rösten, damit das Pulver auch wirklich trocken ist. In einem dicht verschließbaren Einmachglas an einem trockenen Ort aufbewahren.

Bells

LIEBLINGSREIS – KHAO PAD KRAPOW

100 g Jasminreis

1 dicke Scheibe (230 g) Schweineschulter/-nacken (oder Schweinehackfleisch mit Fettanteil)

8 milde rote Chilischoten, in 1–2 cm große Stücke geschnitten

90 g Blätter Heiliges Basilikum (Tulsi) oder Thai-Basilikum

2 EL Pflanzenöl

3 Knoblauchzehen, in grobe Stücke geschnitten

1 TL Vollrohrzucker

1 EL Sojasauce

1 EL Austernsauce

2 Eier (Größe M)

Prik nam pla (S. 274), zum Servieren (nach Belieben)

Für 2 Personen

Hier stelle ich ein schnelles und unkompliziertes Gericht vor, exakt so zubereitet, wie ich es auch mit Bell in Thailand gemacht habe. Sie verwendete 8 frische rote Chilischoten, aber ich bin sicher, hätte ich nicht mitgegessen, hätte sie ein paar mehr genommen! Es ist wirklich scharf, ein herrlicher Kick. Man kann sie später auf dem Teller an die Seite legen (Bell hat einige mitgegessen) oder auch gleich weniger verwenden. Sie verwendet nicht zu mageres Schweine- oder Rinderhackfleisch – das ist hier wichtig – und das hackt sie am liebsten selbst mit einem kleinen Beil. Heiliges Basilikum, auch »Tulsi« oder »Indisches Basilikum« genannt, sorgt für einen prägnanten Geschmack – ersatzweise können Sie Thai-Basilikum oder einen Mix aus Basilikum und Minze verwenden. In Thailand habe ich dieses Gericht manchmal mit Enteneiern gegessen. Mit Prik nam pla (S. 274) als Beilage für zusätzliche Würze servieren. Dies ist eines von Yasmines und Cassias Lieblingsgerichten.

Den Reis dreimal in frischem Wasser spülen. Dann im Reiskocher etwa 1,5 cm hoch mit kaltem Wasser bedecken. Kein Salz verwenden. Den Kocher schließen und einschalten.

Alternativ den abgespülten Reis in einem kleinen Topf mit 250 ml Wasser zum Kochen bringen. Kräftig kochen, bis das Wasser aufgenommen ist und sich an der Oberfläche Löcher zeigen. Dann bei stark reduzierter Temperatur den Deckel auflegen und den Reis weich garen. Den Topf vom Herd nehmen.

Das Fleisch inklusive vorhandenem Fett auf einem Schneidebrett von Hand fein hacken.

Nach Belieben die Chilischoten auskratzen, 3 Schoten ganz lassen (Bell lässt alle ganz). Die Basilikumblätter waschen und auf Küchenpapier trocknen.

In einer Pfanne oder einem Wok 1 EL Öl erhitzen und den Knoblauch sowie die Chilischoten darin 1 Minute kräftig unter Pfannenrühren anbraten. Wenn es duftet und der Knoblauch goldgelb ist, das gehackte Fleisch darin braten, bis es stellenweise braun ist und alle Flüssigkeit verkocht ist. Den Zucker einstreuen, unter Rühren 1 Minute mitbraten, dann sowohl Soja- als auch Austernsauce einrühren. Die Temperatur leicht reduzieren und, wenn alles aufkocht, die Basilikumblätter hineinstreuen. Rasch unterrühren und dann vom Herd nehmen.

In einer zweiten Pfanne das restliche Öl (1 EL) stark erhitzen und die Eier in das heiße Öl aufschlagen (sie brauchen Platz und sollten nicht aneinanderkleben, daher am besten nacheinander hinzufügen). Die Pfanne schwenken und mit einem Löffel heißes Öl über das Eiweiß (nicht das Eigelb) träufeln, bis es am Rand goldgelb und knusprig ist. Die Eigelbe sollten noch gelb sein, gerade gestockt, aber noch weich genug, um im Reis zu zerlaufen.

Den Reis kompakt und kuppelförmig auf Tellern anrichten (wie auf S. 286 beschrieben). Das Fleisch und die Sauce daneben anrichten.
Das Ei auf den Reis legen und nach Belieben Prik nam pla für mehr Würze extra dazu reichen.

Lotusknospen,
Lotusblätter, Lotusblüten
Seerosen
Mairegen &
Kanom Krok

THAILÄNDISCHER GEBRATENER REIS – KHAO PAD POO

300 g Jasminreis, gut abgespült (oder etwa 775 g gegarter Reis)

Salz

3–4 dicke Frühlingszwiebeln, weiße und grüne Teile (120 g)

5 EL Pflanzenöl

4 Eier (Größe L), verquirlt

300 g geschälte und entdarmte rohe Garnelen (16–18 Stück)

3 EL Sojasauce

Dieses herrlich einfache, rundum aromatische Reisgericht ist eine tolle Mahlzeit, die sich gut aus Reisresten vom Vortag zubereiten lässt. Hat man die nicht griffbereit, sollte der Reis einige Stunden im Voraus gegart werden, damit er abkühlen kann. Ich mag dazu ganz besonders gern Seafood-Sauce aus grünen Chilischoten (S. 276) und Limetten zum Auspressen. Manchmal füge ich gleichzeitig mit den Erbsen auch 1 Handvoll andere Gemüsesorten dazu. Nehmen Sie hier reichlich Krebsfleischstücke – anstelle von Krebsfleisch können Sie aber auch klein geschnittenen Schinken oder Würstchenstücke verwenden.

Den Reis in einem Topf mit 625 ml kaltem Wasser bedecken, etwas Salz hineinstreuen und alles zum Kochen bringen. Recht kräftig offen kochen lassen, bis das Wasser aufgenommen ist und sich an der Oberfläche Löcher zeigen (etwa 5 Minuten). Die Temperatur so stark wie möglich reduzieren, den Deckel auflegen und den Reis einige Minuten gar köcheln lassen. Vom Herd nehmen und zum Abkühlen mit einem großen Holzlöffel behutsam in einer flachen Auflaufform oder auf einer Platte verstreichen.

Vom Grün der Frühlingszwiebeln 1 kleine Handvoll in etwa 6 cm dicke Stücke und dann längs in 2–3 lange Streifen schneiden. Zum Servieren beiseitestellen. Die weißen und die restlichen grünen Teile grob hacken.

In einem Wok 3 EL Öl erhitzen. Das heiße Öl durch Schwenken verteilen und weiter heiß halten. Die verquirlten Eier in den Wok gießen und dabei kontinuierlich von unten nach oben wenden. Wenn sie gestockt, aber oben noch etwas weich sind (die Masse sollte aussehen wie ein aufgeblähtes Omelett), mit einem Schaumlöffel auf einen Teller geben. Mit einem Spatel in Stücke zerteilen.

Die Garnelen im gleichen Wok (ohne zusätzliches Öl) kräftig anbraten, bis sie unten goldgelb und knusprig sind. Dann wenden und von der anderen Seite braten. Auf eine Platte legen und mit 1 EL Sojasauce beträufeln und beiseitestellen.

100 g TK-Erbsen

2 EL Shaoxing-Wein (Reiswein)

120 g festes, stückiges Krebsfleisch (gegart, Dose)

ZUM ANRICHTEN

Seafood-Sauce aus grünen Chilis (S. 276) oder Sriracha-Sauce

einige Limettenspalten

Für 5 Personen

Dann 2 EL Öl und die gehackten Frühlingszwiebeln im Wok kräftig unter Rühren garen. Erbsen gründlich einrühren, dann restliche Sojasauce (2 EL) mit Reiswein angießen. Aufkochen lassen, den Reis mit einigen Prisen Salz gründlich unterrühren. Den Reis auf dem Rand des Woks flach verteilen und 5 Minuten, ohne zu rühren, braten lassen, damit er bräunt und leicht knusprig wird.

Das Ei hinzufügen, gründlich unterrühren und erneut am Rand verteilt einige Minuten braten, ohne zu rühren, damit die Masse stellenweise knusprig und goldgelb wird. Die Garnelen mit der Sauce vom Teller sowie Krebsfleisch hinzufügen. Alles einige Minuten behutsam miteinander verrühren. Von der Kochstelle nehmen und die grünen Frühlingszwiebeln darüber verteilen. Mit Seafood-Sauce aus grünen Chilischoten oder Sriracha und Limettenspalten zum Auspressen servieren.

In Thailand glauben manche, es bringe Glück, unter einem Elefanten durchzulaufen. Oder eine Schildkröte auf dem Markt zu kaufen und sie in die Freiheit zu entlassen.

Aphrican, al ter pleno flore

PAD THAI

110 g breite Reisnudeln, frische oder getrocknete

25 g Erdnusskerne

SAUCE

2 EL Tamarindenmark

2 EL Sojasauce

1 EL Fischsauce

1 EL Limettensaft

2 EL geriebener Palm- oder Vollrohrzucker

RESTLICHE ELEMENTE

3–4 kleine Frühlingszwiebeln (45 g), geputzt

3 EL Pflanzenöl

80 g fester Tofu

6–8 geschälte mittelgroße Garnelen (etwa 120 g), mit Schwanz

2 Knoblauchzehen, gehackt

>>

Eines von Thailands berühmtesten Gerichten! Sehr gern schaue ich bei der Zubereitung vor Ort zu, weil man häufig zum Aufschlagen der Eier einen Spatel verwendet, und mit seiner Ecke wird im Wok pfannengerührt. Auch bei mir gibt es das häufig. Der eigentliche Garvorgang geht schnell, daher sollte alles vorab bereitstehen. Ideal: ein kleiner Wok auf Gas.

Manchmal verwende ich auch Hähnchenstreifen. Besonders gut macht sich das Gericht, wenn es, wie in Thailand üblich, mit verschiedenen Beilagen und Kleinigkeiten gereicht wird – ein Schüsselchen Chiliflocken, Zucker, Limetten, zerstoßene Erdnusskerne und Prik nam pla (Fischsauce mit Chilistücken), ich selbst mag gern in Essig eingelegte Chilischoten dazu.

Im Idealfall kaufen Sie bereits entkerntes Tamarindenmark. Alternativ einige Stücke Tamarinde wenige Minuten in einem kleinen Topf mit Wasser kochen und dann durch ein Sieb drücken. So entsteht eine flüssige Sauce, die sich mit dem Löffel verteilen lässt. Jedes Tamarindenmark schmeckt anders, kosten Sie häufig, um eine säuerliche Note zu erreichen.

Die Nudeln in einen Topf mit kochendem Wasser (ohne Salz) schütten. Kurz durchrühren, den Topf vom Herd nehmen und die Nudeln etwa 10 Minuten darin ziehen lassen, bis sie weich sind. Anschließend abgießen, unter kaltem Wasser abschrecken und beiseitestellen.

Die Erdnusskerne in einer Pfanne einige Minuten ohne Fett rösten, bis sie stellenweise goldgelb sind. Leicht abkühlen lassen und dann im Mörser in kleine Stücke zerstoßen. Beiseitestellen.

Für die Sauce sämtliche Zutaten in einer Schüssel verrühren, bis der Zucker aufgelöst ist. Noch 2 EL Wasser unterrühren und dann beiseitestellen.

Das Weiße der Frühlingszwiebeln sowie von 1–2 der Zwiebeln auch die grünen Spitzen in Scheiben schneiden. (Die restlichen grünen Spitzen in langen Streifen zum Garnieren aufbewahren.) Dann 2 EL Öl in einem Wok erhitzen. Den Tofu auf Küchenpapier trockentupfen und in etwa 1,5 cm große Würfel schneiden. Im heißen Öl auf hoher Stufe goldgelb und knusprig braten. Die Garnelen darin unter Schwenken des Woks rasch goldgelb braten. Die Temperatur leicht reduzieren, den Knoblauch in den

Fortsetzung folgende Seite >>

80 g Mungbohnensprossen

2 Eier (Größe L)

5 Halme Schnittlauch, in etwa 5 cm lange Stücke geschnitten

ZUM SERVIEREN

2 Limettenviertel

geröstete Chiliflocken

Vollrohrzucker

Prik nam pla (S. 274), nach Belieben

In Essig eingelegte Chilischoten (S. 275), nach Belieben

Für 2+ Personen

Wok rühren und braten, bis er fein duftet. Die vorbereitete Sauce in den Wok gießen, aufkochen lassen und dann die Nudeln hinzufügen.

Die klein geschnittenen Frühlingszwiebeln mit der Hälfte der Bohnensprossen im Wok gut vermengen. Wenn die Sauce (nicht zu trocken) eingekocht ist, ohne zu trocken zu sein, alles an die Seite schieben und das restliche Öl (1 EL) auf die freie Seite träufeln. Diese Seite über die heißeste Stelle der Flamme schieben.

Die Eier darüber aufschlagen und kurz stocken lassen (möglichst nicht mit der Sauce verrühren). Wenn sie gerade fest werden, leicht zusammenklappen, dann durch Zerteilen mit dem Pfannenwender mit dem restlichen Wokinhalt zusammenbringen. Den Schnittlauch zügig unterrühren.

Sofort servieren und dazu jeden Teller mit einem Häufchen Erdnusskernen, einem Limettenviertel und dem Rest der Bohnensprossen sowie 1–2 Streifen vom Grün der Frühlingszwiebeln garnieren. Kleine Häufchen geröstete Chiliflocken und Zucker extra dazu reichen sowie nach Belieben für zusätzliche Würze Prik nam pla und In Essig eingelegte Chilischoten.

Loi Krathong – das Lichterfest, November Kleine Flöße aus Bananenblättern werden mit Kerzen im Meer zu Wasser gelassen.

KOKOS-LIMETTEN-HÄHNCHEN IM SALATWRAP

6 Hähnchenoberschenkel, mit Haut

1 Stück Ingwer (7 g), geschält und grob gehackt

3 Knoblauchzehen, grob gehackt

grobes Salz

1 große rote getrocknete Chilischote, ausgekratzt, fein gehackt (oder 1½ kleine frische Chilischoten)

2 EL Limettensaft

1 EL Sojasauce

1 EL Fischsauce

1 EL Vollrohrzucker

1 EL geröstetes Sesamöl

5 Makrut-Limettenblätter

4 EL Kokosmilch (Dose)

>>

Dies ist meine Version des wunderbaren Thai-Snacks Miang Kham – ein frisches, säuerliches, süßliches und dazu knuspriges Fingerfood. Knackige Salatblätter, ein Häufchen Nudeln, klein gezupftes Hähnchenfleisch mit eigener Bratensauce, ein paar Gurkenstücke, Frühlingszwiebeln und dazu eine Sauce zum Dippen.

Ich verwende am liebsten Eisbergsalat wegen seiner herrlich knackigen Textur – auch wenn er sich nicht leicht zu einem Wrap bändigen lässt. Man kann hier jedoch jede Salatsorte wählen, deren Blätter groß genug für die Füllung sind. In Thailand werden oft Blätter vom Wilden Betel verwendet. Schon das gebratene Hähnchenfleisch für sich genommen ist mit Reisbeilage ein Gaumenschmaus. Das Fleisch kann einige Stunden vor der Zubereitung mariniert werden.

Den Backofen auf 190 °C vorheizen.

Das Hähnchenfleisch von übermäßigem Fett befreien und mit einem Spieß bis zum Knochen einstechen, damit die Sauce eindringen und das Fleisch gut garen kann. Mit der Hautseite nach unten nebeneinander in eine Bratform legen. Ingwer und Knoblauch mit etwas grobem Salz im Mörser zerstoßen. Die Chilischote hinzufügen und eine Paste herstellen. Diese in eine Schüssel umfüllen. Mit Limettensaft, Soja- und Fischsauce, Zucker sowie Sesamöl gründlich verrühren. Das Fleisch mit der Sauce einreiben. Die Limettenblätter um die Stücke herum und darunter verteilen.

Das Fleisch etwa 40 Minuten im Ofen garen, dabei ein- bis zweimal prüfen, dass es nicht anbrennt und gegebenenfalls 3–4 EL Wasser angießen, wenn der Bratsaft zu trocken wird. Dann die Hähnchenteile wenden (die Hautseite liegt nun oben) und erneut 35 Minuten in den Ofen schieben. Nach der Hälfte der Zeit oder wenn der Bratsaft am Boden goldbraun wird, etwa 250 ml Wasser angießen. Das Fleisch ist fertig, wenn die Haut schön knusprig und braun gebraten ist und sich ringsum reichlich dunkle, sämige Sauce gebildet hat.

Die Kokosmilch in die Form gießen und gründlich mit dem Bratsatz vermischen. Dann alles nochmals 5 Minuten in den Ofen schieben und fertig braten. Herausnehmen und vor dem Servieren leicht abkühlen lassen.

Fortsetzung folgende Seite >>

125 g Vermicelli-Reisnudeln

SAUCE ZUM DIPPEN

3 EL Limettensaft

3 EL Fischsauce

3 EL Reisessig

1 ½ EL Vollrohrzucker

½ frische oder getrocknete Chilischote

½ Knoblauchzehe, mit flacher Messerklinge angedrückt

1 kleines Stück Ingwer (5 g)

BEILAGEN

Sriracha oder eine andere Chilisauce

80 g Frühlingszwiebeln, grüne und weiße Teile, längs in dünne Streifen geschnitten

16 knackige Blätter Eisbergsalat

je 1 Handvoll Koriander- und Minzeblätter

½ lange dünne Gurke (100 g), geschält, von Kernen befreit, Fruchtfleisch in Stifte geschnitten

Für 4 Personen

Inzwischen die Nudeln in einem Topf mit leicht gesalzenem kochendem Wasser erneut aufkochen lassen. Den Topf vom Herd nehmen und die Nudeln 10 Minuten ziehen lassen, bis sie weicher geworden sind. Abgießen und unter fließendem kaltem Wasser abschrecken. Dann in eine Servierschüssel füllen und zerteilen, damit sie handlicher beim Essen sind.

Für die Sauce zum Dippen den Limettensaft mit Fischsauce, Essig und Zucker in einer Schale verrühren, bis der Zucker sich aufgelöst hat. Chilischote, Knoblauch und Ingwer einrühren und das Ganze ziehen lassen.

Zum Servieren entweder die Beilagen in separaten Schüsseln anrichten oder alles pro Person in kleinere Schüsseln aufteilen. Die Schüssel mit den Nudeln auf den Tisch stellen. Einen Teil der Sauce auf vier kleine Schüsseln aufteilen. Das Fleisch auf eine Servierplatte legen – wer mag, zerkleinert es im Voraus, aber man kann es auch den Gästen überlassen (egal wie, die feine Sauce aus der Form nicht vergessen!). Wenn alles auf dem Tisch bereit ist, kann sich jeder sein Salatblatt als Basis nehmen, die Zutaten darin einwickeln und das Ganze in die Sauce dippen.

Makrut-Limettenblätter lagern bei mir im Gefrierschrank. Sehr praktisch!

陳和香

GRÜNES HÄHNCHENCURRY

GRÜNE CURRYPASTE

(ergibt etwa 200 g)

1 TL schwarze Pfefferkörner

1 TL Kreuzkümmelsamen

2 TL Koriandersamen

1 Stück (35 g) Galgant (oder Ingwer), grob gehackt

2 Stängel Zitronengras, das äußere Blatt entfernt, das innere Stück grob gehackt

4 lange grüne Chilischoten (75 g insg., nicht zu scharf), grob gehackt

2–3 kleine scharfe grüne Chilischoten (nach Belieben)

3 Knoblauchzehen, grob gehackt

40 g Schalotten, grob gehackt

etwa 10 Stängel Koriandergrün, grob gehackt

fein abgeriebene Schale von 1 unbehandelten Makrut-Limette (2–3 TL)

1 Stück Kurkuma (5 g), geschält

1 TL Thai-Garnelenpaste

Wer von meinen Freunden in Thailand einen Kochkurs besucht hat, bringt seine Rezepte von dort mit. Dieses stammt von meinem Kurs mit der wunderbaren Pim. Nachkochen lohnt sich auf jeden Fall. Lassen Sie sich nicht durch die Zubereitung der Paste – die für zwei oder drei Currys reicht – davon abhalten, ein so gutes hausgemachtes Curry zu machen. Die herrlichen, wenn auch manchmal nicht leicht aufzutreibenden Zutaten für das spezielle Aroma der Paste sind wichtig – fragen Sie in Asia-Läden danach. Kleine Thai-Auberginen wie die Erbsen-Auberginen vom Pokastrauch (auch »Türkenbeeren« genannt) und die kleinen Waterdrop-Auberginen sind köstlich, sie bieten leicht bittere Nuancen. Ersatzweise eignen sich schmale normale Auberginen oder Zucchini und Erbsen. Die Kaffir-Limetten (in Thailand »Makrut« genannt) sind in Thailand sehr beliebt. Ihre Schale wird gerieben oder in Zesten abgeschält. Hierzu Jasminreis servieren.

Für die Currypaste die Pfefferkörner sowie die Kreuzkümmel- und Koriandersamen in einer kleinen Pfanne ohne Fett rösten, bis sie duften. Abkühlen lassen und dann in einer Gewürzmühle oder von Hand mit dem Mörser zu einem feinen Pulver mahlen.

Galgant, Zitronengras, Chilischoten, Knoblauch, Schalotten, Korianderstängel, Limettenschale und Kurkuma in einem kleinen Mixer zu einer Paste verarbeiten – so fein wie möglich. (Natürlich geht dies auch auf ganz traditionelle Weise im Mörser.) Mit der Garnelenpaste und der grünen Currypaste (etwa 1 EL davon) erneut mixen.

CURRY

2 EL Pflanzenöl

250 ml Kokosmilch (Dose)

2 Thai-Auberginen, geviertelt, größere in Scheiben geschnitten (30 g insg.)

20–25 Erbsen-Auberginen (30 g insg.)

160 g Hähnchenbrust, in 1 cm dicke Scheiben geschnitten

6 Makrut-Limettenblätter (frisch oder TK), größere halbiert

1 EL Fischsauce

knapp 1 EL fein gehackter Palmzucker oder Vollrohrzucker

1 EL Tamarindenmark ohne Kerne (S. 295)

Salz

1 große Handvoll Thai-Basilikumblätter (oder etwa 20 große normale Basilikumblätter und 10 Minzeblätter)

ZUM ANRICHTEN

½ Rezeptmenge Jasminreis (S. 284)

Für 2 Personen

Für das Curry das Öl in einem Wok erhitzen und 4 EL von der Currypaste unter Rühren darin anbraten, bis sie duftet. Dann die Hälfte der Kokosmilch angießen. Etwa 3 Minuten weiter rühren, bis sie langsam eindickt. Noch 125 ml Wasser angießen. Wenn das Curry aufkocht, sämtliche Auberginen hinzufügen. Gut umrühren, dann das Hähnchenfleisch sowie Limettenblätter, Fischsauce, Zucker und Tamarindenmark, die restliche Kokosmilch (125 ml) und etwas Salz hinzufügen.

Offen unter gelegentlichem Rühren etwa 15 Minuten einkochen lassen, bis das Fleisch schön durchgegart und zart ist. Gegen Ende etwas Wasser angießen, falls es zu trocken wirkt. Die Basilikumblätter einrühren und den Wok vom Herd nehmen. Mit Jasminreis servieren.

Lieblinge:
Grünes Curry
Gelb. Rot. Panang
Massaman
Dschungel

KOKOSEIS

100 g Vollrohrzucker

1 EL Reismehl

250 ml ungesüßtes Kokoswasser

500 ml Kokosmilch (Dose)

Ergibt knapp 1 l

Das Erfrischendste, was einem an einem schwül-heißen Nachmittag bei einem ausgiebigen und inspirierenden Bummel auf einem der wunderbaren thailändischen Märkte begegnen kann, ist ein Stand mit Kokoseis. Hier stelle ich eine vereinfachte Version davon vor, wie ich sie zu Hause gern zubereite. Falls es Kokosmilchreste gibt, kann man sie perfekt für die Zubereitung von Kokosreis (S. 288) oder für ein schön sämiges Curry verwenden.

Den Zucker in einem Topf auf dem Herd schmelzen.

Inzwischen das Reismehl in einen Becher schütten und mit etwas Kokoswasser glatt anrühren. Zusammen mit dem restlichen Kokoswasser in den Topf mit dem Zucker rühren. Unter weiterem Rühren köcheln lassen – gerade lang genug, um das Mehl zu garen.

Den Topf vom Herd nehmen, die Kokosmilch einrühren und alles abkühlen lassen. Dann die Masse in der Eismaschine nach Gebrauchsanweisung verarbeiten. Alternativ die Masse in einen Gefrierbehälter füllen und anfrieren. Etwa 1 Stunde fest werden lassen, dann kurz durchquirlen (oder mit dem Handmixer durchrühren), um die Eiskristalle aufzubrechen, und wieder in den Gefrierschrank stellen. Diesen Ablauf einige Male wiederholen, bis das Eis gefroren ist. Zugedeckt im Gefrierschrank aufbewahren.

MANGO-KLEBREIS

3 kleine reife und feste Mangos (½ pro Person)

KLEBREIS

300 g Klebreis

200 ml Kokosmilch (Dose)

45 g Vollrohrzucker

¼ TL Salz

MUNG DAL

1 kleine Handvoll gespaltenes gelbes Mung Dal (Mungobohnen) oder Chana Dal (Kichererbsen), 8 Stunden oder über Nacht in kaltem Wasser eingeweicht

Pflanzenöl, zum Braten

KOKOSSAUCE

310 ml Kokosmilch (Dose)

2 EL Vollrohrzucker

¼ TL Salz

essbare Blüten, zum Garnieren

Für 6+ Personen

Herrlich als Frühstück oder Zwischenmahlzeit und als kleinere Portion auch nach einer leichteren Mahlzeit. Ich mag es nicht zu süß. Entscheidend sind hier gute Mangos mit ihrer wunderbaren Süße, so wie man sie in Thailand findet.

Der Reis muss vor dem Garen eingeweicht werden. Traditionell wird er in einem Bambus-Dämpfkorb etwa 30 Minuten gegart. Man kann das Ganze auch auf dem Herd garen, dann wird der Reis zwar etwas fester, aber dennoch gut. Das gebratene Dal sorgt hier für einen schönen Crunch – es ist nicht unbedingt notwendig, aber schmackhaft. Unbedingt vorher gut einweichen, bis es nur noch leicht knackig ist.

Für den Klebreis diesen in einem Sieb mit kaltem Wasser spülen, bis das Wasser klar bleibt. In eine Schüssel füllen und mit frischem Wasser über Nacht einweichen lassen.

Für das Mung Dal dieses abgießen, abtropfen lassen und auf Küchenpapier ausgebreitet trocknen lassen. Einen kleinen Topf 1–2 cm hoch mit Öl füllen, das Dal darin bei mittlerer Temperatur frittieren, bis es gerade knusprig und blass goldbraun ist. (Zu dunkles Dal wäre zu knusprig und hart.) Mit einem Schaumlöffel herausnehmen, das Öl abtropfen lassen und das Dal auf Küchenpapier entfetten. Das Papier zwischendurch wechseln, damit so viel Öl wie möglich aufgenommen wird. (Dieses Dal ergibt auch mit Salz und Chiliflocken bestreut einen köstlichen Snack.)

Den Reis garen: Entweder im Bambus-Dämpfer oder den eingeweichten Reis abtropfen lassen und mit 500 ml kaltem Wasser in einen mittelgroßen Topf füllen. Offen aufkochen und 5–6 Minuten köcheln lassen. Gegen Ende die Temperatur reduzieren und mit einem Holzlöffel vorsichtig über den Boden rühren, damit der Reis nicht ansetzt.

Inzwischen Kokosmilch, Zucker und ¼ TL Salz in einem kleinen Topf einige Minuten kochen lassen, bis sich der Zucker aufgelöst hat.

Wenn der Reis das Wasser aufgenommen hat, die vorbereitete Kokosmilch angießen (den Topf nicht ausspülen!) und rasch unterrühren, damit nichts klumpt oder pappig wird. Den Topf vom Herd nehmen und den Reis ruhen lassen, damit die Sauce aufgenommen wird. (Beim Dämpfen den fertigen Reis in die Kokossauce rühren).

Das Mangofruchtfleisch vom Kern schneiden, schälen und in dicke Scheiben schneiden (ich kann nie widerstehen, jegliches am Kern hängende Fruchtfleisch über der Spüle tropfend abzunagen).

Für die Kokossauce die Kokosmilch mit Zucker und Salz in dem bereits benutzten Topf blubbernd aufkochen lassen – am besten mit Deckel, da es spritzen wird. Einige Minuten köchelnd leicht eindicken lassen, dabei ein- oder zweimal umrühren. Den Topf vom Herd nehmen.

Zum Servieren den Reis auf Teller verteilen. Die Mangoscheiben daneben anrichten. Vor allem über den Reis einige Kellen Kokossauce gießen (ich mag reichlich!), mit 1–2 TL gebratenem Dal bestreuen und mit 1 Blüte garniert servieren.

NAM-MANAO-SODA

1 kleine unbehandelte Limette

1 ½ EL gehackter Palm- oder Vollrohrzucker

¼ TL Salz

250 ml eiskaltes Sprudelwasser

1 Handvoll Eiswürfel

Für 1 Longdrinkglas

Mein Lieblingsgetränk – abgesehen von einer frischen Kokosnuss, oben aufgeschnitten und mit einem Strohhalm serviert. Manchmal habe ich gern eine Handvoll frische Minze in diesem Erfrischungsgetränk. Köstlich an einem heißen Tag in Thailand zu einer würzigen Mahlzeit.

Die Limette mit der Handfläche kräftig auf einer harten Oberfläche hin und her rollen, um sie weicher zu machen. Dadurch lässt sich mehr Saft auspressen. Die Limette halbieren und den Saft auspressen, die Hälften aufbewahren.

Zucker und Limettensaft (etwa 2 EL) in ein hohes Glas gießen und mit einem langen Löffel verrühren, bis der Zucker aufgelöst ist. Salz und Sprudelwasser sowie beliebig viele Eiswürfel hinzufügen. Eine der Limettenhälften in das Glas legen, umrühren, kosten und den Drink frisch abschmecken. Cheers!

8

Blumen pflücken jederzeit,
Sonnenuntergang, der Mond, Spaziergänge,
Sternenhimmel und vom Reisen träumen

Rezepte, die ich bislang in einer Schachtel für kleine Schätze aufbewahre. Rezepte, die aus dem ein oder anderen Grund zuvor nicht in einem meiner Bücher gelandet sind – vielleicht, weil es schon etwas Ähnliches gab oder ich sie für einen besonderen Moment aufbewahren wollte. Und hier sind sie nun.

TESSA KIROS
TOSKANA – ITALIEN

Besondere Schätze

Tomaten nach Art der Provence 314

Paneer-Pakoras 316

Corinnes Rinderfilet mit Feta 317

Chicken 65 319

Zitronenchutney 321

Crème brûlée mit Himbeeren 323

Gedeckter Kirschkuchen 324

Kourabiedes mit Pekannusskernen oder Schokochips 329

Chicken 65

TOMATEN NACH ART DER PROVENCE

¼ Baguette (etwa 60 g), in Scheiben geschnitten

3 große Knoblauchzehen, im Mörser zerstoßen

30 g Petersilie, gehackt

8 große Basilikumblätter, grob zerkleinert

mehrere Thymianzweige

2–3 TL unbehandelte fein abgeriebene Zitronenschale

8 EL Olivenöl

Salz

10 reife Tomaten, Sorte San Marzano, Roma oder Pflaumentomaten (etwa 700 g insg.)

frisch gemahlener schwarzer Pfeffer

Für 4–6 Personen

Diese Tomaten sind eine echte Delikatesse. Eine wichtige Voraussetzung ist allerdings, dass die Tomaten wirklich aromatisch sind. Unterschiedliche Größen sind kein Problem – nur zu groß sollten die Tomaten nicht sein. Man kann sehr gut ein paar davon als Vorspeise reichen, ohne etwas anderes dazu, aber sie schmecken auch mit Ziegenkäse, grünem Salat und Walnussbrot als Beilage.

Den Backofen auf 200 °C vorheizen.

Die Baguettescheiben auf einem Backblech verteilen und im Ofen einige Minuten rösten, bis sie goldgelb und getrocknet sind. Dann in einer Küchenmaschine zu groben Bröseln mixen – recht klein, mit einigen großen Stücken. In einer Schüssel mit Knoblauch, Petersilie und Basilikum vermengen. Die Blätter vom Thymian direkt in die Schüssel rebeln und Zitronenschale, 2 EL Olivenöl sowie Salz ebenfalls hinzufügen. Alles locker, aber sorgfältig mischen.

Auf den Boden einer Backform 2 EL Olivenöl träufeln. In die Form sollten sämtliche Tomaten nebeneinander passen.

Mit der Spitze eines kleinen scharfen Messers rundherum am Stielansatz der Tomaten einen Deckel abschneiden. Dann die Schnittfläche drei- bis viermal einritzen, damit die Aromen einsickern können. Die Tomaten mit Salz bestreuen und dann jeweils 1 guten TL oder mehr von der Semmelbröselmischung darauf verteilen. Behutsam nach unten eindrücken, damit die Mischung fester sitzt. Anschließend die Tomaten nebeneinander in der Backform verteilen, mit dem restlichen Olivenöl (4 EL) beträufeln. Mit frisch gemahlenem schwarzem Pfeffer würzen.

Im Ofen 30 Minuten braten, bis die Tomaten gebräunt sind. Dann den Ofen auf Umluft stellen und die Tomaten weitere 10 Minuten backen, bis ihr Belag knusprig und stellenweise dunkelbraun ist. Die Tomaten sollten schön gebacken, aber nicht verbrannt sein.

Den Backofen ausstellen, aber die Form im Ofen stehen lassen, sodass die Tomaten dort abkühlen und noch saftiger werden. Sie schmecken sowohl heiß sehr gut als auch lauwarm.

PANEER-PAKORAS

2 Knoblauchzehen, grob gehackt

1 Stück Ingwer (7 g), geschält und grob gehackt

100 g Kichererbsenmehl (Besan)

65 g Reismehl

¼ rote Zwiebel (60 g), grob gehackt

1 kleine Handvoll Curryblätter (frisch oder TK)

40 g Koriandergrün, klein gezupft

1–2 grüne Chilischoten, ausgekratzt (für weniger Schärfe) und fein gehackt

½ TL Fenchelsamen, im Mörser leicht zerstoßen, oder 2 kräftige Prisen Fenchelpollen

½ TL Kreuzkümmelsamen

2–3 Prisen gemahlene Kurkuma

½ TL Salz, plus mehr zum Servieren

100 g Paneer (indischer Frischkäse), gewürfelt (2 cm Kantenlänge)

Pflanzenöl, zum Braten

Limettenspalten, zum Servieren

Ergibt 9–10 Stück

Diese Pakoras sind köstlich als Snack oder als Auftakt einer Mahlzeit und natürlich auch traditionell zur Monsunzeit mit milchigem Tee und Kaffee. Ein rundum schmackhaftes, einfaches Gericht, bei dem die Zutaten in einem Teig aus gespaltenen Kichererbsen und Gewürzen ausgebacken werden. Es ist toll, wie sich die wenigen Zutaten an den Teig heften, der in frittiertem Zustand so ausgefranst wirkt. Manchmal mache ich die Pakoras mit grünem Gemüse und Feta oder aber auch mit kleinen Garnelen und Koriander.

Warm mit Minze-Relish (S. 256) oder Zitronenchutney (S. 321) – oder einfach mit Limette zum Auspressen und knusprigen Meersalzflocken servieren. Anstelle von Paneer kann man auch griechischen Manouri oder ähnlichen Schafs- oder Ziegenfrischkäse verwenden.

Knoblauch und Ingwer im Mörser zu einer Paste zerstoßen (sollte etwa 2 gute TL ergeben). In einer weiten Schüssel mit Mehlen, Zwiebel, Curryblättern sowie Koriander, Chili, Gewürzen und Salz vermischen. Noch 185 ml warmes Wasser hinzufügen. Alles zu einem recht dickflüssigen Teig verrühren. Bei Bedarf noch mehr Wasser einrühren. Dann behutsam den Paneer-Käse unterziehen.

Einen großen, mit Küchenpapier ausgelegten Teller bereitstellen.

In einem Wok oder einer weiten Pfanne Öl zum Frittieren der Pakoras erhitzen. Die Teig-Käse-Mischung mit zwei Esslöffeln in das heiße Öl setzen und leicht flach drücken. (Sie dürfen ruhig ganz unregelmäßig aussehen – das macht ihren Reiz aus.) Jeweils 2–3 Pakoras – oder so viele, wie in die Pfanne passen – einige Minuten ausbacken, bis sie unten goldgelb und knusprig sind, dann vorsichtig wenden, damit das Öl nicht spritzt, und von der anderen Seite braten. Wenn sie rundum knusprig sind, auf den Teller legen. Heiß servieren und Limettenspalten zum Auspressen am Tisch sowie Salz dazu reichen.

Corinnes

RINDERFILET MIT FETA

2 Filetsteaks vom Rind (à 190 g, 2–2,5 cm dick geschnitten), einige Stunden vor der Zubereitung aus dem Kühlschrank genommen

1–1½ TL getrockneter griechischer Oregano

Salz

60 g Butter

120 g Feta, quer in 2 Scheiben (1 cm dick) geschnitten

2 EL Zitronensaft, nach Geschmack auch mehr

frisch gemahlener schwarzer Pfeffer

1 TL gehackte Petersilie

Für 2 Personen

Corinnes Mutter ließ ihre Kinder manchmal vor sich in einer Reihe aufstellen und fragte: »Weißt du, wer du bist?« – eine Richtschnur für das Leben.

Dieses Rezept stammt von Corinne. Eine meiner Lieblingsköchinnen überhaupt. In ihrem Restaurant war das Tanzen auf den Tischen erlaubt, ja, sie ermutigte ihre Gäste richtig dazu.

Dieses Filet mit Feta war eines der Gerichte, für das ich im Restaurant von Corinne und Lizzie zuständig war, einer meiner allerersten Jobs. Es schmeckt sehr gut in Kombination mit Kartoffelspalten oder geröstetem Brot. Benötigt wird hier eine beschichtete Pfanne, die richtig heiß sein muss, bevor die Steaks hineinkommen.

Die Steaks mit Küchenpapier trockentupfen. Den Oregano zwischen den Fingern auf beiden Seiten der Steaks verreiben und dann alles mit Salz bestreuen.

Eine große beschichtete Pfanne stark erhitzen. Die Hälfte der Butter in der Pfanne brutzelnd zerlassen, dann die Steaks hineinlegen. Das Fleisch kurz anbraten, dann die Fetascheiben um das Fleisch herum legen – behutsam, damit sie ganz bleiben. Kräftig braten, bis die Steaks von unten goldbraun und knusprig sind. Dann wenden und die 2 weich werdenden Fetascheiben behutsam jeweils auf 1 Scheibe Fleisch legen.

Wenn die zweite Seite auch goldbraun gebraten ist, die restliche Butter (30 g) in der Pfanne heiß werden lassen. Den Bratsaft über den Feta löffeln und dann den Zitronensaft in die Pfanne gießen. Alles etwa 1 Minute aufkochen und leicht eindicken lassen. Dabei den Bratsatz vom Boden lösen. (Wer seine Steaks lieber blutig mag, legt sie auf einen vorgewärmten Teller, bevor der Zitronensaft in die Pfanne kommt.) Das Fleisch je nach gewünschtem Gargrad länger braten.

Die fertigen Steaks mit dem weichen Feta auf vorgewärmte Teller legen und mit der Sauce beträufeln. Reichlich schwarzen Pfeffer darüberstreuen und mit etwas Petersilie sofort servieren.

Citrus decumana
Citrus sinensis
Citrus aurantifolia
Citrus limonium

CHICKEN 65

2 Stücke Ingwer (etwa 20 g), geschält und grob gehackt

4 Knoblauchzehen, abgezogen

1 grüne Chilischote, ausgekratzt, sehr fein gehackt (oder Chilipulver)

600 g Hähnchenbrustfilets, ohne Haut

1 TL gemahlener Koriander

1 TL gemahlener Kreuzkümmel

½ TL gemahlene Kurkuma

2 TL Garam Masala

1 TL Salz

frisch gemahlener schwarzer Pfeffer

1 EL Apfelessig oder Zitronensaft

1 TL Vollrohrzucker

1 Handvoll kleine Curryblätter (frisch oder TK), etwa 30 Stück

100 g Joghurt (3,5 % Fettgehalt)

1–1½ EL Speisestärke

1–1½ EL Reismehl

2 EL Kichererbsenmehl (Besan)

4 EL Pflanzenöl, plus mehr nach Bedarf

1 große Zwiebel, gehackt

1 TL Kreuzkümmelsamen

>>

Mein guter Freund Ashok in Puducherry ist ein wunderbarer Koch. Ich bin ihm sehr dankbar für die vielen köstlichen Zubereitungen, die ich bei ihm lernen durfte. Dieses entbeinte Hähnchenfleisch wird gewürzt und paniert, dann mit Curryblättern und Zwiebeln gebraten. Durch die Speisestärke und die zwei unterschiedlichen Mehlsorten entstehen eine knusprige Textur und ein feiner Geschmack. Sollten Sie kein Reismehl griffbereit haben, nehmen Sie einfach mehr Kichererbsenmehl. Ashok erzählt, dass er manchmal auch ein verquirltes Ei dazugibt.

Dies gehört zu den Lieblingsgerichten meiner Tochter! Ich reiche dazu ein sämiges Zitronenchutney (S. 321) und Raita. Wer auf das Chutney verzichtet, sollte das Fleisch stattdessen mit ein paar Tropfen Limettensaft beträufelt servieren.

Ingwer und Knoblauch im Mörser zu einer Paste zerstoßen, dann die gehackten Chilischoten einarbeiten (sollte 3–4 EL Paste ergeben).

Die Paste in eine Schüssel füllen. Das Hähnchenfleisch vom Fett befreien und in breite Streifen (etwa 3 × 7 cm) schneiden. Zusammen mit den gemahlenen Gewürzen sowie Salz, Pfeffer, Essig und Zucker unter die Paste mischen. Die Hälfte der Curryblätter (große Blätter halbieren) und den Joghurt gründlich unterrühren. Das Fleisch 2–3 Stunden im Kühlschrank durchziehen lassen.

Etwa 30 Minuten vor dem Braten die Schüssel aus dem Kühlschrank nehmen und die Speisestärke sowie die beiden Mehlsorten untermischen. Alles Zimmertemperatur annehmen lassen.

Fortsetzung folgende Seite >>

RAITA

250 g Joghurt (3,5 % Fettgehalt)

½ grüne Chilischote, ausgekratzt, fein gehackt (oder Chilipulver)

2 EL gehackte Zwiebel

80 g Gurke, geschält, von Kernen befreit, fein gewürfelt

½ TL Salz

frisch gemahlener schwarzer Pfeffer

1 TL getrocknete Minze

ZUM SERVIEREN

Zitronenchutney (siehe rechts) oder 1 Limette, geviertelt

Für 3–4 Personen

Chicken 65 ist ein Hähnchengericht aus dem Jahr 1965. Und dann gibt es noch Chicken 88, Chicken 90 ...

Für die Raita den Joghurt in einer Schüssel mit Chilistücken, Zwiebel, Gurke, Salz und frisch gemahlenem schwarzem Pfeffer verrühren. Die Minze zwischen den Fingern über der Schüssel verreiben. Alles gut vermengen und abschmecken.

In einer großen beschichteten Pfanne das Öl erhitzen. Das Fleisch im Teig wenden (sollten einige Stücke verklumpt sein, macht das nichts, man kann sie beim Braten mit einem Holzlöffel trennen). Dann portionsweise in die Pfanne setzen. Recht kräftig ausbraten, bis die Stücke unten eine goldbraune Kruste haben. Mit einer Küchenzange wenden und rundum knusprig sowie goldbraun braten, dabei die Stücke nicht zu oft bewegen. Nach Bedarf mehr Öl angießen. Das fertig gebratene Fleisch (inklusive im Fett gelandeter kleiner Stückchen) auf einer Servierplatte anrichten.

Die Zwiebel und die restlichen Curryblätter in der Pfanne rösten; es sollte noch ein bisschen Öl vorhanden sein. Die Temperatur leicht reduzieren und die Zwiebelstücke braten, bis sie goldgelb sind und die Curryblätter knusprig werden. Die Kreuzkümmelsamen einstreuen und einige Minuten mitbraten. Diese Röstzwiebeln zum Fleisch auf der Platte setzen.

Warm servieren und Raita sowie etwas Zitronenchutney dazu reichen.

ZITRONENCHUTNEY

EINGELEGTE ZITRONEN

6 kleine unbehandelte Zitronen (etwa 600 g)

150 g grobes Salz

250 ml Weißweinessig

CHUTNEY

1 Stück Ingwer (5 g), geschält und grob gehackt

2 Knoblauchzehen, grob gehackt

2 EL Sesam- oder Pflanzenöl

½ TL gemahlene Kurkuma

2–3 Prisen Asant

2–3 Prisen gemahlene Fenchelsamen oder Fenchelpollen

5–6 Curryblätter (frisch oder TK)

2 eingelegte Zitronen (siehe oben), abgetropft, in Scheiben geschnitten und von Kernen befreit

2 Prisen Chilipulver

1 TL Vollrohrzucker

Ergibt etwa 250 g

Die eingelegten Zitronen hierfür müssen 2–3 Wochen zuvor im Glas durchziehen können. Ich habe sie immer gern im Haus, damit ich bei Bedarf etwas davon abzwacken und in Eintöpfen mit Couscous verwenden kann oder um sie mit Hähnchen, Fisch oder Gemüse zu braten. Ich lege sie aber auch eigens für die Zubereitung von Chutneys und Pickles ein – weil ich das besonders gern mag. Von diesem Chutney mache ich zwei Versionen: eine stückig, die andere glatt. Bei Chicken 65 verwende ich gern die glatte Variante.

Die Zitronen in warmem Wasser behutsam abbürsten, dann von der Spitze ausgehend vierteln, aber nicht ganz durchtrennen. Die noch zusammenhängenden Viertel in ein großes, sterilisiertes Einmachglas drücken.

In einem Topf 375 ml Wasser und das Salz zum Kochen bringen. Rühren, um das Salz leicht aufzulösen (passiert im Glas vollständig). Einige Minuten abkühlen lassen, dann den Essig angießen und vermischen. Alles über die Zitronen im Glas gießen. Falls nötig, die Zitronen mit einem Glasgewicht beschweren, damit sie vollständig von Flüssigkeit bedeckt sind. Das Glas gut verschließen und 2–3 Wochen an einem kühlen, dunklen Ort stehen lassen, bis die Schale weich ist. (Sie halten sich auch noch länger. Die Zitronen müssen nur stets vollständig von Flüssigkeit bedeckt sein.)

Für das Chutney Ingwer und Knoblauch im Mörser zu einer Paste zerstoßen (sollte 2–3 TL ergeben). Das Öl in einem nicht zu großen Topf erhitzen und die Ingwer-Knoblauch-Paste sowie Kurkuma, Asant, gemahlenen Fenchel und Curryblätter darin etwa 1 Minute sanft anbraten, bis alles goldgelb ist und duftet. Dann eingelegte Zitronen, Chilipulver und Zucker sowie 3 EL Wasser untermischen. Einige Minuten köcheln lassen, bis die Zitronen weich werden und zusammenfallen, einige Stücke aber noch ganz sind und eine schöne Farbe haben. Das Chutney nach dem Abkühlen in ein Einmachglas füllen und im Kühlschrank aufbewahren, es hält sich dort mehrere Wochen.

GLATTE VERSION

Alles ohne Curryblätter, aber mit 4 EL frisch aufgekochtem Wasser glatt pürieren. Falls nötig, noch mehr heißes Wasser untermixen, das Chutney sollte schön sämig sein. Wie beschrieben im Kühlschrank aufbewahren.

CRÈME BRÛLÉE MIT HIMBEEREN

500 g Sahne

½ Vanilleschote, längs aufgeschlitzt oder ½ TL Vanilleextrakt

180 g Himbeeren

65 g Zucker, plus ½ TL mehr pro Portion

4 Eigelb (Größe M)

Vollrohrzucker, zum Bestreuen

Für 6 Förmchen à 150 ml

Was mit Vanille und Himbeere zu tun hat, bekommt ein »Hurra« von mir. Und diese feinen Desserts duften einmalig, beim Backen und beim Karamellisieren. Die Eiweiße für die Erdbeer-Baiser-Eistorte (S. 39) aufbewahren. Einfach einfrieren und einige Stunden vor dem Schlagen auftauen lassen.

Die Sahne in einen Topf gießen. Mit der Spitze eines Teelöffels das Vanillemark aus der Schote in die Sahne schaben. Die Schote ebenfalls hinzufügen (alternativ Vanilleextrakt verwenden). Alles zum Sieden bringen und köcheln lassen, damit die Aromen durchziehen. Den Topf vom Herd nehmen und die Masse einige Minuten ziehen lassen.

Inzwischen den Backofen auf 150 °C vorheizen. Die Himbeeren auf 6 Förmchen (à 150 ml) aufteilen und diese in eine Auflaufform stellen. Jeweils mit ½ TL Zucker ausstreuen.

In einer weiten Schüssel die Eigelbe und 65 g Zucker mit dem elektrischen Rührgerät hell-cremig aufschlagen. Die warme Sahne portionsweise unterschlagen, sodass die Masse nicht klumpt. Leicht abkühlen lassen, dabei hin und wieder rühren, um Bläschen oder Schaum aufzulösen. Die Vanilleschote entsorgen. Die Masse in die Förmchen gießen. Die Auflaufform mit so viel Wasser füllen, dass die Förmchen halbhoch darin stehen.

Die Form etwa 40 Minuten in den Ofen stellen, bis alles fest und goldgelb gebacken ist (die Masse kann sich ruhig verfärben, aber wenn sie zu dunkel zu werden droht, mit Alufolie abdecken). Für ein gleichmäßiges Garen die Form nach der Hälfte drehen. Die Masse wird bei dieser Bewegung noch recht wabbelig sein. Die Garzeit hängt von der Größe der Förmchen ab und von der Füllhöhe. Daher muss man gegen Ende ein Auge darauf haben. Aus dem Ofen nehmen und abkühlen lassen. Das Ganze einige Stunden oder über Nacht im Kühlschrank erkalten lassen.

Vor dem Servieren jedes Förmchen mit etwa 1 ½ TL Vollrohrzucker bestreuen und mit der Rückseite eines Teelöffels gleichmäßig dünn verstreichen. Mit einem Flambierbrenner den Zucker auf der Oberfläche karamellisieren. Alternativ unter den Ofengrill stellen, bis der Zucker karamellisiert ist. Achtung, er kann schnell verbrennen! Bei dieser Variante sollten die Förmchen anschließend im Kühlschrank kalt und wieder fest werden können, denn im Backofen wird auch die Creme erhitzt.

GEDECKTER KIRSCHKUCHEN

TEIG

185 g kalte Butter, klein geschnitten, plus mehr für die Springform

260 g Mehl, Type 405, plus mehr zum Arbeiten

40 g Zucker

¼ TL Salz

je 1 knapper EL Sahne und Milch (oder 2 EL Kaffeesahne)

Dieses Rezept ergibt einen wunderbar üppigen und nicht zu süßen gedeckten Kirschkuchen. Der Teig ist etwas heikel zu verarbeiten – besonders, wenn es heiß ist –, wird aber herrlich grob-blättrig. Ich bemühe mich, bei den Kirschen so wenig Zucker wie möglich zu verwenden, am besten richtet man sich hier nach der Süße der verwendeten Kirschen.

Meine Springform hat 24 cm Ø. Mir schmeckt der Kuchen pur, aber auch mit 1 Klecks ungeschlagener Crème double.

Für den Teig Butter, Mehl, Zucker und Salz in eine weite Schüssel füllen. Mit den Fingern die Butter behutsam in das Mehl einkrümeln. Dazu immer wieder von unten Mehl nach oben holen, fast so, als würde man am Strand Sand durchsieben, und beides locker, ohne viel Druck, zusammenfügen, bis eine Mischung aus kleinen, gleichmäßigen und feuchten Klumpen entsteht.

Die Sahne und die Milch (alternativ die Kaffeesahne) mit den Händen einarbeiten. Den leicht feuchten Teig vorsichtig flach drücken und bedeckt etwa 1 Stunde im Kühlschrank fest werden lassen. (Zu diesem Zeitpunkt kann er auch eingefroren werden.)

Auf einer reichlich bemehlten Arbeitsfläche den Teig mit einem Nudelholz rechteckig ausrollen und grob so falten, dass drei Schichten übereinanderliegen. Das Ganze wiederholen, damit sich im Teig mehrere Schichten bilden. Etwas mehr als die Hälfte des Teigs abnehmen, den Rest abdecken und in den Kühlschrank stellen. Den Teig zu einem Boden (etwa 28 cm Ø) ausrollen. (Er wird sehr feucht sein, daher sollten Sie beim Ausrollen nicht zu fest drücken, damit er nicht an der Arbeitsfläche klebt.) Den Teigboden locker mithilfe des Nudelholzes in eine ausgefettete Springform (24 cm Ø) heben, sodass rundum ein etwa 3 cm hoher Rand entsteht. Überstehenden Teig abschneiden, zu dem noch gekühlten Teil legen. Die Teigränder in der Form andrücken. Die Form in den Kühlschrank stellen.

Inzwischen den Backofen auf 180 °C vorheizen.

FÜLLUNG

650 g Kirschen, entstielt

70 g Zucker

1 EL Speisestärke

1 TL Vanilleextrakt

EISTREICHE

1 Eigelb (Größe L), verquirlt mit ½ TL Milch

ZUM SERVIEREN

1 EL Crème double pro Portion

Ergibt 1 Kuchen (24 cm Ø)

Für die Füllung die Kirschen entsteinen – am besten nur wenige halbieren und die restlichen mit einem Entsteiner vorbereiten. In einer Schüssel mit Zucker, Speisestärke und Vanilleextrakt gleichmäßig vermengen.

Die Kirschen einschließlich Säften vollständig aus der Schüssel kratzen und gleichmäßig auf dem gekühlten Teigboden verteilen.

Den restlichen Teig aus dem Kühlschrank nehmen und rund (etwa 25 cm Ø) ausrollen. Mithilfe des Nudelholzes vorsichtig auf den Kuchen heben. Den Rand des Teigbodens über die obere Teiglage legen – dann mit der Rückseite eines kleinen Löffels wellig andrücken, sodass Deckel und Boden gut abdichten.

Für die Eistreiche das Eigelb in einer kleinen Schüssel mit der Milch verquirlen und den Teig damit bestreichen. Dann die Teigoberfläche mit 6–7 parallelen Einschnitten versehen. Den Kirschkuchen etwa 1 Stunde im Ofen backen. Nach 40 Minuten die Form drehen, damit der Teig gleichmäßig bräunt.

Der Kirschsaft wird beim Aufkochen und stellenweise aus dem Kuchen getreten und karamellisiert sein. Der Teig sollte goldgelb und glänzend aussehen. Vor dem Servieren leicht abkühlen lassen. Entweder einfach so genießen oder mit 1 Klecks Crème double verfeinern.

Kirschkuchen und Kirschblüten – beides Schönheiten, und es ist bei uns nicht Frühling, bevor man nicht eine frische Kirsche gegessen hat.

KOURABIEDES MIT PEKANNUSSKERNEN ODER SCHOKOCHIPS

40 g Pekannusskerne

250 g Butter, Zimmertemperatur

250 g Puderzucker, zum Bestäuben, plus 2 EL für den Teig

1 Eigelb (Größe L)

1 TL Vanilleextrakt

1 EL Brandy

300 g Mehl, Type 405

1 TL Backpulver

2 Prisen Salz

35 g Zartbitterschokolade (70 % Kakaoanteil), in kleine Stücke geschnitten

Ergibt etwa 22 Stück

Dies sind unsere Lieblingskekse – egal ob mit Mandeln oder, auf traditionellere Art, ohne. In Griechenland backen wir sie vor allem zur Weihnachtszeit. Meine Töchter lieben meine Pekannuss-Version. Und sie schlugen mir vor, auch eine mit Schokochips zu machen. Das Besondere an den Keksen ist, dass sie herrlich mürbe und weich sind. Beim Essen am besten einen kleinen Teller darunterstellen! Sie sind ein schönes Mitbringsel, da sie sich in einer Metalldose gut halten. Diese Menge bereite ich teils mit Schokochips und teils mit Pekannusskernen zu.

Die Pekannusskerne in Hälften brechen, dann in einige kleinere Stücke teilen. In einer Pfanne sanft und ohne Fett rösten, bis sie gerade bräunen. Abkühlen lassen.

Die Butter mit einem elektrischen Rührgerät in einer Schüssel 6–7 Minuten blassgelb und schaumig aufschlagen. Den Puderzucker unterschlagen, dann Eigelb, Vanille und Brandy gründlich einarbeiten. Das Mehl mit Backpulver und Salz vermischt hineinsieben. Rühren, bis ein glatter Teig entsteht, der sich mit den Quirlen nicht mehr gut verarbeiten lässt. Nun mit den Händen fortfahren, den Teig in der Schüssel behutsam bearbeiten und wenden, sodass eine kompakte, weiche und buttrige Konsistenz entsteht.

Den Teig halbieren. Unter eine Hälfte die Pekannusskerne mischen und leicht einkneten, in die andere Hälfte die Schokochips. Zu 2 Kugeln formen und abgedeckt etwa 40 Minuten kühlen.

Den Backofen auf 180 °C vorheizen und ein großes Backblech mit Backpapier auslegen. Beide Teige zu Kugeln rollen (à 30 g), leicht flach drücken. Die Kekse mit wenig Abstand (sie gehen kaum auf) auf das Blech setzen und knapp 25 Minuten im Ofen leicht goldgelb backen. Herausnehmen und auf dem Blech 15 Minuten abkühlen lassen.

Die Hälfte des Puderzuckers zum Bestäuben auf einer Platte verstreuen oder gleich in der Keksdose. Die leicht abgekühlten Kourabiedes nebeneinander auf den Zucker setzen, den restlichen Puderzucker (125 g) darüberstreuen. Gut verschlossen halten sie sich viele Tage. (Frisch gebacken sind sie zerbrechlich, daher vorsichtig anheben – nach 1–2 Tagen sind sie einfacher zu handhaben.) Puderzuckerreste aus der Dose sieben und für die nächste Portion aufbewahren.

9

Sauerkirschen, Zitronen, Karamell, Chips Salt & Vinegar

Wofür mein Herz schlägt …

Flieder | Dahlien | Pfingstrosen | Vichy-Muster | wie alte Obst- und Gemüseläden in Griechenland riechen | Fudge | Toffees | Mandelcroissants | Kouign-amann mit Erdbeeren in Paris | knusprig-frische Brötchen mit Butter und Schinken | Melktert | Kaffeesahne | Sonntagsbraten | saure Pflaumen | Menschen zuzusehen, die das, was sie tun, gut machen und lieben, was sie tun | Krebsfleischcurry | Reisen | Weltkarten | ein kühler knackiger Apfel | Sonnenaufgang | Vogelgezwitscher | Schwalben in unserem Hof | schnurrende Katzen | George Winston | Abendessen am Strand | Venusmuscheln | Visinatha (griechischer Sauerkirschsirup) | Kirschbäume | Vanille | handgefertigte Dinge | glückliche Zufälle | Eiscreme | Zitronen | Kaymak (Milchprodukt) | Pickles | dunkler Rohrzucker | Zucker in Klumpen | Schachbrett-Fliesen | alte Kacheln | (Meer-)Salz(-flocken), grobes Salz | Pfefferbäume | Tee | Sommer | Blumen | Cardigans | eine Million frische Kräuter in meinem Essen | geflochtene Körbe | Quitte | Limettenblätter | Jasmin | Tamarinde | französische Kinderkleidung | Kuchen | Ingwerbier | Kombi aus dunkler und weißer Schokolade | Softeis mit Knuspertopping | griechischer Joghurt | Zuckerbüsche | Zinn | Artischocken | schöne Teller | frittierte Calamari | Schiffe | Abenteuer | Farben | Bücher | Stoffe | Kerzen | Briefe | Zitronenchutney | Aprikosen-Wein | der Geruch der Natur nach einem Regenschauer | nach dem Essen in der Küche Boden und Ränder meiner Tajine-Form auszuschlecken | Ghee | Streifen aller Art | Amchur | Picknick | Ahornsirup | das Meeresrauschen nachts in meinem Bett zu hören

32974
Paeonia edulis
IMPRIMÉ EN ITALIE

Wofür mein Herz schlägt ...

Pickles 336

Gefüllte Artischocken aus dem Ofen 339

Kritharaki mit Zitrone und Halloumi 340

Kleine Pies mit Hähnchen-Pilz-Füllung 343

Piri-Piri-Butterhähnchen mit Zitrone 346

Christinas Patates Antinaxtes – zweierlei Art 347

Gebratener Klippfisch mit Essig 348

Hamburger mit Tomatenchutney und Cheddar 350

Schokoladenkuchen mit Sauerkirschen und Clotted Cream oder Mascarponecreme 353–355

Leontines Butterkuchen 356

Ekmek 358

Eiskaltes Passionsfrucht-Erdbeer-Duo 362

Karamellsauce und Ingwereis 365

Orangen und Sahne 366

-Cha

PICKLES

½ Blumenkohl (etwa 500 g), in Röschen geschnitten

4 große, nicht zu scharfe grüne Chilischoten

2 Karotten, geschält

4 Stangen Staudensellerie, entfädelt

10 kleine Zucchini, etwa 7 cm lang (320 g insg.)

3 kleine Speiserüben, geschält und geviertelt

½ Fenchelknolle (170 g), vom Strunk aus in Keile geschnitten

1 Rote Bete, geschält und geviertelt (nach Belieben)

4 Knoblauchzehen, abgezogen

2 kleine Frühlingszwiebeln, in Stücke geschnitten

70 g grobes Salz

500 ml Weißweinessig

2–3 TL Engelwurz, grob zerstoßen (frisch) oder getrocknet

Ergibt 2 Einmachgläser (à 1,5 l)

Das Rezept für diese eingelegten Köstlichkeiten habe ich von meiner Freundin Jasmin – einfach großartig, wenn man Appetit auf einen prickelnd säuerlichen Snack hat, aber auch als Antipasto. Die Pickles sind wirklich einfach selbst herzustellen. Verwenden Sie Ihre Lieblingsgemüsesorten. Staudensellerie schmeckt toll! Bei Heißhunger sind dies oft die Dinge, auf die ich am meisten Lust habe – dann gibt es nichts Besseres als ein Glas Pickles.

Den Blumenkohl in Röschen teilen. Sämtliches Gemüse außer der Roten Bete und dem Knoblauch waschen. Auf ein Geschirrtuch legen und vollständig trocknen lassen.

Die Frühlingszwiebelstücke auf dem Boden von zwei sterilisierten Einmachgläsern (à 1,5 l Fassungsvermögen) verteilen.

Jeweils Blumenkohlröschen und die ganzen Chilischoten darauflegen.

Karotten und Sellerie in dicke Stücke schneiden. Die Zucchini je nach Größe halbieren und ebenfalls in die Gläser legen, dabei nach unten drücken. Speiserüben, Fenchel, Rote Bete (diese färbt das Gemüse und den Essig) sowie Knoblauch auf die Gläser verteilen.

In einem Topf 750 ml Wasser mit dem Salz kurz aufkochen lassen, damit es sich leichter auflöst (passiert dann vollständig in den Gläsern). Den Essig einrühren und den Topf vom Herd nehmen. Alles noch 5 Minuten leicht abkühlen lassen und anschließend die noch warme Mischung über das Gemüse gießen.

Den Engelwurz auf beide Gläser verteilen und alles vollständig abkühlen lassen. Das Gemüse mit einem geeigneten Gewicht beschweren, damit es vollständig in der Flüssigkeit liegt (ich verwende Glasgewichte), dann die Gläser verschließen. Mit einem Etikett versehen und mindestens 3 Wochen an einem kühlen Ort ziehen lassen.

9·9·2022

GEFÜLLTE ARTISCHOCKEN AUS DEM OFEN

½ unbehandelte Zitrone, plus 1 Scheibe zusätzlich

12 mittelgroße Artischocken (à etwa 140 g)

Salz

2 Scheiben altbackenes Vollkorn- oder helles Sauerteigbrot, ohne Kruste (100 g insgesamt), grob zerteilt

2 Knoblauchzehen, gehackt

3–4 EL gehackte Petersilie

6 große, in Öl eingelegte Sardellenfilets, abgetropft und gehackt

50 g frisch geriebener Parmesan

2–2½ TL unbehandelte fein abgeriebene Zitronenschale

frisch gemahlener schwarzer Pfeffer

70–90 ml Olivenöl, plus 4 EL zum Beträufeln

Zitronenviertel, zum Servieren

Für 6+ Personen

Meine Liebe zu Artischocken ist grenzenlos – das haben Giovanni und ich gemeinsam. Dieses Gericht geht für mich als Hauptmahlzeit durch, doch je 1 Artischocke als Vorspeise ist auch etwas Besonderes.

Artischocken können sehr unterschiedlich groß sein. Hier verwende ich kompakte (6 cm breit und 6 cm hoch, wenn der Stiel abgeschnitten ist). Restliche Füllung kann man gut für angebratene Pilze verwenden oder kurz vor Ende der Backzeit über einer Pizza verteilen.

Etwas Saft aus der Zitronenhälfte in eine große Schüssel mit Wasser pressen. Die Stiele von den Artischocken kappen, sodass sie einen flachen Boden bekommen. Von der Artischocke oben etwa ein Drittel kappen, dann die harten äußeren Blätter abziehen – großzügig entfernen. Allerdings sollte die Artischocke stabil genug bleiben, um im Ofen nicht auseinanderzufallen. Die verbliebenen Blätter vorsichtig auseinander drücken und mit einem kleinen scharfen Messer und einem spitzen Teelöffel das Heu sowie eventuelle Spitzen im Inneren wegschneiden. Alternativ eine Schere verwenden. Die Schnittflächen mit der Zitronenhälfte einreiben. Anschließend die Artischocken in die Schüssel mit Zitronenwasser legen.

Einen großen, halb mit Wasser gefüllten Topf mit der Zitronenscheibe und 1 guten TL Salz zum Kochen bringen. Die Artischocken abtropfen lassen, in das kochende Wasser legen und abgedeckt etwa 10 Minuten weich garen. Dann mit dem Kopf nach unten in ein Sieb legen, sodass das Wasser ablaufen kann.

Den Backofen auf 180 °C (Umluft) vorheizen und eine große Auflaufform (etwa 22 × 30 cm) bereitstellen.

Das Brot in einem Mixer zu groben Bröseln verarbeiten. (Sie sollten etwas stückiger sein als handelsübliches Paniermehl.) Die Brösel mit Knoblauch sowie Petersilie, Sardellenfilets, Parmesan, Zitronenschale und etwas frisch gemahlenem schwarzem Pfeffer in einer Schüssel vermengen. Das Olivenöl angießen und alles gründlich mixen.

Eine Artischocke in eine Hand nehmen und mit der anderen die Blätter leicht auseinanderziehen, ohne sie zu lösen. Mit den Fingern oder einem

Fortsetzung folgende Seite >>

Löffel nun die Füllung großzügig in die Mitte und zwischen die Blätter drücken. Sämtliche Artischocken so füllen und dann aufrecht in die Auflaufform stellen. In die Form 125 ml Wasser gießen, die Artischocken mit dem restlichen Olivenöl (4 EL) beträufeln.

So etwa 20 Minuten im Ofen oben und stellenweise auch an den Rändern schön goldbraun rösten. Warm, mit Meersalzflocken und 1 Spritzer Zitronensaft servieren. (Von den noch harten äußeren Blättern kann man beim Essen die Spitzen mit den Zähnen abnagen, dann entsorgen.)

KRITHARAKI MIT ZITRONE UND HALLOUMI

1 unbehandelte Zitrone

40 g Butter

1 EL Olivenöl

400 g Kritharaki (Orzo)

1 Würfel Gemüsebrühe

Salz

frisch gemahlener Pfeffer

1 – 1 ½ TL getrocknete griechische Minze

200 g Halloumi, grob geraspelt (mit allen Bröckchen, die manchmal der Reibe entwischen)

etwa 60 g frisch geriebener Parmesan

Für 6 Personen

Manchmal braucht man ein so simples Gericht wie dieses. Diese reisförmigen Nudeln sind leicht glitschig und ein Genuss. Typischerweise aufgetischt, wenn man in Griechenland »nichts im Haus hat«. Auf Zypern nutzt man auch eine Sorte kleiner Vollkornnudeln. Das Ganze wird am Ende der Garzeit leicht suppig sein und dann nach und nach die Brühe aufnehmen – man kann das Gericht also sofort servieren oder kurz abwarten. Ich esse es manchmal gern mit Brathähnchen.

Mit einem Gemüseschäler von der Zitrone 2 lange Zesten (nicht bis auf die weiße Haut schneiden) abziehen. Die Hälfte der Zitrone auspressen (1 – 2 EL) und beiseitestellen.

In einem großen, weiten Topf Butter und Öl schmelzen. Die Kritharaki darin unter Rühren mit einem Holzlöffel einige Minuten anrösten, bis sie teils goldgelb sind. Etwa 1,75 l heißes Wasser angießen (soll das Gericht sofort servieren werden, etwa 150 ml weniger Wasser) und die Zitronenzesten einrühren. Den Brühwürfel hineinbröseln. Alles salzen und pfeffern.

Zum Kochen bringen, dann die Temperatur reduzieren. Die Pasta etwa 15 Minuten oder nach Packungsangabe köcheln lassen. Dabei regelmäßig mit einem Holzlöffel über den Topfboden rühren, damit nichts ansetzt, bis die Kritharaki weich sind (das Ganze sollte recht brühig sein, daher bei Bedarf Wasser angießen – die Nudeln werden es nach und nach aufnehmen). Wenn sie fast gar sind, den Zitronensaft und die Minze hinzufügen. Alles 1 Minute gut verrühren, dann den Topf vom Herd nehmen. Die Hälfte vom Halloumi unterrühren und abschmecken.

Den restlichen Halloumi extra dazu reichen und den Parmesan auf die Servierschüsseln aufteilen.

esculenta
perlatum
Lycoperdon
Fistulina hepatica

KLEINE PIES MIT HÄHNCHEN-PILZ-FÜLLUNG

TEIG

300 g Mehl, Type 405

200 g gekühlte Butter, in kleine Stückchen geschnitten

½ TL Salz

1 Ei (Größe M), verquirlt

3 EL Milch, plus mehr zum Bestreichen

2 TL Weißweinessig

HÄHNCHENFLEISCH

5 Hähnchenoberschenkel, mit Knochen und Haut (850 g insg.)

Salz

frisch gemahlener Pfeffer

1 große Zwiebel, in 8 Spalten geschnitten

etwa 10 Salbeiblätter

2 Knoblauchzehen, abgezogen

2 EL Olivenöl

125 ml Weißwein

>>

Als Kind fand ich es immer toll, meinen eigenen kleinen Pie auf einem Teller zu haben. Daran hat sich eigentlich bis heute nichts geändert. Diesen Teig verwende ich seit Jahren für Pies. Sie einzeln auszurollen ist schon etwas umständlich, aber es lohnt sich allemal.

Meine Pie-Formen sind aus Aluminium und haben folgende Maße: Boden 6,5 cm, oben innen 8,5 cm, außen 10,5 cm, Höhe 2 cm – diese Größe mag ich sehr für eine Mahlzeit, vielleicht mit einem Salat dazu. Man kann auch 1 großen Pie machen oder aber 12–14 cm große Scheiben ausrollen, die Füllung in die Mitte geben und die Scheiben zu Halbmonden zusammenklappen, bevor sie gebacken werden. Der Teig muss gleichmäßig dick ausgerollt werden. Die Schnittreste lieber zusammenstückeln statt erneut auszurollen. Manchmal gebe ich ein paar Trüffelspäne am Ende der Garzeit in die Sauce, bevor ich den Teig fülle.

Für den Teig Mehl, Butter und Salz in eine große Schüssel füllen. Die Butter und das Mehl zwischen den Fingern zerreiben, bis die Masse wie feuchter Sand wirkt. Mit Ei, Milch und Essig behutsam zu einem weichen, feuchten Teig kneten. Leicht flach drücken, abdecken und etwa 45 Minuten im Kühlschrank ruhen lassen.

Für das Fleisch den Backofen auf 190 °C (Umluft) vorheizen. Die Hähnchenoberschenkel von überschüssigem Fett befreien, von beiden Seiten mit Salz und Pfeffer bestreuen und dann mit der Hautseite nach unten in eine Bratform legen. Zwiebel, Salbei und Knoblauch ringsum verteilen und alles mit Öl beträufeln. So 30 Minuten im Ofen braten, bis die Schenkel leicht gebräunt sind, dann wenden. Zwiebel und Salbei vermengen. Den Wein angießen, damit den Bratsatz vom Boden lösen und alles weitere 10 Minuten rösten. Dann 250 ml Wasser angießen und das Fleisch weitere 10 Minuten braten, bis die Haut knusprig und goldgelb ist und sich reichlich Bratensaft in der Form befindet. Den Ofen ausschalten und die Form noch 10 Minuten darin stehen lassen, dann zum Abkühlen herausnehmen.

Fortsetzung folgende Seite >>

FÜLLUNG

1 EL Olivenöl

300 g gemischte Waldpilze (frisch oder TK), gehackt

Salz

frisch gemahlener Pfeffer

frisch geriebene Muskatnuss

40 g Butter

4 EL Mehl, Type 405, plus mehr zum Arbeiten

125 ml Milch

125 g Sahne

Salz

frisch gemahlener Pfeffer

mehrere Thymianzweige

1–1½ TL unbehandelte fein abgeriebene Zitronenschale

2–3 EL gehackte Petersilie

EISTREICHE

1 Ei (Größe M), verquirlt mit 2 EL Milch

Ergibt 10 kleine Pies

Nach dem Abkühlen das Fleisch von den Knochen lösen. Die Haut aufbewahren, Knorpel und Knochen entsorgen. Dann sowohl Fleisch als auch Haut grob zerkleinern. Zwiebel, Salbei und Knoblauch ebenfalls grob zerkleinern. Zusammen mit der Sauce in der Bratform beiseitestellen.

Für die Füllung das Olivenöl in einem beschichteten Topf erhitzen und die Pilze darin goldgelb anbraten. Mit etwas Salz, frisch gemahlenem Pfeffer und frisch geriebener Muskatnuss abschmecken. Den Topf vom Herd nehmen.

Die Butter in einem weiten Topf zerlassen. Das Mehl einige Minuten darin unter Rühren mit dem Schneebesen anschwitzen, bis es sich leicht verfärbt. Milch und Sahne angießen, Salz und Pfeffer sowie reichlich abgezupfte Blättchen vom Thymian hinzufügen. Alles rasch verquirlen, damit sich keine Klumpen bilden.

In die Bratform vom Hähnchen 250 ml heißes Wasser gießen und den Bratsatz damit lösen. Den Inhalt der Form in die weiße Sauce quirlen. Diese einige Minuten eindicken lassen, dann Fleischstücke, Zwiebel und Pilze gründlich unterrühren. Die Sauce mit 2 EL Wasser leicht verdünnen, dann abschmecken. Den Zitronenschale und die Petersilie einrühren. Den Topf vom Herd nehmen und den Inhalt leicht abkühlen lassen.

Für die Pies den Teig aus dem Kühlschrank nehmen. Den Backofen auf 180 °C vorheizen. Den Teig in einen größeren und einen etwas kleineren Teil schneiden. Den größeren Teil auf einer gut bemehlten Arbeitsfläche rechteckig ausrollen (30 × 40 cm, 3 mm dünn). Auf keinen Fall beim Ausrollen oder beim Schneiden zu viel Druck ausüben. Aus dem Rechteck 10 runde Scheiben (11 cm Ø) ausschneiden, die gerade etwas größer sind als die Pie-Formen. (Schnittreste so zusammenschieben, dass ohne Ausrollen nochmals 1–2 Scheiben entstehen.) Die Pie-Förmchen mit den Teigscheiben auslegen und leicht am Rand andrücken, sodass sie etwas über den Rand hinausragen. Jeweils mit 2–3 EL der Hähnchen-Pilz-Mischung befüllen – die Füllung sollte mehr oder wenig mit dem Rand bündig sein (eventuelle Reste schmecken auch gut auf Toast).

Das zweite Teigstück zu einem nur wenig kleineren Rechteck ausrollen, wiederum 3 mm dünn. In 10 etwas kleinere runde Scheiben schneiden (knapp über 10 cm Ø): so groß, dass sie die Pies oben abdecken. Eine kleine Schüssel mit kaltem Wasser griffbereit hinstellen. Den in der Form ausgelegten Teig oben am Rand mit etwas Wasser betupfen. Den Teigdeckel auf die Füllung legen und die Ränder verschließen. Dann mit einer Kuchengabel leicht andrücken.

Die Oberflächen der Pies mit der Eistreiche bepinseln und mit einem Spieß mehrfach leicht einstechen. (Reste von der Eistreiche am Folgetag zum Bestreichen von weiteren Pies oder Tartes verwenden.)

Die Pies auf einem Backblech etwa 30 Minuten im Ofen backen. Zwischendurch für eine gleichmäßige Bräunung das Blech einmal drehen (oder auf zwei Blechen backen).

Die fertigen Pies aus dem Ofen nehmen und nur kurz abkühlen lassen – warm schmecken sie natürlich besonders gut.

VARIANTE MIT CHEDDAR UND FRÜHLINGSZWIEBEL

Den Teig so vorbereiten, wie bei den Hähnchen-Pilz-Pies beschrieben.

Dann 2 Eier in einer Schüssel verquirlen, 125 g Sahne unterschlagen. Etwa 225 g klein gehackte Frühlingszwiebeln (weiße und grüne Teile) untermischen, mit etwas Salz und Pfeffer verfeinern und dann etwa 180 g grob geraspelten gereiften Cheddar einrühren (alternativ Greyerzer oder ein Mix aus beidem).

Den Teig wie zuvor beschrieben ausrollen, die Förmchen damit auskleiden und jeweils 2½ EL der Füllung hineinsetzen – sodass sie mehr oder weniger mit dem Rand bündig ist (die Füllung auf die 10 Pies aufteilen). Mit der Eistreiche bepinseln und die Pies etwa 30 Minuten im Ofen goldbraun backen.

Prataiolo – Wiesen-Champignon
Porcini/Kantarelli – Steinpilze
Finferlo – Pfifferling
Chiodini – Hallimasch
Pioppini – Südlicher Ackerling
Pfeffermilchling
Lampaankäävät – Schafporling
Morilles – Morcheln
Shiitakes

PIRI-PIRI-BUTTERHÄHNCHEN MIT ZITRONE

2 große Knoblauchzehen, abgezogen

etwa 6 kleine getrocknete Piri-Piri-Chilischoten, gehackt

30 g weiche Butter, plus 20 g mehr

1 kleines Hähnchen (1 kg), im Schmetterlingsschnitt flach gedrückt

1–2 TL grobes Meersalz (etwa Fleur de Sel de Guérande oder Maldon Sea Salt)

frisch gemahlener schwarzer Pfeffer

2 TL getrockneter griechischer Oregano

1 EL Olivenöl

4 EL Zitronensaft

2 EL Whiskey oder Bourbon

Für 2 Personen, mit gutem Willen auch für 3

Knusprig, köstlich, würzig und zitronig. Das Hähnchen darf nicht zu groß sein, damit es schnell durchgart und zart bleibt. Möglichst zuvor einige Stunden oder über Nacht marinieren! Temperatur und Einstellung des Ofens sind hier essenziell. Verwenden Sie so viele oder wenige Piri-Piri-Schoten, wie Sie es mögen.

Den Knoblauch im Mörser zu einer Paste zerreiben, dann die gehackten Piri-Piri-Schoten gut einarbeiten. Aus dem Mörser in eine Schüssel umfüllen und die weiche Butter unterkneten.

Das Hähnchen mehrfach mit einem Spieß einstechen – durch bis zum Knochen und an den dicksten Fleischstellen, damit es gut durchgart. Das Fleisch mit Küchenpapier trockentupfen und mit der Hautseite nach oben in eine beschichtete, nicht zu große Bratenform legen. Mit gut ½ TL Meersalz bestreuen. Die Hälfte der Buttermischung darauf verstreichen, etwas schwarzen Pfeffer darüberstreuen und mit der Hälfte des Oregano bestreuen. Alles auf der Oberfläche und den Keulen gleichmäßig verreiben. Das Hähnchen wenden. Die Unterseite mit der restlichen Buttermischung, dem restlichen Salz (1 ½ TL), dem restlichen Oregano und Pfeffer einreiben, bis alles gut ummantelt ist. Mit der Hautseite nach unten in der Form abdecken und einige Stunden im Kühlschrank ziehen lassen. Etwa 1 Stunde vor der Zubereitung wieder herausnehmen.

Den Backofen auf 200 °C (Umluft) vorheizen und den Ofengrill anstellen.

Das Öl über das Hähnchen träufeln und die Form auf einen Rost auf mittlerer Schiene stellen. Das Fleisch etwa 25 Minuten im Ofen garen, bis es goldgelb ist und der Bratsaft brutzelt, goldbraun wird und fast schon anzubrennen droht. Das Hähnchen wenden, sodass die Hautseite oben liegt. Dann 2 EL Zitronensaft sowie 185 ml Wasser angießen. Die Form wieder 20 Minuten in den Ofen schieben, bis der Bratsaft schön goldfarben ist und blubbert. Dann den restlichen Zitronensaft (2 EL) angießen, den Bratsatz lösen und den Sud zum Beträufeln des Hähnchens verwenden. Nochmals bis zu 125 ml Wasser (oder nach Bedarf) angießen. Die weitere Butter und den Whiskey hinzufügen. Das Hähnchen finale 10 Minuten braten, bis es außen knusprig-goldbraun und innen zart ist und eine reichlich leicht sämige, brodelnde Sauce entstanden ist. Das Fleisch in Stücke teilen und warm servieren.

Christinas

PATATES ANTINAXTES – ZWEIERLEI ART

VARIANTE ZITRONE

1 – 1 ½ EL Koriandersamen

650 g vorwiegend festkochende Frühkartoffeln

etwa 250 ml Olivenöl (so wenig wie möglich)

Salz, plus Meersalzflocken zum Bestreuen

frisch gemahlener Pfeffer

4 EL Zitronensaft

Für 3+ Personen

Dieses Gericht habe ich mit Christina auf Zypern zubereitet – sie ist eine unglaubliche Köchin, von der ich nur allzu gern lerne. Zypern ist allgemein bekannt für seine Kartoffeln. Hier werden sie so gut, dass es nie Reste gibt. Das besondere Etwas sind die Koriandersamen.

VARIANTE MIT ZITRONE

Die Koriandersamen in einer Gewürzmühle gerade so zerkleinern, dass sie grob aufbrechen. Oder im Mörser zerstoßen. Beiseitestellen.

Die Kartoffeln schälen. Nur die größeren Exemplare halbieren. Abspülen und zum Trocknen in ein Küchentuch legen. In einem Topf eng aneinanderlegen. Reichlich Öl angießen – es macht nichts, wenn ein paar Stellen herausschauen. Rasch zum Kochen bringen. Die goldgelb gebratenen Kartoffeln mit einem Schaumlöffel drehen, sodass sie oben ebenfalls bräunen. Die Temperatur reduzieren und alles etwa 20 Minuten weiter garen (»einfach nicht mehr an sie denken«, sagt Christina). Dann die Temperatur einige Minuten stark erhöhen, damit sich das Öl von den Kartoffeln löst. Diese dann herausnehmen. Das Öl in eine Kanne gießen.

Die Kartoffeln und 4–5 EL des Öls in einer beschichteten Pfanne bei mittlerer Temperatur erhitzen (das restliche Öl für die nächste Runde aufbewahren). Alles salzen und pfeffern, den Zitronensaft angießen. Die Kartoffeln unter häufigem Wenden knusprig braten, die Koriandersamen mitrösten. Die Pfanne vom Herd nehmen. Die Kartoffeln vor dem Servieren leicht abkühlen lassen. Mit Meersalzflocken bestreut servieren – auch lauwarm herrlich.

VARIANTE ROTWEIN

sämtliche Zutaten wie oben, nur:

125 ml Rotwein statt Zitronensaft

Für 3+ Personen

VARIANTE MIT ROTWEIN

Den Koriandersamen wie oben vorbereiten und die Kartoffeln braten.

Die gebratenen Kartoffeln mit 4–5 EL vom Öl in einer beschichteten Pfanne erhitzen. Den Rotwein angießen, die Kartoffeln salzen und pfeffern. Köcheln lassen, bis der Wein verdunstet ist und die Kartoffeln knusprig werden. Mit einem Holzlöffel wenden. Die Koriandersamen kurz mitbraten, dann die Pfanne vom Herd nehmen. Die Kartoffeln leicht abkühlen lassen. Meersalzflocken dazu reichen.

GEBRATENER KLIPPFISCH MIT ESSIG

750 g gewässertes Filet vom Klippfisch, ohne Haut und Gräten

Sonnenblumenöl, zum Frittieren

AUSBACKTEIG

65 g Mehl, Type 405, plus 60 g extra zum Wenden

30 g Speisestärke

½ TL Backpulver

SAUCE

1 Knoblauchzehe, fein gehackt

1 Zweig Rosmarin (15 cm lang), Nadeln klein gehackt

½ kleine, getrocknete rote Chilischote, ausgekratzt und fein gehackt

2 EL Olivenöl

4–5 EL hochwertiger Rotweinessig

Für 5–6 Personen

Dieses Gericht eignet sich sowohl als Vorspeise als auch als Hauptgericht. Es schmeckt wunderbar warm und frisch zubereitet, aber auch bei Zimmertemperatur. Ich kaufe Klippfisch gern bereits gewässert – anderenfalls sollte er vor der Zubereitung 1–2 Tage in einer Schüssel mit Wasser liegen. Das Wasser in dieser Zeit mehrmals erneuern.

Für den Ausbackteig das Mehl mit Speisestärke und Backpulver in einer Schüssel mit 170 ml kaltem Wasser zu einem recht dünnflüssigen Teig verrühren. Etwa 10 Minuten bei Zimmertemperatur ruhen lassen.

Den Fisch in rechteckige Stücke (etwa 3 × 6 cm) schneiden und diese mit Küchenpapier trockentupfen.

In eine hohe beschichtete Pfanne reichlich Öl (etwa 2 cm hoch) gießen. Das Öl erhitzen. Am besten fängt man mit den dickeren Stücken an. Den Fisch in Mehl wenden und anschließend vollständig in den Teig tauchen.

In dem heißen Öl bei mittlerer bis hoher Temperatur braten, bis der Fisch knusprig und an der Unterseite goldgelb ist, dann wenden. (Die Pfanne nicht zu voll machen – wenn nicht alle Stücke hineinpassen, portionsweise arbeiten.) Die rundum schön goldgelb gebratenen Stücke (nicht zu dunkel) mit einem Schaumlöffel aus der Pfanne heben – dabei überschüssiges Öl kurz in die Pfanne abtropfen lassen – und zum Entfetten auf eine mit Küchenpapier ausgelegte Platte legen.

Für die Sauce Knoblauch, Rosmarin und Chili mit Olivenöl und Essig in einer Schüssel mit Pfeffer würzen. (Salz wird eher nicht nötig sein – das hängt aber letztlich vom verwendeten Fisch ab.) Den noch warmen Fisch auf eine große Servierplatte legen und die Sauce darübergießen. Abschmecken. Warm servieren oder eine Weile in der Sauce ziehen lassen.

HAMBURGER MIT TOMATENCHUTNEY UND CHEDDAR

950 g Rinderhackfleisch mit etwas Fett

1 Zwiebel (100 g), fein gehackt

1 EL Olivenöl, plus etwas mehr zum Garen

2 EL gehackte Petersilie

1 Bund Thymian

½ TL Salz

frisch gemahlener Pfeffer

etwa 240 g gereifter Cheddar, in Scheiben geschnitten (ersatzweise Greyerzer oder Comté)

6 Burgerbrötchen, halbiert

ZUM SERVIEREN

Tomatenchutney (siehe rechts)

sauer eingelegte Gurke, in Scheiben geschnitten, oder andere Pickles

einige Blätter Eisbergsalat, in Streifen geschnitten

Für 6 Personen

An diesem Burger schätze ich ganz besonders, wie schlicht und einfach er ist. Kein Ketchup, kaum Zwiebeln oder keine zusätzlichen Tomaten, dafür Tomatenchutney, ein guter Käse (und ein paar eingelegte Gurken, wenn Sie haben). Das Rinderhackfleisch sollte nicht zu mager sein. Ich mache die Pattys hier gern flach und dünn und brate sie in einer Pfanne. Sie können auch auf einem Holzkohlegrill zubereitet werden.

Das Hackfleisch mit Zwiebel, Olivenöl und Petersilie in einer Schüssel vermengen. Über der Schüssel von mehreren Thymianzweigen die Blätter abrebeln und hinzufügen. Etwa ½ TL Salz und frisch gemahlenen Pfeffer unterkneten. Die Masse in 6 Kugeln (à 180 g) teilen und diese zu 1 cm dicken Pattys (12 cm Ø) flach drücken.

Eine große beschichtete Pfanne stark erhitzen. Dann eine Hälfte der Pattys mit etwas Öl beträufeln und in der heißen Pfanne braten. Wenn sie von unten goldbraun sind, mit einem breiten Pfannenwender wenden und sofort mit Käsescheiben belegen (etwa 40 g Käse pro Patty). Kräftig weiterbraten, bis auch die zweite Seite goldbraun ist und der Käse schmilzt (wenn nachgeholfen werden soll, 1–2 Minuten den Deckel auflegen).

Bei Verwendung eines Grills, vorab etwas Öl über die Fleisch-Pattys träufeln, dann vorsichtig in die Hand nehmen und auf einen Grillrost mit etwa 10 cm Abstand von der Flamme legen. Die Pattys grillen, ohne sie zu bewegen, bis sie fest und von unten goldbraun gebraten sind, dann behutsam wenden. Jedes Patty mit Käsescheiben belegen und grillen, bis das Fleisch schön gar und gebräunt ist und der Käse anfängt zu schmelzen.

Die Burgerbrötchen auf den Innenseiten leicht rösten.

Die fertig gegrillten Pattys sofort auf die untere Hälften der Brötchen legen, sodass das Brot den Bratsaft aufnehmen kann. Mit ein paar Löffeln Chutney, einigen Scheiben der eingelegten Gurken oder Pickles und etwas von dem in Streifen geschnittenen Eisbergsalat toppen. Die zweite Brötchenhälfte auflegen und die Burger warm essen.

TOMATENCHUTNEY

1 große rote Zwiebel (120 g), gehackt

5 EL Sesam- oder Pflanzenöl

3 Knoblauchzehen, grob gehackt

1 Stück (15 g) Ingwer, geschält und grob gehackt

2 große rote getrocknete Chilischoten (nach Belieben mehr), ausgekratzt, klein gehackt

750 g reife Tomaten, gehäutet und klein geschnitten

1 TL Salz

3 EL Vollrohrzucker

2 EL Rotweinessig

½ TL schwarze Senfsamen

½ TL Kreuzkümmelsamen

5–6 Curryblätter (frisch oder TK)

1 EL Korianderblätter

Ergibt 500–600 ml

Dieses Chutney ist eine perfekt ausgewogene süße, würzige Sauce, die einfach zu allem passt. Köstlich auf Burgern, Steakbrötchen, in Kartoffel-Dosas, mit Hortokeftedes, Fleischbällchen, fetten Pommes und Spiegeleiern.

In einem Topf die Zwiebel in 4 EL Öl sanft goldgelb dünsten. Inzwischen den Knoblauch mit dem Ingwer im Mörser zu einer Paste zerstoßen.

Den Ingwer-Knoblauch-Mix in der Pfanne mit der Zwiebel verrühren und einige Minuten braten, bis alles fein duftet. Die Chilischoten einrühren, dann die Tomaten sowie das Salz untermischen.

Das Ganze bei geschlossenem Deckel etwa 10 Minuten köcheln, bis die Tomaten zusammenfallen. Zucker und Essig einrühren und alles offen etwa 20 Minuten köcheln lassen. Dabei vor allem gegen Ende häufig rühren, bis der Großteil der Flüssigkeit verkocht ist und die Mischung leicht eingekocht wirkt. (Falls nötig auch länger köcheln.) Verbliebene Stücke mit einem Kartoffelstampfer zerkleinern.

Das restliche Öl (1 EL) in einem kleinen Topf erhitzen und die Senf- und Kreuzkümmelsamen darin mit den Curryblättern brutzelnd braten. Mit der Tomatenmischung und dann dem Koriandergrün einige Minuten gut durchrühren, damit sich die Aromen vermischen, dann den Topf vom Herd nehmen. Das Chutney in einem sterilisierten Einmachglas im Kühlschrank mit etwas Öl bedeckt aufbewahren, so hält es sich mehrere Wochen.

SCHOKOLADENKUCHEN MIT SAUERKIRSCHEN UND CLOTTED CREAM

50 g Butter

3 EL Sahne

100 g Zartbitterschokolade (70 % Kakaoanteil), in Stücke gebrochen

2 Eier (Größe M), getrennt

75 g Zucker

¼ TL Vanilleextrakt

25 g Mehl, Type 405

¾ TL Backpulver

2 Prisen Salz

ZUM ANRICHTEN

Sauerkirschen (S. 354)

Clotted Cream, Crème double oder … (S. 355)

Ergibt 1 Kuchen mit 18 cm Ø (8 Portionen)

Diesen Kuchen mag ich besonders gern im Kleinformat oder in kleinen Portionen. Er ist recht saftig durch die Kombi von Sauerkirschen und Rahmcreme, ein echter Hingucker. Die Form sollte nicht größer als 20 cm sein –, sonst wird der Kuchen zu flach. Er schmeckt großartig einige Stunden nach dem Backen, aber am nächsten Tag auch noch.

Den Backofen auf 175 °C vorheizen. Eine Springform (18 cm Ø) mit Backpapier auslegen.

Die Butter mit der Sahne in einem Topf ganz sanft zerlassen. Die Schokolade einrühren, bis sie gerade schmilzt. Vom Herd nehmen und leicht abkühlen lassen.

Dann als Erstes (damit man die Quirle nicht spülen muss) die Eiweiße in einer kleinen Schüssel zu festem Eischnee schlagen. Der bleibt kurz fest genug – nun aber rasch weiterarbeiten.

In einer größeren Schüssel die Eigelbe mit Zucker und Vanille hell-cremig aufschlagen. Die geschmolzene Schokolade portionsweise einquirlen, damit die Eier nicht gerinnen. Mehl mit Backpulver und Salz unterziehen. Dann behutsam den Eischnee unterheben. (Dies ist eines der Dinge, bei denen man nie weiß, ob man es richtig macht. Normalerweise hebe ich Eischnee in großen wellenförmigen Kreisen unter, so wie man es lernt, dann – wenn ich das Gefühl habe, es wird niemals binden – nehme ich kurz das elektrische Rührgerät und stelle fest: Jetzt ist es gut.)

Den Teig bis zum letzten Tropfen aus der Schüssel in die Kuchenform kratzen und etwa 25 Minuten im Ofen backen. Der Kuchen sollte weich und feucht sein, oben sollte er sich recht fest anfühlen und aussehen wie trockener, verkrusteter Erdboden. Den Kuchen nicht zu lange backen, sonst wird er zu trocken. Erst aus der Form nehmen, wenn er vollständig abgekühlt ist.

SAUERKIRSCHEN

200 g Sauerkirschen (frisch oder TK), entsteint

80 g Zucker

1 EL Zitronensaft

Ergibt etwa 250 g

Es kann gut sein, dass ich meine Familie mit meiner Schwäche für Sauerkirschen langweile. Ich kann sie tiefgekühlt kaufen; so habe ich immer einen Beutel davon im Gefrierschrank. Mir sind sie nicht zu süß lieber, aber Sie können nach Belieben auch mehr Zucker hinzufügen. Die Kirschen passen wunderbar zu dem Schokoladenkuchen (S. 353), schmecken aber auch einfach so als Dessert mit Clotted Cream oder Eiscreme darauf gekleckst.

TK-Kirschen in einem Sieb über einer Schüssel auftauen lassen. Den Saft auffangen.

Von frischen Kirschen etwa 4 EL Saft auspressen. Zucker und Zitronensaft in einem kleinen Topf mit dem Kirschsaft übergießen. Den Saft bei hoher Temperatur etwa 7 Minuten einkochen lassen.

Die Kirschen hinzufügen, wieder aufkochen und 2–3 Minuten köcheln lassen, damit der Saft noch leicht eindickt, die Kirschen aber ihre Form behalten. Dann vom Herd nehmen und abkühlen lassen.

Die Kuchenstücke mit jeweils 4–5 Kirschen, etwas von der Sauce und 1 Klecks Clotted Cream (oder eine der Alternativen, rechts) servieren. Restliche Kirschen in einem Einmachglas im Kühlschrank aufbewahren. Sie halten sich dort knapp 1 Woche.

Amarena
Säulen-Süßkirsche
Frühkirsche Rainier
Große Prinzessinkirsche
Schwarzkirsche
Montmorency
Morello
und Kirschwein

CLOTTED CREAM

500 g Sahne

Ergibt etwa 250 ml

Eine meiner ganz großen Leidenschaften ist cremig-feinster Rahm, egal zu welchem Dessert. Besonders angetan hat es mir Kaymak – ein dickes türkisches Milchprodukt, das oft aus Büffel- oder Schafsmilch gemacht ist und zum Frühstück mit Brot und Früchten gegessen wird. Manchmal mache ich zu Hause dicke Clotted Cream, als Ergänzung zu Desserts, und hin und wieder verwandle ich sie auch in Eiscreme. Ich selbst mag die Creme am liebsten kurz bevor sie wirklich dick wird. Beim Gasherd leistet ein Hitzeverteiler sehr gute Dienste.

In einer weiten beschichteten Pfanne die Sahne bei mittlerer Temperatur zum Kochen bringen. Die Temperatur reduzieren, die Sahne offen köcheln lassen (auf einem Gasherd mit Hitzeverteiler), bis sie eindickt und grob um die Hälfte reduziert ist. Das dauert knapp 1 Stunde. Zwischendurch ein paar Mal umrühren und konstant eine niedrige Temperatur beibehalten, damit nichts am Boden anbrennt.

Dann abkühlen und in zuvor sterilisierte Einmachgläser füllen. Verschlossen im Kühlschrank aufbewahren (wo die Creme weiter eindicken wird). Sie hält sich mehrere Tage.

MASCARPONECREME

125 g Sahne

1 EL Zucker

125 g Mascarpone

Ergibt etwa 250 ml

Mascarponecreme ist eine einfache und leckere Alternative, wenn man Clotted Cream nicht selbst machen möchte. Auch meine Crema espesa (S. 210) ist leicht herzustellen. Diese Cremes werden im Kühlschrank noch fester und passen sehr gut zu Desserts.

Die Sahne und den Zucker in einer weiten Schüssel verquirlen, bis die Sahne schon fest wird. Den Mascarpone klümpchenfrei einquirlen. Vor dem Verzehr kühlen – diese Creme schmeckt am besten frisch.

Leontines
BUTTERKUCHEN

175 g Butter, Zimmertemperatur, plus mehr für die Form

200 g Mehl, Type 405, plus mehr zum Arbeiten und für die Form

1 Ei (Größe L)

150 g Vollrohrzucker

¼ TL Salz

Ergibt 1 Kuchen mit 20 cm Ø

Die Kuchen meiner Freundin Leontine sind immer etwas Besonderes. Dieser holländische Kuchen mit vier Zutaten soll ganz im Inneren noch ein wenig feucht bleiben, außen aber knusprig und goldgelb werden. Ich trinke dazu am liebsten Tee mit Milch.

Die Form darf nicht größer sein als 20 cm Ø. Eine Springform im Ofen am besten auf ein Backblech stellen, falls Butter durchtropft. Ich habe von Leontine eine spezielle Form für den Butterkuchen bekommen, backe ihn manchmal aber auch in anderen Formen.

Den Backofen auf 170 °C vorheizen. Eine Springform (20 cm Ø) oder eine spezielle Keramikform buttern und mit Mehl bestäuben.

Das Ei in einer kleinen Schüssel mit dem Schneebesen von Hand verquirlen und beiseitestellen.

In einer mittelgroßen Rührschüssel Butter und Zucker mit dem elektrischen Rührgerät hell-cremig aufschlagen. Den größten Teil des verquirlten Eis unterrühren, etwas davon zum Glasieren zurückbehalten.

Das Mehl und knapp ¼ TL Salz einrühren, bis die Masse sehr dick ist. Dann mit den Händen fortfahren, und dabei auch den an den Quirlen klebenden Teig abstreifen. Der Teig wird sehr weich sein: Es kann hilfreich sein, die Hände mit etwas Mehl zu bestäuben.

Den Teig mit den Handflächen (oder mit einem Teigschaber) in die vorbereitete Form bringen und gleichmäßig dick bis an den Rand drücken.

Das restliche Ei mit 1 Spritzer Wasser verquirlen und damit die Oberfläche des Teigs einpinseln. Dann mit den Zinken einer Gabel oben leicht einritzen, fünfmal in eine Richtung, dann kreuzen, sodass der Kuchen ein grobes Rautenmuster erhält.

Die Form auf den Rost (oder die Springform auf ein Backblech) stellen und den Kuchen 35–40 Minuten im Ofen auf der mittleren Schiene backen, bis er schön nussbraun ist. Herausnehmen und in der Form abkühlen lassen. Vor dem Servieren in kleine Stücke oder Rauten schneiden.

EKMEK

SCHICHT MIT SIRUP UND KADAIFI

220 g Zucker

2 lange unbehandelte Zitronenzesten (ohne das Weiße)

1 kleine Stange Cassia- oder Ceylon-Zimt

110 g Butter

160 g Kadaifi-Gebäck (türkisches Engelshaar)

Für Ekmek gibt es eine ganze Reihe von Varianten. Ich mag besonders gern einen Boden aus Kadaifi-Gebäck. Aber egal, wie man es zubereitet, das Ergebnis ist ein köstlicher, übertriebener Turm aus Vanillecreme, Sahne und Teig. Eine Schicht aus mit Sirup getränktem Kadaifi-Gebäck. Eine Schicht Eiercreme und darüber eine flauschige Decke aus Schlagsahne, bestreut mit klein gehackten Pistazienkernen.

Ich esse Ekmek gern in den altmodischen Konditoreien Griechenlands, wo es oft sehr süß ist. Zu Hause versuche ich jedoch, das Ganze etwas weniger süß zu machen, und ich esse nur wenig davon. Gut gekühlt aus dem Kühlschrank schmeckt es herrlich und erstaunlich erfrischend. Vor dem Servieren sollte es genug Zeit im Kühlschrank bekommen, um schön fest zu werden. Die Quadrate garniert mit einer kandierten Kirsche (oder Sauerkirsche) servieren.

Den Backofen auf 180 °C vorheizen.

Für den Sirup den Zucker mit 250 ml Wasser, Zitronenzesten und der Zimtstange in einem kleinen Topf zum Kochen bringen. Einige Minuten köcheln lassen, dann vom Herd nehmen und vollständig abkühlen lassen.

In einem separaten kleinen Topf die Butter zerlassen und leicht abkühlen lassen.

Inzwischen für den Boden das Kadaifi-Gebäck mit den Fingern auseinanderziehen, so als hätten Sie Wolle in der Hand und würden Knoten lösen wollen. Auf dem Boden einer großen Bratform (22 × 30 cm) ausbreiten.

Die Butter darübergießen und mit den Fingern möglichst gleichmäßig verteilen, dann etwa 30 Minuten goldgelb und knusprig im Ofen backen. Zwischendurch ein paar Mal wenden, damit alles gleichmäßig bräunt. Aus dem Ofen nehmen und den abgekühlten Sirup über das heiße Gebäck löffeln (dabei könnte es leicht zischen), dann die Form vorsichtig schwenken, sodass sich der Sirup gleichmäßig verteilt und einzieht. Das Ganze auf dem Boden einer quadratischen Form (Kantenlänge 22 cm) flach und gleichmäßig ausbreiten. Oder mithilfe von zusammengedrückter Alufolie innerhalb einer größeren Form ein Quadrat dieser Größe umrahmen. Zum Abkühlen beiseitestellen.

KONDITORCREME

4 Eigelb (Eiweiße für die Erdbeer-Baiser-Eistorte verwenden, S. 39)

100 g Zucker

knapp 1 TL Vanilleextrakt

85 g Speisestärke

900 ml Milch

40 g Butter

SCHLAGSAHNE

140 g Sahne

2½ TL Zucker

einige Tropfen Vanilleextrakt

ZUM SERVIEREN

etwa 25 g Pistazienkerne, fein gehackt

kandierte Kirschen, (1 pro Portion)

Für eine gesellige Runde (8–10 Personen)

Manchmal wird als Boden für Ekmek Kadaifi-Gebäck verwendet, manchmal ein Biskuitboden.

Inzwischen für die Konditorcreme die Eigelbe mit Zucker und Vanilleextrakt in einer großen Schüssel cremig-dick verquirlen. Die Speisestärke glatt unterquirlen – 1 Schuss Milch hilft. Beiseitestellen.

Die restliche Milch in einem Topf sanft erhitzen, dann vom Herd nehmen. Zur Eiermischung 1 kleine Kelle warme Milch rühren, um sie leicht vorzuwärmen, dann langsam die gesamte Eiermischung in den Topf mit der Milch gießen. Wieder erhitzen und unter ständigem Quirlen köcheln lassen, bis die Masse glatt und cremig ist. Sie wird während des Rührens immer fester werden.

Vom Herd nehmen und, immer noch rührend, die Butter einarbeiten. Die Creme während des Abkühlens regelmäßig weiterrühren, damit sich keine Klumpen bilden. Noch ein letztes Mal kräftig durchquirlen und dann die Creme, bevor sie vollständig abgekühlt und fest ist (sonst lässt sie sich nicht mehr verstreichen), über den Kadaifi-Boden klecksen und mit einer Konditorpalette gleichmäßig verstreichen. Im Kühlschrank kalt werden lassen.

Für die Schlagsahne die Sahne in einer Schüssel mit dem elektrischen Rührgerät halbsteif schlagen. Zucker und Vanilleextrakt hinzufügen, die Sahne zu steifen Spitzen schlagen. Die Schlagsahne auf der kalten Cremeschicht verstreichen und mit einer Palette glätten. Das Dessert sofort servieren oder bis zum Verzehr in den Kühlschrank stellen.

Zum Servieren das Ganze in kleine Quadrate oder Rechtecke schneiden, mit Pistazienstückchen bestreuen und je 1 Kirsche in die Mitte setzen. Die restlichen Stücke abgedeckt in den Kühlschrank stellen, um sie kalt zu servieren. Guten Appetit!

SENNELIER
COULEURS EXTRA-FINES

EISKALTES PASSIONSFRUCHT-ERDBEER-DUO

PASSIONSFRUCHT-SCHICHT

225 ml Milch

2 Eigelb (Größe M)

120 g Zucker

½ TL Vanilleextrakt

225 g Sahne

1 EL Zitronensaft

etwa 80 ml Passionsfruchtfleisch (von 4 kleinen Passionsfrüchten)

Dieser gefrorene Nachtisch ist eine herrliche Erfrischung an einem heißen Sommerabend. Streifen und Farbblöcke mag ich in jeder Form. Sie erinnern mich an ein Erdbeer-Vanille-Split am Stiel, das ich als Kind in Südafrika heiß geliebt habe. Wir holten es immer im Café an der Ecke.

Meine Kastenform ist 10 × 30 cm groß. Diese mit Backpapier auskleiden, das Papier in den Ecken so flach und ordentlich wie möglich falten, damit man die Falten am fertigen Dessert nicht sieht.

Für die Schicht aus Passionsfrucht die Milch in einem Stieltopf erwärmen. In einer hitzebeständigen Schüssel die Eigelbe mit 90 g Zucker und Vanilleextrakt cremig aufschlagen. Etwas von der heißen Milch in die Eiermischung gießen, um sie vorzuwärmen, dann nach und nach alles unterrühren und die gesamte Masse zurück in den Topf gießen. Bei sehr niedriger Temperatur unter ständigem Rühren köcheln lassen, sodass die Masse gerade samtig wird. Sie sollte nicht gerinnen. Vom Herd nehmen und beim Abkühlen hin und wieder durchquirlen.

In einer separaten Schüssel die Sahne anschlagen, dann den restlichen Zucker (30 g) unterrühren und die Sahne zu steifen Spitzen schlagen.

Den Zitronensaft in das Passionsfruchtfleisch einrühren und den Saft durch ein feines Sieb in die leicht abgekühlte Eiermasse abseihen. Gründlich unterschlagen. Die zurückbleibenden Samen in eine kleine Schüssel füllen.

Wenn die Eiermischung vollständig abgekühlt ist, die Schlagsahne unterziehen. Die Samen der Passionsfrucht ebenfalls dazugeben und gleichmäßig verteilen, dann das Ganze in die vorbereitete Kastenform gießen und im Gefrierschrank fest werden lassen (das dauert einige Stunden). Wichtig ist, dass die Form waagrecht steht. Diese Masse sollte nur so hoch sein, dass die Erdbeerschicht obendrauf noch gut Platz hat.

ERDBEER-SCHICHT

350 g reife süße Erdbeeren

110 g Zucker

1 EL Zitronensaft

3 EL Sahne

Für 10 Personen

Unzertrennlich
Ginger und Fred
Erdbeeren und Sahne
Butter und Sardellen
Zitrone und Honig
Eier und Speck
Salz und Pfeffer
Rosa und Gelb

Für die Erdbeerschicht die Erdbeeren vom Kelch befreien und in große Stücke schneiden.

Zucker, Zitronensaft und 125 ml Wasser in einem kleinen Topf nur leicht erhitzen, gerade so, dass sich der Zucker auflöst. Den Topf vom Herd nehmen und den Sirup abkühlen lassen.

Die Erdbeeren mit einem Stabmixer ganz glatt pürieren und dann mit dem Sirup verrühren. Die Sahne sorgfältig einquirlen, dann abkühlen lassen. Abgedeckt in den Kühlschrank stellen.

Wenn die Schicht aus Passionsfrucht fest genug gefroren ist, dass ihr die Erdbeerschicht nichts anhaben kann, die Form aus dem Gefrierschrank nehmen und vorsichtig mit dem Erdbeerpüree übergießen. Die Form wieder in den Gefrierschrank stellen und komplett gefrieren lassen.

Zum Servieren das Dessert etwa 10 Minuten vor dem Verzehr aus dem Gefrierschrank nehmen, je nach Außentemperaturen. Vorsichtig mit dem Backpapier aus der Form nehmen und auf ein Schneidebrett legen. Alternativ stürzen, wenn es einfacher ist. Dann mit kräftigen Schnitten in Scheiben aufschneiden.

KARAMELLSAUCE UND INGWEREIS

EISCREME

375 g Sahne

375 ml Milch

60 g Ingwer, geschält und in Scheiben geschnitten

2 Eier (Größe M)

120 g Vollrohrzucker

½ TL Vanilleextrakt

Salz

KARAMELLSAUCE

150 g Vollrohrzucker

2 EL Bourbon oder Cognac

150 g Sahne

½ TL Vanilleextrakt

Salz

Ergibt 1 l Eiscreme und 1 Einmachglas (à 300 ml) Sauce

Karamell ist einer meiner Lieblingsgenüsse. In dieser Version verwende ich hellen Rohrzucker und keine Butter. Karamellreste in einem kleinen Glas aufbewahren, aus dem kann man hin und wieder naschen. Karamell muss so lange erhitzt werden, bis es seine schöne, tiefgoldene Farbe und Aroma erhält, allerdings muss man sehr aufpassen, dass es nicht verbrennt, denn das passiert im Handumdrehen!

Diese Karamellsauce kann man zu allem Möglichen reichen – hier passt sie besonders gut, weil sie durch das kalte Eis leicht fest wird.

Für das Eis die Sahne mit Milch sowie Ingwer in einem Topf sehr leicht aufkochen. Etwa 5 Minuten köcheln lassen, damit der Ingwer durchziehen kann. Die Mischung vom Herd nehmen und nur kurz abkühlen lassen.

Inzwischen Eier und Zucker in einer weiten Metallschüssel mit Vanilleextrakt und 1 Prise Salz verquirlen. Etwas von der warmen Sahnemischung unter das Ei einquirlen, dann langsam nach und nach die restliche Sahnemischung einarbeiten. Portionsweise arbeiten, damit die Eier nicht stocken. Wenn alles gut vermengt ist, die Mischung zurück in den Topf gießen und bei sehr geringer Temperatur unter ständigem Rühren einige Minuten köcheln lassen, bis sie leicht eingedickt und die Eiermasse gerade gegart ist. Dabei aufpassen, dass sie nicht stockt. Den Topf vom Herd nehmen und vollständig abkühlen lassen. Am Anfang häufiger durchrühren. Für maximales Aroma den Ingwer nicht herausnehmen.

Die Masse abseihen und in der Eismaschine nach Gebrauchsanweisung zu Eis verarbeiten. Alternativ die Masse in eine flache Form füllen und anfrieren. Nach etwa 1 Stunde kräftig mit der Gabel aufschlagen, um die Eiskristalle aufzubrechen, wieder einfrieren. Den Vorgang noch zweimal wiederholen, dann abdecken und vollständig gefrieren lassen.

Für die Karamellsauce den Zucker mit dem Bourbon in einem Topf zum Kochen bringen. Köcheln lassen, bis die Masse dunkel wird und eine intensive Cognacfärbung annimmt, dann mit einem kleinen Holzlöffel umrühren. (Achtung, die Masse kann sehr schnell anbrennen.)

Fortsetzung folgende Seite >>

Inzwischen die Sahne in einem kleinen Topf mit Vanilleextrakt und 2 Prisen Salz erhitzen. Wenn Sie mit der Farbe des Karamells zufrieden sind, nach und nach ein wenig Sahne einrühren. Achtung, dabei wird es sehr stark blubbern und spritzen. Bei ganz niedriger Temperatur glatt verrühren, dann von der Kochstelle nehmen und unter gelegentlichem Rühren abkühlen lassen.

Die Karamellsauce lauwarm über der Eiscreme servieren.

ORANGEN UND SAHNE

Manchmal kommen einem die simpelsten Genüsse nicht in den Sinn. Orangen und Sahne – einfach ein Dream-Team. Hier für 2–3 Personen.

Von 2–3 Orangen (gern verschiedene Sorten wie Blutorangen oder auch Kreuzungen wie Tangelos besorgen) jeweils die Ober- und Unterseite kappen (ich mache das mit einem kleinen Sägemesser). Die Schale abschnittsweise einritzen und abziehen. Dabei sollte so wenig weiße Haut wie möglich zurückbleiben. Dann die Frucht quer in etwa 5 mm dünne Scheiben schneiden und diese in weiten, flachen Schüsseln zum Servieren anrichten. Flüssige Sahne darübergießen und mit etwas dunklem Vollrohrzucker bestreuen.

Blutorangen. Tangelos. Navel- oder Sevilla-Orangen.

alla Spiaggia
To the Beach
Zum Strand

10

Rosmarin, Rosenapfel, Rosenmilch, Hagebutte, Rosé, Rosa, La Vie en Rose

Rosen sind rot,
Veilchen sind blau,
ich liebe Zitronen,
Reispuddings und
Biryani, genau.

Ihre Qual
der Wahl.

TESSA KIROS
TOSKANA – ITALIEN

Rosen

Ashoks Lamm-Biryani mit Rose	375
Zypriotisches Hochzeitsgebäck	377
Reisdessert mit Rosenwasser und Sahne	380
Pistazienkekse mit Feigen, Himbeeren und Rosensirup	381
Rosen-Milchpudding mit Rosensirup	385
Von George: Wohlfühlrosentee	386

Rose
Ta agiorgousika
of Chios
ΡΟΔΟΝΕΡΟ
ROSE WATER
500ml
T. 2271078515 & 6974732965

Ashoks

LAMM-BIRYANI MIT ROSE

1 kg entbeinte Lammschulter, in 6–8 große Stücke geschnitten

4 EL Zitronensaft

2 TL gemahlener Koriander

2 TL Salz, plus mehr zum Abschmecken

frisch gemahlener schwarzer Pfeffer

3 große Zwiebeln (à etwa 240 g), abgezogen

125 ml Pflanzenöl

4 Knoblauchzehen, grob gehackt

1 Stück Ingwer (15 g), geschält und grob gehackt

2 kleine frische grüne Chilischoten, ausgekratzt und sehr fein gehackt

etwa ¼ TL rotes Chilipulver, Menge je nach Schärfewunsch

5 Kardamomkapseln, zerstoßen

1 TL gemahlener Kreuzkümmel

1 Stange Ceylon-Zimt

3 Lorbeerblätter

gemahlene Gewürznelken

1 TL gemahlene Fenchelsamen

1 TL gemahlene Kurkuma

1 EL Garam Masala

125 ml Tomatenfruchtfleisch (Dose)

>>

Dieses Rezept, das von meinem guten Freund Ashok in Puducherry stammt, ergibt ein geschmacklich vielschichtiges Biryani. Die Zubereitung lohnt sich, und wenn man sich darauf einlässt, ist es recht entspannend. Hat man erst alle Gewürze abgemessen und griffbereit hingestellt, ist der schwierigste Teil schon erledigt.

Man kann auch andere Stücke vom Lamm in Würfel schneiden oder Hähnchenfleisch verwenden. Ich reiche zu diesem Gericht Gesalzenen Joghurt (S. 251) und pro Portion 1 kleine Handvoll Salat.

Das Fleisch waschen und von Knochenstücken befreien. Mit Küchenpapier trockentupfen und in eine weite Schüssel legen. Mit Zitronensaft, gemahlenem Koriander, 1 TL Salz und etwas frisch gemahlenem schwarzem Pfeffer vermengen. Etwa 1 Stunde bei Zimmertemperatur durchziehen lassen.

Von den Zwiebeln 2 Stück halbieren und in feine Halbmonde schneiden. Die andere Zwiebel hacken und beiseitestellen. Das Öl in einer großen beschichteten Pfanne mit hohem Rand erhitzen und die Zwiebelringe darin auf mittlerer Stufe unter häufigem Rühren braten, bis sie knusprig und gleichmäßig gebräunt sind. Sie sollten nicht anbrennen. Dann die Pfanne kippen und die Zwiebeln fixieren, damit das Öl ablaufen kann. Dieses filtern und auffangen. Dann die Zwiebeln mit einem Schaumlöffel herausnehmen und auf einem mit Küchenpapier ausgelegten Teller entfetten.

Dieselbe Pfanne kräftig erhitzen und das Lammfleisch (die Marinade aufbewahren) darin rundherum goldbraun anbraten. Auf einen Teller legen. Die gehackte Zwiebel in der heißen Pfanne goldgelb braten – das vorhandene Öl sollte reichen, anderenfalls noch etwas angießen.

Knoblauch und Ingwer in einem Mörser zu einer Paste zerstoßen (ergibt 3–4 EL). Die Paste zu den Zwiebeln rühren, ebenso die gehackten Chilischoten sowie sämtliche Gewürze. Alles anrösten, bis sich ein feiner Duft entfaltet. Das Tomatenfruchtfleisch etwa 1 Minute mitbraten, dann das Lammfleisch zurück in die Pfanne füllen.

Die Hälfte des Joghurts in die zurückbehaltene Marinade rühren. In die Pfanne füllen, die Temperatur reduzieren und alles gut verrühren. Noch

Fortsetzung folgende Seite >>

500 g Joghurt (3,5 % Fettgehalt)

400 g Basmatireis

4 EL Ghee (oder Butter)

1 EL Rosenwasser, plus einige Tropfen zusätzlich

KLEINER SALAT

1 kleine Salatgurke

1 große Tomate

1 kleine Karotte, geschält

etwa 10 Minzeblätter, klein gezupft

1 EL Limettensaft

Salz

ZUM ANRICHTEN

1 kleine Handvoll Minze- und Korianderblätter

Für 6 Personen

625 ml Wasser angießen und das Ganze zum Kochen bringen. Bei geschlossenem Deckel 1 Stunde köcheln lassen, bis das Fleisch zart ist. Abschmecken und gegebenenfalls nachsalzen. Die Kardamomkapseln nach Möglichkeit herausfischen.

Inzwischen den Reis in einer Schüssel mit kaltem Wasser bedecken, 30 Minuten ziehen lassen. Anschließend in einem Sieb gründlich abspülen und abtropfen lassen. Den Reis in einem großen Topf mit 750 ml kaltem Wasser, 1 TL Salz und 2 EL Ghee zum Kochen bringen. Bei mittlerer Temperatur offen etwa 6 Minuten kochen, bis das Wasser aufgenommen ist und sich an der Oberfläche Löcher zeigen, der Reis aber noch nicht vollständig gar ist. Den Topf vom Herd nehmen.

Den Backofen auf 200 °C vorheizen.

Auf den Boden eines großen gusseisernen Bräters etwa ein Drittel vom Lammfleisch mit etwas Sauce gießen, mit etwa einem Drittel vom Reis bedecken und einige Tropfen Rosenwasser sowie 1 Handvoll der Bratzwiebeln darauf verteilen. Die restlichen zum Anrichten beiseitestellen. Das Lammfleisch und den Reis weiter so schichten – mit Reis abschließen.

Das restliche Ghee (2 EL) darüber verteilen und mit 1 EL Rosenwasser beträufeln. Den Deckel auflegen und den Bräter 30 Minuten in den Ofen stellen. Dann das Biryani aus dem Ofen nehmen und vor dem Servieren etwa 10 Minuten abgedeckt ruhen lassen.

Für den Salat die Gurke schälen und der Länge nach halbieren. Die Samen mit einem Teelöffel herauskratzen. Die Hälften in einige Stücke und daraus dünne, längliche Stifte schneiden. Die Tomate vom Stielansatz befreien und in Streifen schneiden. Die Karotte mit dem Gemüseschäler in lange Streifen schneiden. Die Minzeblätter sowie den Limettensaft untermischen, alles mit Salz abschmecken.

Den restlichen Joghurt (260 g) in einer Schüssel mit etwas Salz verquirlen. Mit dem kleinen Salat als Beilage zum Biryani auf den Tisch stellen. Die restlichen Bratzwiebeln sowie die Minze- und Korianderblätter zum Anrichten über das Biryani streuen und alles warm servieren.

Auf Knöchelchen achten, die beim Säubern entwischt sein könnten. Und erneut auf versteckte Kardamomkapseln! Dazu: eine Rosendeko.

ZYPRIOTISCHES HOCHZEITSGEBÄCK

FÜLLUNG

75 g Mandeln

50 g Pistazienkerne

20 g Puderzucker

1 TL gemahlener Ceylon-Zimt

20 g weiche Butter

TEIG

300 g Mehl, Type 405

2 EL feiner Hartweizengrieß

125 g weiche Butter

45 g Puderzucker

1 Eigelb (Größe L)

3 EL Milch

3 EL Rosenwasser

ZUM SERVIEREN

etwa 225 g Puderzucker

3 EL Rosenwasser

Ergibt 10 Stück

Diese köstlichen, keksähnlichen Küchlein habe ich mit meiner Freundin Jenny in Nikosia gebacken. Sie enthalten gerade genug Rosenwasser für ein wohliges Gefühl.

Traditionelle Hochzeitsküchlein dieser Art bekommt man häufig bei einer Hochzeit auf Zypern gereicht, meist sind sie allerdings etwas größer als meine hier. Sie werden, ordentlich mit Puderzucker überzogen, in gefaltetem Papier überreicht und sind köstlich. Man kann sie dann halbieren und zu zweit genießen. Ich mag sie besonders voller Nusskerne. Nicht verwendete Füllung eignet sich wunderbar als Snack oder über Joghurt zum Frühstück. Man benötigt eine kleine Sprühflasche für das Rosenwasser, um damit die Kekse zu befeuchten.

Für die Füllung die Mandeln (mit Haut) und die Pistazienkerne separat in einer beschichteten Pfanne ohne Fett goldgelb rösten. Leicht abkühlen lassen, dann den Großteil der Mandeln in einem Mixer stückig zerkleinern. Die restlichen Mandeln hinzufügen und in kurzen Schüben mixen, sodass einige Stücke größer bleiben als andere. Alles in eine Schüssel umfüllen. Die Hälfte der Pistazienkerne ebenfalls kurz mixen, zu Stücken unterschiedlicher Größe. Mit Puderzucker, Zimt und Butter in der Schüssel mit den Händen gleichmäßig verkneten (ein herrliches Gefühl).

Den Backofen auf 180 °C vorheizen und ein großes Backblech mit Backpapier auslegen.

Für den Teig Mehl, Grieß, Butter und Puderzucker in eine weite Schüssel füllen. Mit den Händen vermengen, dabei die Butter so in das Mehl einarbeiten, dass kleine, gleichmäßige Streusel entstehen. Das Eigelb in einer kleinen Schüssel mit Milch verquirlen. Das Rosenwasser behutsam in den weichen Teig kneten.

Den Teig in 10 Kugeln (à etwa 55 g) teilen. Jeweils eine Kugel flach in die Handfläche drücken. Mit dem Daumen der anderen Hand ein »Nest« mit einem recht dünnen Boden schaffen (etwa 8 cm Ø). Nun 2–3 TL der Füllung in das Nest setzen und den Rand des Teigs darüber hochziehen. Das Küchlein zwischen beide Handflächen nehmen und leicht andrücken, damit es so kompakt und dicht wie möglich um die Füllung verschließt.

Fortsetzung folgende Seiten >>

Oben leicht flach drücken, sodass sich Kugeln von etwa 6 cm Ø ergeben. Sie sollten 2,5–3 cm hoch sein. Auf das vorbereitete Backblech legen (sie gehen nicht auf beim Backen) und etwa 25 Minuten im Ofen backen, bis sie hell goldgelb sind – am Boden werden sie etwas dunkler sein.

Inzwischen ein Stück Backpapier auf eine Platte oder in eine Auflaufform legen. Etwa ein Viertel vom Puderzucker darauf verstreuen und den Rest in eine mittelgroße Schüssel schütten.

Das Rosenwasser mit 1 EL Wasser in eine kleine Sprühflasche füllen, alternativ in eine Schüssel, dann mit einem Backpinsel arbeiten. Sobald die Kekse aus dem Ofen kommen, noch heiß die Oberfläche mit dem Rosenwasser besprühen (oder einpinseln). Anschließend wenden und die Unterseite sowie die Seiten besprühen.

Anschließend die Kekse erneut rundum einsprühen und dann sofort zuerst mit der Oberseite in die Schüssel mit dem Puderzucker tauchen und leicht im Zucker drehen, damit die Oberfläche gut bedeckt ist. Dann mit der Unterseite eintauchen und seitlich wie ein Rad durch den Zucker drehen, bis alles gut bedeckt ist. Die weiteren Küchlein ebenso besprühen und rundum im Puderzucker wenden, bis sie alle dick bedeckt sind. Die Küchlein nun mit der Unterseite nach unten in die mit Puderzucker bedeckte Form legen und mit dem in der Schüssel verbliebenen Puderzucker bestreuen.

Die Form gut abdecken, damit die Kugeln nicht austrocknen. Das vollständig abgekühlte Gebäck auf dem Backpapier in einer Metalldose aufbewahren.

Diese Rose heißt Dorothy Perkins. Sie war 1901 die allererste Rose, die einen eigenen Namen erhielt.

REISDESSERT MIT ROSENWASSER UND SAHNE

200 g Basmatireis

1 l Milch

50 g Vollrohrzucker

50 g Zucker

etwa 1 TL gemahlener Kardamom

5 Kardamomkapseln, zerstoßen

2 Prisen Salz

45 g Mandeln

1 ½ EL Rosenwasser, nach Belieben mehr

200 g Sahne

ZUM SERVIEREN

Rosenwasser, gemahlener Zimt und Vollrohrzucker, nach Belieben

Für 6–8 Personen

Ein Rezept von Iria – unserer finnischen Freundin – auf ihrer Reise nach Indien. Ich mag diesen nicht allzu süßen Reis zum Frühstück, zu Mittag und zu Abend – und warm im Winter zum Frühstück, kalt und direkt aus dem Kühlschrank im Sommer. Der besondere Genuss beruht sowohl darauf, dass es ein so schlichtes Dessert ist, als auch auf der unter den warmen Milchreis gezogenen Schlagsahne. Wenn man das Dessert in einzelnen Glasschälchen zubereitet und fest werden lässt, macht es sich besonders gut.

Den Reis in einem Sieb waschen und abtropfen lassen, dann mit 200 ml Wasser in einem weiten Topf zum Kochen bringen. Offen köcheln lassen, bis das Wasser aufgenommen ist. Dann die Milch angießen. Beide Zuckersorten, gemahlenen Kardamom sowie die Kapseln und Salz hinzufügen. Den Reis wieder zum Köcheln bringen. Offen nun auf sehr niedriger Stufe etwa 40 Minuten sieden, bis die Milch in den Reis eingezogen ist und dieser sehr weich und aufgebläht aussieht. In dieser Zeit häufig umrühren (auf einem Gasherd eventuell gegen Ende einen Hitzeverteiler verwenden).

Inzwischen die Mandeln (mit Haut) in grobe Stücke schneiden und in einer beschichteten Pfanne ohne Fett knusprig, stellenweise leicht goldgelb rösten (alternativ im Backofen). Das Rosenwasser behutsam unter den fertig gegarten Reis rühren und den Topf vom Herd nehmen. Die Kardamomkapseln herausfischen, dann die Mandelstücke unterrühren und alles etwa 15 Minuten abkühlen lassen.

In einer Schüssel die Sahne steif schlagen und unter den Reis ziehen. Am besten eine kleine Schale davon gleich essen, besprenkelt mit etwas Rosenwasser, Zimt oder Zucker, und den Rest im Kühlschrank abkühlen lassen. Dann eine zweite Schale kalt essen und entscheiden, welche besser schmeckt.

PISTAZIENKEKSE MIT FEIGEN, HIMBEEREN UND ROSENSIRUP

KEKSE

(ergibt etwa 20 Stück)

70 g Pistazienkerne

125 g weiche Butter

60 g Puderzucker

150 g Mehl, Type 405

¼ TL Salz

FEIGEN, ROSENSIRUP

1 unbehandelte Zitronenzeste (ohne das Weiße)

1 kleine Ceylon-Zimtstange

50 g Zucker

1 EL Honig

etwa 2 TL Rosenwasser, nach Belieben mehr

6 frische violette Feigen (nicht zu groß)

>>

Diese Art von Dessert esse ich gern im Sommer. Weiche Pistazienkekse mit gekühlten Feigen und Himbeeren in Rosensirup. Hier bleiben meist Kekse für den Vorrat übrig.

Für die Kekse die Pistazienkerne in einem Mixer mit viel Geduld so fein und glatt wie möglich mixen. So lange, bis am Boden eine Art Paste entsteht.

Die Butter in einer weiten Schüssel mit dem elektrischen Rührgerät etwa 5 Minuten cremig aufschlagen. Den Puderzucker unterschlagen. Mehl, Salz und die gemahlenen Pistazienkerne mit den Händen untermischen, dafür die Butter auch von den Quirlen abstreifen.

Den Teig behutsam zu einer Kugel kneten, halbieren und daraus zwei glatte, jeweils 16 cm lange Würste formen. Diese in Frischhaltefolie wickeln und nicht länger als 30 Minuten in den Gefrierschrank legen (werden sie zu kalt, lassen sie sich nicht glatt durchschneiden).

Den Backofen auf 150 °C vorheizen. Ein großes oder zwei kleine Backbleche mit Backpapier auslegen.

Die Würste auswickeln und in 1,5 cm dicke Scheiben schneiden. Insgesamt ergeben sich so etwa 20 Stücke. Die Scheiben mit etwas Abstand auf dem Backpapier auslegen und 18–20 Minuten im Ofen goldgelb backen. Herausnehmen und auf dem Blech vollständig abkühlen lassen. Erst dann in einer Blechdose verpacken.

Für die Feigen die Zitronenzeste mit Zimt, Zucker und 250 ml Wasser in einem mittelgroßen Topf aufkochen lassen. Die Temperatur reduzieren und alles etwa 7 Minuten lang köchelnd eindicken lassen. Vom Herd nehmen und die Zimtstange entsorgen, dann Honig und Rosenwasser einrühren, die Feigen hineinlegen. Den Topf vorsichtig schwenken, damit der Sirup sich auf den Feigen verteilt. Diese im Sirupbad abkühlen lassen und dann in den Kühlschrank stellen.

Fortsetzung folgende Seite >>

1 Handvoll Himbeeren, etwa 50 g

JOGHURTCREME

125 g Sahne

1 EL Zucker

einige Tropfen Vanille-extrakt

125 g griechischer Joghurt (10 % Fettgehalt)

Für 4 Personen

Für die Joghurtcreme die Sahne in einer weiten Schüssel anschlagen. Zucker einrieseln lassen, Vanilleextrakt und Joghurt hinzufügen und alles zu einer dicken, glatten Creme verquirlen. Abgedeckt im Kühlschrank kalt stellen.

Kurz vor dem Servieren die Himbeeren zu den Feigen mischen. Den Topf wieder sanft schwenken, bis der Sirup eine schöne Rosatönung hat (nach Belieben noch etwas Rosenwasser hineinträufeln). Die Himbeeren dabei nicht zerdrücken. Die Kekse auf einen Teller legen. Die Feigen samt Sirup in kleinen Schalen servieren. Die Kekse sowie die Creme dazu reichen.

… bis zur nächsten Rosenblüte

Für die Herstellung von 30 g feinster Rosenessenz werden 50–60 000 Rosenblüten benötigt – und alle werden sie von Hand geerntet.

ROSEN-MILCHPUDDING MIT ROSENSIRUP

PUDDING

1 Ei (Größe L)

80 g Zucker

80 g Speisestärke

1,25 l Milch

2 EL Rosenwasser

ROSENSIRUP

100 g Zucker

2 EL Rosenwasser

20 Granatapfelkerne

1 kleine Handvoll frische rote oder rosafarbene (unbehandelte) Rosenblütenblätter

2–3 getrocknete Hibiskusblätter (für kräftigere Farbe), nach Belieben

Für 8 Personen

Schlicht und einfach – die Sorte Nachtisch, auf dich ich immer wieder zurückkomme. Ich mag die gewisse feine Eleganz und die samtene, kühle Textur des Puddings (obwohl ich immer gern auch warm davon ein paar Löffel nasche, ohne Sirup). Ich verwende einige rote oder rosafarbene Blütenblätter der Rose und einige getrocknete Hibiskusblüten, um dem Sirup einen Hauch von Rosa zu verleihen. Wenn es im Sommer sehr heiß ist, dann sorgt der gut gekühlte Sirup auf dem kalten Pudding für einen wahren Gaumenschmaus.

Für den Pudding das Ei und den Zucker in einer weiten Schüssel hellcremig aufschlagen. Die Speisestärke gründlich unterquirlen, zwischendurch ein- oder zweimal die Schüsselränder zum Säubern nach unten abkratzen. Sollte die Masse zu dick sein, sorgt ein Schuss Milch für Abhilfe.

Die Milch in einem weiten Topf erhitzen. Sobald sie anfängt zu sieden, den Topf vom Herd nehmen und etwas von der Milch zur Eiermasse geben, um sie leicht anzuwärmen. Dann noch etwas warme Milch einrühren. Nun die Eiermischung in den Milchtopf gießen und verquirlen, dabei auch eventuell vorhandene Masse vom Topfrand nach unten schaben, damit alles untergemischt wird. Den Topf wieder auf den Herd stellen und die Masse unter ständigem Rühren bei niedriger Temperatur knapp 10 Minuten eindicken lassen. Sie sollte blubbern und sämig werden. Das Rosenwasser unterrühren, den Topf vom Herd nehmen.

Beim Abkühlen immer wieder energisch verquirlen, damit sich keine Klumpen bilden. Den Pudding, wenn er fast abgekühlt, aber noch nicht ganz fest ist, in 8 weite Dessertschalen aus Glas füllen. Wenn er abgekühlt ist, die Schälchen abgedeckt einige Stunden in den Kühlschrank stellen, damit der Pudding fest wird und erkaltet.

Für den Sirup den Zucker mit 250 ml Wasser in einem kleinen Topf aufkochen, dann 5–6 Minuten köcheln lassen. Das Rosenwasser einträufeln und alles noch 1 Minute köcheln lassen. Den Topf vom Herd nehmen und Granatapfelkerne, Rosenblüten und Hibiskus, falls verwendet, zum heißen Sirup rühren. Vollständig abkühlen lassen, in ein sterilisiertes Einmachglas füllen und in den Kühlschrank stellen.

Den kalten Pudding mit dem kalten Sirup beträufelt servieren. Nach Belieben mit einigen Blütenblättern garnieren.

Von George:
WOHLFÜHLROSENTEE

2–3 unbehandelte Zitronenzesten (ohne das Weiße)

2–3 EL trockene Kamillenblüten

3–3½ EL getrocknete Zitronenverbenenblätter, grob gezupft

2 EL getrocknete Hagebutten, mit der flachen Messerklinge aufgebrochen

2–3 EL kleine getrocknete essbare Rosenknospen, einige davon geöffnet, sodass sich die Blütenblätter entfalten

etwa 12 Kardamomkapseln, aufgebrochen, dann in Hälften geteilt

etwas frisch geriebene Muskatnuss

1½ EL Koriandersamen, die Hälfte davon aufgebrochen

2 TL Fenchelsamen, einige davon leicht zerstoßen

Für 7–8 Kannen Tee

George
Dad
Papa

Dies ist die wunderbare, delikate Wohlfühlrosenteemischung meines Vaters. Die Stücke in der Mischung sollten nicht zu groß sein, damit sich alles gleichmäßig verteilt und man mit jedem Löffel sicher von allem etwas bekommt. Schmeckt heiß oder als Eistee.

Zum Trocknen der Zitronenzesten einfach den Backofen nutzen, wenn Sie zuvor darin etwas zubereitet haben. Das Gerät ausstellen, die Zitronenzesten auf einem Stück Backpapier hineinlegen und trocknen lassen. Dann herausnehmen, abkühlen lassen und in kleine Stückchen zerbröseln. Sie sollten absolut trocken sein, bevor sie in die Teemischung kommen.

Dann mit den weiteren Zutaten in einer Schüssel durch behutsames Schütteln vermengen. In einem sterilisierten Glas mit dicht schließendem Deckel aufbewahren.

Vor der Verwendung alles gut durchmischen, damit von allen Komponenten etwas dabei ist. Etwa 3 gute TL der Mischung in eine Teekanne füllen. Mit 1 l frisch aufgekochtem Wasser übergießen. Einen Deckel auflegen und etwa 15 Minuten durchziehen lassen. Den Tee nach Belieben mit Honig süßen.

In die Lieblingstasse abseihen und den Feierabend genießen.

IM WANDEL DER ZEIT

JETZT DAMALS IMMER

GESAMMELTES
GELÖFFELTES
GEWÜRZTES
ERINNERUNGEN

Gestern, heute, morgen

22
21
20
19

Leben am Meer

Danke

Für die Bedeutung und Schönheit von Mahlzeiten und Zusammenkünften.

An meine Verlegerin Jane W., dass du mir die Vorhänge geöffnet und mich immer unterstützt und ermutigt hast. An Virginia und Megan – danke, dass ihr so geschmeidig die Stellung gehalten, so intensiv gearbeitet und uns immer auf dem Laufenden gehalten habt. Danke an alle bei Murdoch Books. An Jane M. und die Gleichzeitigkeit im Leben, die uns alle zusammenbringt – dafür bin ich sehr dankbar. An meinen Lektor Simon – den schnellsten Schreiber der Welt –, danke, dass du mehr als das getan hast. Dass du jedes Wort umgedreht und überprüft hast – und dass dies so viel Spaß gemacht hat! An Susanne und alle, die im Hintergrund gewirkt haben.

An meine Rezeptlektorin Jo, die mich wieder einmal beim Testen der ganzen Rezepte begleitet und mir gute Ratschläge gegeben hat – ich liebe es, mit dir zusammenzuarbeiten.

An mein Team: Manos, kleiner Streithahn, danke für deine stets wundervollen Fotos, und dass du dafür auch Umwege in Kauf nimmst. Michail, mein Freund aus der frühesten Kindheit, danke für dein unglaubliches Styling und deine grenzenlose Kreativität – das versetzt mich immer wieder in Erstaunen. Lisa G., für deine kreative Leitung, für deine Visionen und dein Talent – dafür, dass du uns durch all das geführt hast, für deinen Mut und die schöne Art und Weise, wie du die Welt betrachtest, danke, meine Freundin.

An meine Schwägerin und Freundin Luisa – eine unglaubliche Köchin und Persönlichkeit, ich bin so glücklich, dich an meiner Seite zu haben – danke für deine ganze Hilfe. *Ti adoro.*

An meine liebe Freundin Artemis – ich hoffe, dass du dich auf vielen Seiten hier wiederfindest und etwas von dem Sonnenschein spürst, den du so großzügig verbreitest. Danke an Kyriakos, Kyveli und Athanasia für eure Hilfe und euren Enthusiasmus, an Christina für deine großartigen Kochkünste, ebenso an Radka.

Danke an meine Freundin Lisa McG. für deine ständige Hilfe, deine volle Unterstützung, deine

Freude und deinen stetigen Optimismus – dafür bin ich sehr dankbar.

Danke an Bell für die wundervolle Zeit in Thailand und dafür, dass du mir geholfen hast, alles zu verstehen. An Marion und Sanjay für die aufmunternde Tour in Bangkok auf der Suche nach Lebensmitteln und Requisiten, für euer Durchhaltevermögen und die hervorragenden Ratschläge. Bangkok (BKK) ohne euch ist definitiv weniger interessant. Vielen Dank an Jen für so viel Spaß und die guten Zeiten auf der Pirsch nach Lebensmitteln in BKK. Danke Amy, Giggs, Ashish, Fon und Pim.

Und an Ashok, meinen Freund in Puducherry, danke für deine Hilfe und positive Energie.

An Nahomi – es freut mich sehr und ich bin dir dankbar, dass du mir wieder einmal gezeigt hast, wie wunderbar euer Essen in Mexiko ist, danke für deine wertvolle Hilfe. Danke Jorge für geduldigen Rat und Erklärungen zu vielen Dingen und Rezepten. Und an Rosa und allen in Mexiko für die wundervollen Erinnerungen.

Danke David – dass du an diesem bestimmten Tag in diesem bestimmten Café warst und so gut für mich gesorgt hast. Und an Brenda MacB. und alle in New Orleans für die schönen Zeiten und Erinnerungen.

Angela Dwyer – danke für alles, was du mir beigebracht hast, ich trage es immer bei mir. Corinne – danke für deine fantastischen Kochkünste und die Abenteuer, die ich immer im Kopf behalte.

An all die lieben Menschen, deren Rezepte und anderen Dinge sich auf diesen Seiten befinden, ich bin euch zutiefst dankbar – es gäbe kein Buch ohne Inspiration, äußerste Sorgfalt und Ratschläge, die ich von meiner Umgebung aufnehme. Danke an Vivian, Anthony, Shanker und Rita für das beste Kitchari, an Anandita und Sumathi für eure Hilfe und Rezepte, an Mariella, an die wunderbaren Bäcker Rebecca, Dario, Ellie, Kyoko und Leontine, dass ihr mir immer Kuchen gebracht habt.

An Jenny, Melina S., Ioanna, Nadina, Ketty, Nikola, Matoula, Irma, Kyriaki und Roberto für wunderschöne Artischocken, an Scilla und Clara für eure ganze Hilfe und für den Flieder, Stina, Giulio und Mikela. Danke Nicci D., Calli, Didi, Stephen B., Lee, Jasmine, Iria, Tanya J., Nicky und Moon sowie Jo C. für deinen weisen Rat und den besten Fenchelpollen, Emanuela für die Schokoladenberatung und Andrea B. für deine Hilfe in letzter Minute. Ein warmes Dankeschön an Dr. N. Kostopoulos für Ihre Hilfestellung. Ein dicker Dank an Cristian und Marco, meine wundervollen Helfer und Testesser – ich schätze euer ganzes enthusiastisches und durchdachtes Feedback.

Danke an meine wundervollen Eltern Sipi und George für eure Liebe und Ermutigung, an Ludi, die immer die richtige, inspirierende Lektüre für mich hat (wenn auch nicht die korrekten Zutatenmengen), und an Nin, die mir stets tolle Ideen und Einblicke vermittelt. Danke Anais und Dimitri für eure fantastische Hilfe, eure Rezepte und die schönen Zeiten mit euch – dafür bin ich sehr dankbar. An Nonna Wilma für deinen geschätzten und wohlüberlegten Rat. Danke Giovanni für deine Ruhe und Geduld, felsenfeste Hilfe und Konsequenz – und danke Yasmine und Cassia für eure Hilfe auf so vielen unterschiedlichen Wegen, und dass ihr mich an Ziele gebracht habt, von denen ihr wisst, dass ich sie erreichen kann.

Register

A

Agua de Jamaica – Hibiskuswasser 204
Ahornsirup: Frühstücksporridge mit Ghee und Ahornsirup 58
Amys Frittierte grüne Papaya 281
Anais: Grapefruit-Fizz 108
Ananditas Chana Masala 99
Ananditas Mutter: Spinat mit Tamarinde 93
Angelas Schwarze Bohnen 227
Äpfel: Wintersalat 71
Aprikosen: Dattel-Aprikosen-Chutney, Vivians 23
Arrosto misto – Bratenmix 157
Artemis: Moussaka, vegetarische 65
Artischocken
Artischocken aus dem Ofen, gefüllte 339
Artischocken mit Kartoffeln, Dill und Zitrone 105
Artischocken mit Sardellen-Aioli 245
Grill-Spargel und Artischocken mit Ziegenkäse und Zitronenöl 81
Lasagne ai carciofi – Artischocken-Lasagne 118
Ashoks Lamm-Biryani mit Rose 375
Auberginen
Hähnchencurry, grünes 300
Melanzane alla parmigiana 121
Moussaka, vegetarische, von Artemis 65
Yemista, vegetarische 61
Avocados
Chilaquiles, Nahomis 222
Crema de aguacate 211
Garnelen-Avocado-Reis 244
Gemüseteller, grüner, mit Avocado und Tahini 76
Guacamole 211
Lachsteller mit schwarzem Reis, Limette und Soja 261
Moo nam tok – Grillfleisch mit Minze, Gurkensalat und Kokosreis 288
Salat aus Gurke, Weißkohl und Avocado 289

B

Baba au rhum mit Amalfi-Zitrone 166
Baiser: Erdbeer-Baiser-Torte, gefr. 39
Béchamelsauce 66, 118
Bells Lieblingsreis – Khao pad krapow 290
Blattgemüse
Blattgemüse-Pie – Hortopita 67
Hortokeftedes 69
Kichererbsen-Linsen-Harira mit Blattgemüse 102
Salat mit Birnen, Nusskernen und Blauschimmelkäse 79
Blumenkohl
Blumenkohlsalat mit Basilikum und Parmesan 70
Pickles 336
Boereboontjies – Bohnen-Kartoffel-Püree 29
Bohnen
Artischocken mit Sardellen-Aioli 245
Boereboontjies – Bohnen-Kartoffel-Püree 29
Gemüseteller, grüner, mit Avocado und Tahini 76
Papaya, frittierte grüne, Amys 281
Schwarze Bohnen, Angelas 227
Tacos mit schwarzen Bohnen 229
Bohnensprossen: Pad Thai 295
Bolillos – Mexikanische Brötchen 224
Braai: Gegrillte Hähnchenbeine mit Chutneymarinade 24
Brandy: Fenchel aus dem Ofen mit Brandy und Greyerzer 30
Brokkoli: Gemüseteller, grüner, mit Avocado und Tahini 76
Bulgur-Mango-Salat 82
Burrata: Sbiruli, Burrata, Feigen und Prosciutto 145
Butter
Kritharaki mit Zitrone und Halloumi 340
Butterkuchen, Leontines 356
Buttermilch
Buttermilk biscuits – Kleine Buttermilchbrötchen 182
Buttermilch-Hähnchen, frittiertes 183

C

Calamari: Spaghetti mit Meeresfrüchten 125
Capellini-Pasta mit frischer Tomaten-Chili-Sauce, Cassias 124
Chana Masala, Ananditas 99
Chapati 101
Cheddar
Hamburger mit Tomatenchutney und Cheddar 350
Pies mit Cheddar und Frühlingszwiebel 345
Chilaquiles, Nahomis 222
Chilischoten 12
Capellini-Pasta mit frischer Tomaten-Chili-Sauce, Cassias 124
Chili-Garnelen mit Zitrone und Knoblauchbutter 31
Chilisauce, rote 275
Chilischoten, in Essig eingelegte 275
Crema de aguacate 211
Guacamole 211
Hähnchen-Tinga-Tacos 226
Hähnchencurry, grünes 300
Lieblingsreis, Bells – Khao pad krapow 290
Maiskolben, gegrillte, mit Limette, Chili und Käse – Elotes asados 213
Pico de gallo 210
Piri-Piri-Butterhähnchen mit Zitrone 346
Piri-Piri-Öl 86
Popcorn mit Chili – Polomitas 206
Prik nam pla – Fischsauce mit Chili 274
Salsa de chiles asado 209
Salsa roja 207
Salsa roja für Chilaquiles 222
Salsa verde 209
Seafood-Sauce aus grünen Chilischoten 276
Sopa de tortillas 219
Tomaten-Piri-Piri-Sauce 249
Chinakohl: Wintersalat 71
Christinas Patates antinaxtes – zweierlei Art 347
Cime di rapa (Stängelkohl)
Hortokeftedes 69
Kichererbsen-Linsen-Harira mit Blattgemüse 102
Clotted Cream 355
Cochinita Pibil, Dimitris 231
Corinnes Rinderfilet mit Feta 317
Cotija (Käse)
Esquites 214
Maiskolben, gegrillte, mit Limette, Chili und Käse – Elotes asados 213
Couscous mit geschmortem Gemüse 85
Cranberrys: Neujahrskuchen mit Glücksmünze 33
Crema de aguacate 211
Crema espesa 210
Crème brûlée mit Himbeeren 323
Cristians Braciole della domenica – Sonntags-Rinderrouladen 138
Crostata, Giovannis 162

D

Dal: Mung Dal 91
Darios Drei-Tage-Pizza 147
Datteln
Dattel-Aprikosen-Chutney, Vivians 23
Salat mit Birnen, Nusskernen und Blauschimmelkäse 79
Dill: Artischocken mit Kartoffeln, Dill und Zitrone 105
Dimitris Cochinita Pibil 231
Doppelrahmfrischkäse: Käsekuchen mit Kakaoboden 43
Drei-Tage-Pizza, Darios 147

E

Eier

Crème brûlée mit Himbeeren 323
Flan 233
Pad Thai 295
Reis, thailändischer gebratener – Khao pad poo 292
Eiscreme
Karamellsauce und Ingwereis 365
Kokoseis 304
Mandel-Vanille-Eis 37
Schokoladeneis 38
Ekmek 358
Endivien: Salat mit Birnen, Nusskernen und Blauschimmelkäse 79
Erbsen
Gemüseteller, grüner, mit Avocado und Tahini 76
Reis, thailändischer gebratener – Khao pad poo 292
Erdbeeren
Erdbeer-Baiser-Torte, gefrorene 39
Erdbeer-Shortcake, Judys 188
Frozen Strawberry Daiquiri 176
Pannacotta mit Erdbeeren und Vanille 160
Passionsfrucht-Erdbeer-Duo, eiskaltes 362
Erdnusskerne
Pad Thai 295
Papaya, frittierte grüne, Amys 281
Spinat mit Tamarinde, von Ananditas Mutter 93
Yum som o – Pampelmusensalat 277
Esquites 214
Essig
Chilischoten, in Essig eingelegte 275
Klippfisch, gebratener, mit Essig 348
Pickles 336

F

Feigen
Pistazienkekse mit Feigen, Himbeeren und Rosensirup 381
Sbiruli, Burrata, Feigen und Prosciutto 145
Fenchel
Fenchel aus dem Ofen mit Brandy und Greyerzer 30
Pickles 336
Wintersalat 71
Feta
Blattgemüse-Pie – Hortopita 67
Hortokeftedes 69
Kichererbsen-Linsen-Harira mit Blattgemüse 102
Rinderfilet mit Feta, Corinnes 317
Sommersalat 72
Sopa de tortillas 219
Fisch
Fisch mit Zitronen und Orangen 259
Klippfisch, gebratener, mit Essig 348
Lachsteller mit schwarzem Reis, Limette und Soja 261
Tom yam gung 284
Fischsauce: Prik nam pla – Fischsauce mit Chili 274
Fladenbrote 252
Maistortillas 215
Weizentortillas 217
Flan 233
Flusskrebs-Teigtaschen 180
Frozen Strawberry Daiquiri 176
Frühlingszwiebeln
Bulgur-Mango-Salat 82
Gemüseteller, grüner, mit Avocado und Tahini 76
Kichererbsen-Linsen-Harira mit Blattgemüse 102
Kokos-Limetten-Hähnchen im Salatwrap 297
Pies mit Cheddar und Frühlingszwiebel 345
Sommersalat 72
Spanakorizo, wöchentlicher 104
Frühstücksporridge mit Ghee und Ahornsirup 58

G

Garnelen
Chili-Garnelen mit Zitrone und Knoblauchbutter 31
Garnelen-Avocado-Reis 244
Pad Thai 295
Reis, thailändischer gebratener – Khao pad poo 292
Spaghetti mit Meeresfrüchten 125
Tom yam gung 284
Gegrilltes
Austern, gegrillte 179
Grill-Spargel und Artischocken mit Ziegenkäse und Zitronenöl 81
Lammkoteletts, gegrillte, mit Sumach und Minze-Relish 255
Maiskolben, gegrillte, mit Limette, Chili und Käse - Elotes asados 213
Moo nam tok – Grillfleisch mit Minze, Gurkensalat und Kokosreis 288
Schweinerippchen, Jos gegrillte 25
Gemüse
Gemüseteller, grüner, mit Avocado und Tahini 76
Moussaka, vegetarische, von Artemis 65
Yemista, vegetarische 61
Gewürze, meine bevorzugten 10
Gewürzkuchen 50
Ghee 58
Frühstücksporridge mit Ghee und Ahornsirup 58
Kitchari, Ritas 87
Giovannis Crostata 162
Gnocchi della casa – selbst gemacht 132
Granadilla-Kuchen 46
Granatäpfel
Gurken-Granatapfel-Salat 75
Lachsteller mit schwarzem Reis, Limette und Soja 261
Wintersalat 71
Grapefruit-Fizz, von Anais 108
Graviera (Käse): Hortokeftedes 69
Greyerzer: Fenchel aus dem Ofen mit Brandy und Greyerzer 30
Guacamole 211
Gurken s. *Salatgurken*

H

Haferflocken: Frühstücksporridge mit Ghee und Ahornsirup 58
Hagebutten: Wohlfühlrosentee, von George 386
Hähnchenfleisch
Arrosto misto – Bratenmix 157
Braai: Gegrillte Hähnchenbeine mit Chutneymarinade 24
Buttermilch-Hähnchen, frittiertes 183
Chicken 65 319
Hähnchen-Gumbo mit Würstchen 186
Hähnchen-Souflaki, mein neuestes 253
Hähnchencurry, grünes 300
Hähnchenschnitzel mit Marsala und Prosciutto crudo 154
Hähnchenspieße 253
Hähnchen-Tinga-Tacos 226
Hühnersuppe mit Reis und Gurken – Khao man gai 285
Kokos-Limetten-Hähnchen im Salatwrap 297
Pies, kleine, mit Hähnchen-Pilz-Füllung 343
Piri-Piri-Butterhähnchen mit Zitrone 346
Sopa de tortillas 219
Halloumi
Kritharaki mit Zitrone und Halloumi 340
Moussaka, vegetarische, von Artemis 65
Hamburger mit Tomatenchutney und Cheddar 350
Hibiskus
Agua de Jamaica – Hibiskuswasser 204
Rosen-Milchpudding mit Rosensirup 385
Himbeeren
Crème brûlée mit Himbeeren 323
Erdbeer-Baiser-Torte, gefrorene 39
Frühstücksporridge mit Ghee und Ahornsirup 58
Pistazienkekse mit Feigen, Himbeeren und Rosensirup 381
Hochzeitsgebäck, zypriotisches 377

Hortokeftedes 69
Hortopita 67

I

Ingwer
Chana Masala, Ananditas 99
Gewürzkuchen 50
Karamellsauce und Ingwereis 365
Paneer-Pakoras 316

J

Jasminreis 284
Joghurt
Chicken 65 319
Joghurt, gesalzener 251
Lamm-Biryani mit Rose, Ashoks 375
Mango-Dessert, Moons 108
Mascarponekuchen, Marcos 264
Minze-Relish 256
Pistazienkekse mit Feigen, Himbeeren und Rosensirup 381
Raita 320
Sommersalat 72
Jos Schweinerippchen, gegrillte 25
Judys Erdbeer-Shortcake 188

K

Kalbskoteletts mit Zitrone, Sardellen und Kapern 155
Kamille: Wohlfühlrosentee, von George 386
Kapern: Kalbskoteletts mit Zitrone, Sardellen und Kapern 155
Karamellsauce
Karamellsauce und Ingwereis 365
Flan 233
Kardamomreis 92
Karotten
Couscous mit geschmortem Gemüse 85
Kartoffeln, Süßkartoffeln und Karotten aus dem Ofen 94
Paglia e fieno – bunte Bandnudeln mit Ragù 135
Pickles 336
Pomarola, Nonnas 128
Salat, kleiner 376
Kartoffeln
Artischocken mit Kartoffeln, Dill und Zitrone 105
Artischocken mit Sardellen-Aioli 245
Boereboontjies – Bohnen-Kartoffel-Püree 29
Couscous mit geschmortem Gemüse 85
Gnocchi della casa – selbst gemacht 132
Kartoffeln, Süßkartoffeln und Karotten aus dem Ofen 94
Moussaka, vegetarische, von Artemis 65
Mungbohnen-Bowl 91
Parmesankartoffeln, Yasmines 159
Patates antinaxtes, Christinas – zweierlei Art 347
Yemista, vegetarische 61
Käsekuchen mit Kakaoboden 43
Kebabs: Hähnchenspieße 253
Kefalotyri (Käse)
Hortokeftedes 69
Spanakorizo, wöchentlicher 104
Kichererbsen
Chana Masala, Ananditas 99
Couscous mit geschmortem Gemüse 85
Kichererbsen-Linsen-Harira mit Blattgemüse 102
Kichererbsenmehl
Chicken 65 319
Paneer-Pakoras 316
Kirschen
Frühstücksporridge mit Ghee und Ahornsirup 58
Kirschkuchen, gedeckter 324
Neujahrskuchen mit Glücksmünze 33
Sauerkirschen 354
Schokoladenkuchen mit Sauerkirschen und Clotted Cream 353
Kitchari, Ritas 87
Klippfisch, gebratener, mit Essig 348
Knäckebröd, Claras 60
Knoblauch
Artischocken mit Sardellen-Aioli 245
Chili-Garnelen mit Zitrone und Knoblauchbutter 31
Köfteteller mit Kreuzkümmel 249
Kohl
Blumenkohlsalat mit Basilikum und Parmesan 70
Krautsalat mit Radicchio 254
Moo nam tok – Grillfleisch mit Minze, Gurkensalat und Kokosreis 288
Pickles 336
Salat aus Gurke, Weißkohl und Avocado 289
Kokosnuss
Hühnersuppe mit Reis und Gurken – Khao man gai 285
Kokoseis 304
Kokos-Limetten-Hähnchen im Salatwrap 297
Kokosreis 289
Mango-Klebreis 306
Yum som oder Pampelmusensalat 277
Konfitüre
Crostata 162
Pflaumenkonfitüre mit Vin Santo und Vanille 163
Ricotta-Teigtaschen mit Konfitürenfüllung 116
Korianderchutney 96
Kourabiedes mit Pekannusskernen oder Schokochips 329
Krautsalat mit Radicchio 254
Krebsfleisch
Flusskrebs-Teigtaschen 180
Reis, thailändischer gebratener – Khao pad poo 292
Kritharaki mit Zitrone und Halloumi 340
Kürbis: Couscous mit geschmortem Gemüse 85

L

Lachsteller mit schwarzem Reis, Limette und Soja 261
Lammfleisch
Arrosto misto – Bratenmix 157
Lamm-Biryani mit Rose, Ashoks 375
Lammkoteletts, gegrillte, mit Sumach und Minze-Relish 255
Ofen-Lammkoteletts mit Zitrone und Oregano 21
Rind- und Lammfleischköfte mit Kreuzkümmel 250
Lasagne ai carciofi – Artischocken-Lasagne 118
Leinsamen: Knäckebröd, Claras 60
Leontines Butterkuchen 356
Lieblingsreis, Bells – Khao pad krapow 290
Limetten
Cochinita Pibil, Dimitris 231
Crema de aguacate 211
Esquites 214
Frozen Strawberry Daiquiri 176
Kokos-Limetten-Hähnchen im Salatwrap 297
Lachsteller mit schwarzem Reis, Limette und Soja 261
Maiskolben, gegrillte, mit Limette, Chili und Käse – Elotes asados 213
Tom yam gung 284
Linsen
Kichererbsen-Linsen-Harira mit Blattgemüse 102
Kitchari, Ritas 87
Lisas quadratische Scones 47

M

Macadamianusskerne: Salat mit Birnen, Nusskernen und Blauschimmelkäse 79
Mais
Esquites 214
Maisgrieß: Knäckebröd, Claras 60
Maiskolben, gegrillte, mit Limette, Chili und Käse – Elotes asados 213
Maistortillas 215
Sopa de tortillas 219
Mandelkerne
Hochzeitsgebäck, zypr. 377
Mandel-Vanille-Eis 37
Reisdessert mit Rosenwasser und Sahne 380
Mangold
Hortokeftedes 69

Kichererbsen-Linsen-Harira mit Blattgemüse 102
Riesen-Tortello mit Steinpilzen und Salbei, Luisas 140
Mangos
Bulgur-Mango-Salat 82
Mango-Dessert, Moons 108
Mango-Klebreis 306
Mango-Pickle, Sumathis 95
Marcos Mascarponekuchen 264
Marios Rotweinrisotto 122
Marsala: Hähnchenschnitzel mit Marsala und Prosciutto crudo 154
Mascarpone
Käsekuchen mit Kakaoboden 43
Mascarponecreme 355
Mascarponekuchen, Marcos 264
Melanzane alla parmigiana 121
Melasse: Gewürzkuchen 50
Milch
Ekmek 358
Rosen-Milchpudding mit Rosensirup 385
Minze-Relish 256
Mississippi Mudpie 192
Mizithra: Hortokeftedes 69
Moo nam tok – Grillfleisch mit Minze, Gurkensalat und Kokosreis 288
Moons Mango-Dessert 108
Moo ping – karamellisierte Schweinespieße 283
Moussaka, vegetarische, von Artemis 65
Mozzarella
Lasagne ai carciofi – Artischocken-Lasagne 118
Melanzane alla parmigiana 121
Mungbohnen
Kitchari, Ritas 87
Mungbohnen-Bowl 91
Mung Dal 91
Muskateller-Trauben: Rotweinkekse – Biscotti della salute 106
Pilze
Moussaka, vegetarische, von Artemis 65
Pies, kleine, mit Hähnchen-Pilz-Füllung 343
Riesen-Tortello mit Steinpilzen und Salbei, Luisas 140
Tom yam gung 284
Yemista, vegetarische 61

N

Nahomis Chilaquiles 222
Nam-Manao-Soda 307
Neujahrskuchen mit Glücksmünze 33
»Nichts-im-Haus«-Spaghetti 123
Nonnas Pomarola 128
Nudeln, *s. a. Pasta*
Kokos-Limetten-Hähnchen im Salatwrap 297
Pad Thai 295

O

Ofen-Lammkoteletts mit Zitrone und Oregano, Sipis 21
Okraschoten
Hähnchen-Gumbo mit Würstchen 186
Okraschoten, würzige, für jeden Tag 97
Öl: Piri-Piri-Öl 86
Oliven
Sommer-Pasta 131
Sommersalat 72
Orangen
Cochinita Pibil, Dimitris 231
Fisch mit Zitronen und Orangen 259
Orangen und Sahne 366
Wintersalat 71
Oregano: Ofen-Lammkoteletts mit Zitrone und Oregano 21

P

Pad Thai 295
Paglia e fieno – bunte Bandnudeln mit Ragù 135
Palmzucker: Nam-Manao-Soda 307
Pampelmusen: Yum som o – Pampelmusensalat 277
Paneer-Pakoras 316
Pannacotta mit Erdbeeren und Vanille 160
Papaya, frittierte grüne, Amys 281
Paprikaschoten
Bulgur-Mango-Salat 82
Cochinita Pibil, Dimitris 231
Flusskrebs-Teigtaschen 180
Hähnchen-Gumbo mit Würstchen 186
Hähnchenspieße 253
Lachsteller mit schwarzem Reis, Limette und Soja 261
Pico de gallo 210
Salsa de chiles asado 209
Sommersalat 72
Yemista, vegetarische 61
Parmesan
Artischocken aus dem Ofen, gefüllte 339
Blumenkohlsalat mit Basilikum und Parmesan 70
Esquites 214
Kritharaki mit Zitrone und Halloumi 340
Lasagne ai carciofi – Artischocken-Lasagne 118
Maiskolben, gegrillte, mit Limette, Chili und Käse – Elotes asados 213
Melanzane alla parmigiana 121
Parmesankartoffeln, Yasmines 159
Riesen-Tortello mit Steinpilzen und Salbei, Luisas 140
Rotweinrisotto, Marios 122
Passionsfrucht-Erdbeer-Duo, eiskaltes 362
Pasta
Braciole della domenica, Cristians – Sonntags-Rinderrouladen 138
Capellini-Pasta mit frischer Tomaten-Chili-Sauce, Cassias 124
Lasagne ai carciofi – Artischocken-Lasagne 118
»Nichts-im-Haus«-Spaghetti 123
Paglia e fieno – bunte Bandnudeln mit Ragù 135
Riesen-Tortello mit Steinpilzen und Salbei, Luisas 140
Sommer-Pasta 131
Spaghetti al pomodoro 129
Spaghetti mit Meeresfrüchten 125
Patates antinaxtes, Christinas – zweierlei Art 347
Pecorino: Braciole della domenica, Cristians – Sonntags-Rinderrouladen 138
Pekannusskerne
Kourabiedes mit Pekannusskernen oder Schokochips 329
Pekannusskuchen 191
Walnuss-Pekannuss-Brot 59
Pflaumenkonfitüre mit Vin Santo und Vanille 163
Pickles 336
Pico de gallo 210
Pies, kleine, mit Hähnchen-Pilz-Füllung 343
Piri-Piri-Butterhähnchen mit Zitrone 346
Piri-Piri-Öl 86
Pistazienkerne
Hochzeitsgebäck, zypriotisches 377
Pistazienkekse mit Feigen, Himbeeren und Rosensirup 381
Pizza, Drei-Tage- 147
Pomarola, Nonnas 128
Popcorn mit Chili – Polomitas 206
Prik nam pla – Fischsauce mit Chili 274
Prosciutto
Hähnchenschnitzel mit Marsala und Prosciutto crudo 154
Sbiruli, Burrata, Feigen und Prosciutto 145
Pudding
Ekmek 358
Puddingkuchen, warmer, mit Whiskey-Tränke 45
Rosen-Milchpudding mit Rosensirup 385

Q

Queso fresco
Chilaquiles, Nahomis 222
Sopa de tortillas 219

R

Radicchio
Krautsalat mit Radicchio 254

Salat mit Birnen, Nusskernen und Blauschimmelkäse 79
Wintersalat 71
Ragù
Paglia e fieno – bunte Bandnudeln mit Ragù 135
Pizza ragù (rosso) 149
Raita 320
Reis
Garnelen-Avocado-Reis 244
Hühnersuppe mit Reis und Gurken – Khao man gai 285
Jasminreis 284
Kardamomreis 92
Kitchari, Ritas 87
Kokosreis 289
Lachsteller mit schwarzem Reise, Limette und Soja 261
Lamm-Biryani mit Rose, Ashoks 375
Lieblingsreis, Bells – Khao pad krapow 290
Mango-Klebreis 306
Moo nam tok – Grillfleisch mit Minze, Gurkensalat und Kokosreis 288
Mungbohnen-Bowl 91
Reisdessert mit Rosenwasser und Sahne 380
Rotweinrisotto, Marios 122
Spanakorizo, wöchentlicher 104
Yemista, vegetarische 61
Reispulver, geröstetes 289
Rettich
Lachsteller mit schwarzem Reis, Limette und Soja 261
Sommersalat 72
Ricotta
Hortokeftedes 69
Käsekuchen mit Kakaoboden 43
Ricotta-Teigtaschen mit Konfitürenfüllung 116
Riesen-Tortello mit Steinpilzen und Salbei, Luisas 140
Riesen-Tortello mit Steinpilzen und Salbei, Luisas 140
Rindfleisch
Braciole della domenica, Cristians – Sonntags-Rinderrouladen 138
Hamburger mit Tomatenchutney und Cheddar 350
Paglia e fieno – bunte Bandnudeln mit Ragù 135
Rind- und Lammfleischköfte mit Kreuzkümmel 250
Rinderfilet mit Feta, Corinnes 317
Steak-Sandwich mit Bratensauce 27
Tortas – Mexikanische Sandwiches mit gegrilltem Fleisch und Salsa 225
Rosenblütenwasser
Hochzeitsgebäck, zypriotisches 377
Lamm-Biryani mit Rose, Ashoks 375
Pistazienkekse mit Feigen, Himbeeren und Rosensirup 381
Reisdessert mit Rosenwasser und Sahne 380
Rosen-Milchpudding mit Rosensirup 385
Rote Bete
Artischocken mit Sardellen-Aioli 245
Pickles 336
Rotweinkekse – Biscotti della salute 106
Rotweinrisotto, Marios 122
Rüben: Pickles 336
Rum
Baba au rhum mit Amalfi-Zitrone 166
Frozen Strawberry Daiquiri 176

S

Salate, s. a. *Salatgurken*
Salat, geraspelter 256
Salat, kleiner 376
Salat mit Birnen, Nusskernen und Blauschimmelkäse 79
Wintersalat 71
Salatgurken
Gurken-Granatapfel-Salat 75
Gurken-Zwiebel-Salat mit Sumach 251
Hühnersuppe mit Reis und Gurken – Khao man gai 285
Kokos-Limetten-Hähnchen im Salatwrap 297
Moo nam tok – Grillfleisch mit Minze, Gurkensalat und Kokosreis 288
Raita 320
Salat, kleiner 376
Salat aus Gurke, Weißkohl und Avocado 289
Sommersalat 72
Salbei: Riesen-Tortello mit Steinpilzen und Salbei, Luisas 140
Salsa de chiles asado 209
Salsa roja 207
Salsa roja für Chilaquiles 222
Salsa verde 209
Sardellenfilets
Artischocken aus dem Ofen, gefüllte 339
Artischocken mit Sardellen-Aioli 245
Kalbskoteletts mit Zitrone, Sardellen und Kapern 155
Sauerkirschen 354
Sbiruli, Burrata, Feigen und Prosciutto 145
Schalotten: Yum som o – Pampelmusensalat 277
Schokolade
Erdbeer-Baiser-Torte, gefrorene 39
Käsekuchen mit Kakaoboden 43
Kourabiedes mit Pekannusskernen oder Schokochips 329
Mississippi Mudpie 192
Schokoladeneis 38
Schokoladenkuchen mit Sauerkirschen und Clotted Cream 353
Schweinefleisch
Arrosto misto – Bratenmix 157
Barbecue pork ribs 25
Cochinita Pibil, Dimitris 231
Hähnchen-Gumbo mit Würstchen 186
Lieblingsreis, Bells – Khao pad krapow 290
Moo nam tok – Grillfleisch mit Minze, Gurkensalat und Kokosreis 288
Moo ping 283
Paglia e fieno – bunte Bandnudeln mit Ragù 135
Rotweinrisotto, Marios 122
Schweinerippchen, Jos gegrillte 25
Scones, Lisas quadratische 47
Seafood-Sauce aus grünen Chilischoten 276
Sellerie
Flusskrebs-Teigtaschen 180
Hähnchen-Gumbo mit Würstchen 186
Kichererbsen-Linsen-Harira mit Blattgemüse 102
Paglia e fieno – bunte Bandnudeln mit Ragù 135
Pickles 336
Pomarola, Nonnas 128
Salsa verde 209
Sommer-Pasta 131
Sommersalat 72
Sipis Ofen-Lammkoteletts mit Zitrone und Oregano 21
Soda: Nam-Manao-Soda 307
Soja: Lachsteller mit schwarzem Reis, Limette und Soja 261
Sommer-Pasta 131
Sommersalat 72
Sopa de tortillas 219
Spaghetti al pomodoro 129
Spaghetti mit Meeresfrüchten 125
Spanakorizo, wöchentlicher 104
Spargel
Gemüseteller, grüner, mit Avocado und Tahini 76
Grill-Spargel und Artischocken mit Ziegenkäse und Zitronenöl 81
Spinat
Blattgemüse-Pie – Hortopita 67
Blumenkohlsalat mit Basilikum und Parmesan 70
Mungbohnen-Bowl 91
Paglia e fieno – bunte Bandnudeln mit Ragù 135
Sommersalat 72
Spanakorizo, wöchentlicher 104
Spinat mit Tamarinde, von Ananditas Mutter 93
Steak-Sandwich mit Bratensauce 27
Sumach
Gurken-Zwiebel-Salat mit Sumach 251
Lammkoteletts, gegrillte, mit Sumach und Minze-Relish 255

Sumathis Mango-Pickle 95
Süßkartoffeln: Kartoffeln, Süßkartoffeln und Karotten aus dem Ofen 94

T

Tacos
Hähnchen-Tinga-Tacos 226
Tacos mit schwarzen Bohnen 229
Tahini
Gemüseteller, grüner, mit Avocado und Tahini 76
Tahini-Sauce 254
Tamarinde
Pad Thai 295
Spinat mit Tamarinde, von Ananditas Mutter 93
Tee: Wohlfühlrosentee, von George 386
Thailändischer gebratener Reis – Khao pad poo 292
Tofu: Pad Thai 295
Tomaten
Braciole della domenica, Cristians – Sonntags-Rinderrouladen 138
Bulgur-Mango-Salat 82
Capellini-Pasta mit frischer Tomaten-Chili-Sauce, Cassias 124
Chana Masala, Ananditas 99
Couscous mit geschmortem Gemüse 85
Drei-Tage-Pizza, Darios 147
Garnelen-Avocado-Reis 244
Gnocchi della casa – selbst gemacht 132
Guacamole 211
Hamburger mit Tomatenchutney und Cheddar 350
Hortokeftedes 69
Hähnchen-Gumbo mit Würstchen 186
Hähnchen-Tinga-Tacos 226
Kichererbsen-Linsen-Harira mit Blattgemüse 102
Kitchari, Ritas 87
Lamm-Biryani mit Rose, Ashoks 375
Lammkoteletts, gegrillte, mit Sumach und Minze-Relish 255
Melanzane alla parmigiana 121
Moussaka, vegetarische, von Artemis 65
»Nichts-im-Haus«-Spaghetti 123
Paglia e fieno – bunte Bandnudeln mit Ragù 135
Papaya, frittierte grüne, Amys 281
Pico de gallo 210
Pomarola, Nonnas 128
Salat, kleiner 376
Salsa roja 207
Salsa roja für Chilaquiles 222
Schwarze Bohnen, Angelas 227
Sommer-Pasta 131
Sommersalat 72
Sopa de tortillas 219
Spaghetti al pomodoro 129
Tomatenchutney 351
Tomaten-Piri-Piri-Sauce 249
Tomaten-Salsa 121
Tomatensauce, einfache 131
Tomaten-Zwiebel-Salat 254
Tomaten nach Art der Provence 314
Yemista, vegetarische 61
Yum som o – Pampelmusensalat 277
Tom yam gung 284
Tortas – Mexikanische Sandwiches mit gegrilltem Fleisch und Salsa 225
Tortillas 215
Tacos mit schwarzen Bohnen 229
Sopa de tortillas 219

V

Vanille
Crème brûlée mit Himbeeren 323
Erdbeer-Baiser-Torte, gefrorene 39
Mandel-Vanille-Eis 37
Pannacotta mit Erdbeeren und Vanille 160
Pflaumenkonfitüre mit Vin Santo und Vanille 163
Venusmuscheln: Spaghetti mit Meeresfrüchten 125
Vin Santo: Pflaumenkonfitüre mit Vin Santo und Vanille 163
Vivians Dattel-Aprikosen-Chutney 23

W

Walnusskerne
Rotweinkekse – Biscotti della salute 106
Salat mit Birnen, Nusskernen und Blauschimmelkäse 79
Walnuss-Pekannuss-Brot 59
Wein
Arrosto misto – Bratenmix 157
Braciole della domenica, Cristians – Sonntags-Rinderrouladen 138
Paglia e fieno – bunte Bandnudeln mit Ragù 135
Patates antinaxtes, Christinas – zweierlei Art 347
Rotweinkekse – Biscotti della salute 106
Rotweinrisotto, Marios 122
Spaghetti mit Meeresfrüchten 125
Weinblätter: Yemista, vegetarische 61
Whiskey: Puddingkuchen, warmer, mit Whiskey-Tränke 45
Wintersalat 71
Wohlfühlrosentee, von George 386
Würstchen: Hähnchen-Gumbo mit Würstchen 186

X

Xinomizithra: Sommersalat 72

Y

Yasmines Parmesankartoffeln 159
Yemista, vegetarische 61
Yum som o – Pampelmusensalat 277

Z

Za'atar: Blattgemüse-Pie – Hortopita 67
Ziegenkäse: Grill-Spargel und Artischocken mit Ziegenkäse und Zitronenöl 81
Zitronen
Artischocken aus dem Ofen, gefüllte 339
Artischocken mit Kartoffeln, Dill und Zitrone 105
Artischocken mit Sardellen-Aioli 245
Baba au rhum mit Amalfi-Zitrone 166
Chili-Garnelen mit Zitrone und Knoblauchbutter 31
Cochinita Pibil, Dimitris 231
Fisch mit Zitronen und Orangen 259
Grill-Spargel und Artischocken mit Ziegenkäse und Zitronenöl 81
Kalbskoteletts mit Zitrone, Sardellen und Kapern 155
Kritharaki mit Zitrone und Halloumi 340
Ofen-Lammkoteletts mit Zitrone und Oregano 21
Patates antinaxtes, Christinas – zweierlei Art 347
Piri-Piri-Butterhähnchen mit Zitrone 346
Wohlfühlrosentee, von George 386
Zitronenchutney 321
Zitronentarte 267
Zucchini
Artischocken mit Sardellen-Aioli 245
Couscous mit geschmorten Gemüse 85
Gemüseteller, grüner, mit Avocado und Tahini 76
Moussaka, vegetarische, von Artemis 65
Pickles 336
Yemista, vegetarische 61
Zwiebeln
Gurken-Granatapfel-Salat 75
Gurken-Zwiebel-Salat mit Sumach 251
Moo nam tok – Grillfleisch mit Minze, Gurkensalat und Kokosreis 288
Paglia e fieno – bunte Bandnudeln mit Ragù 135
Pomarola, Nonnas 128
Tomaten-Zwiebel-Salat 254
Wintersalat 71

Impressum

Verantwortlich: Susanne Caesar
Übersetzung aus dem Englischen: Claudia Theis-Passaro, Annegret Hunke-Wormser, Katrin Korch
Lektorat und Satz: Annika Genning
Umschlagadaption: Nina Andritzky
Korrektorat: Susanne Langer-Joffroy

Printed in China

Unser komplettes Programm finden Sie unter:

www.christian-verlag.de

★★★★★

Sind Sie mit diesem Titel zufrieden? Dann würden wir uns über Ihre Weiterempfehlung freuen.

Erzählen Sie es im Freundeskreis, berichten Sie Ihrem Buchhändler oder bewerten Sie bei Onlinekauf. Wenn Sie Kritik, Korrekturen, Aktualisierungen haben, freuen wir uns über Ihre Nachricht an:

Christian Verlag GmbH
Postfach 40 02 09
D-80702 München
oder per E-Mail an
lektorat@verlagshaus.de

In diesem Buch wird aus Gründen der besseren Lesbarkeit das generische Maskulinum verwendet. Weibliche und anderweitige Geschlechteridentitäten werden dabei ausdrücklich mitgemeint, soweit es für die Aussage erforderlich ist.

Wenn nicht anders angegeben, handelt es sich bei den Temperaturangaben für den Backofen um Ober-/Unterhitze. Jedes Gerät heizt anders, bitte nach Bedarf individuell anpassen!

Die Deutsche Nationalbibliothek verzeichnet diese Publikation in der Deutschen Nationalbibliografie; detaillierte bibliografische Daten sind im Internet über http://dnb.de abrufbar.

Die englische Originalausgabe mit dem Titel *Now & Then* erschien erstmals 2023 bei Murdoch Books Australia (Allen & Unwin).

ISBN 978-3-95961-895-3